RISCH, BRÉTIGNIÈRE, GUICHERD & JOUVET

GRIGNON

(Le Château & l'École)

AF329728

PARIS

Aux Éditions de La Bonne Idée

152, Rue de Vaugirard, 152

*Il a été tiré, de cet ouvrage, vingt
exemplaires sur papier pur fil
Lafuma, numérotés à la presse
de 1 à XX, avec la marque,
en couleurs, de l'Éditeur, en
justification de ce tirage.*

GRIGNON

8° L.K.
41.7.40

faisait édifier, auprès de son modeste manoir, une chapelle en l'honneur de saint Jean l'Évangéliste.

Vers le milieu du XIIIe siècle « Tyverval, Buc et Greignon » dépendent féodalement de la châtellenie de Poissy.

Au XIVe siècle, on trouve comme seigneurs possédant des fiefs ou des rentes à Grignon : Geoffroy et Pierre de Vitry, Pierre de Flacourt, Pierre de Launoy ; comme seigneurs de Buc : Hugues Ode, Jean de Buc, Guillaume d'Aunéel et Armand de Blecquancourt. A la fin de ce même siècle, Dimanchette de Charnezel est dame à la fois de Buc et de Grignon. Ses successeurs connus au XVe siècle sont Loys de la Rochette, Pierre Barthomier et Bertrand Picard.

Au commencement du XVIe siècle, Grignon est en la possession de la famille de Contremoret, puis de Mathurin de Harville ; on le retrouve entre les mains de François Ier qui en fit don, en 1537, à Guillaume Poyet, depuis chancelier.

A l'instigation du connétable de Montmorency, Poyet fit condamner au bannissement, par des moyens malhonnêtes, l'amiral de Chabot de Brion accusé de malversations. Celui-ci fut réhabilité en 1541, et l'année suivante, Poyet fut à son tour arrêté, mis à la Bastille. Après un procès de trois ans, un arrêt du Parlement le priva de toutes ses charges et dignités et le condamna à une amende de 100.000 livres. Le 20 août 1545, il abandonnait à François Ier, Grignon ainsi que d'autres terres de la contrée (entre autres Mormoulin) qui étaient venues par achat en sa possession. Elles furent toutes données un mois après à Anne de Pisseleu, duchesse d'Étampes, mariée à Jean de Brosse et maîtresse du roi.

Le don avait été fait sous la réserve que la duchesse d'Étampes décédant sans enfant « procréé de son corps en loyal mariage », lesdites terres retourneraient au roi ou à ses successeurs. Son union avec Jean de Brosse ayant été stérile, les héritiers de Poyet lui intentèrent un procès après la disparition de François Ier, et Henri II la força à vendre à sa propre maîtresse, Diane de Poitiers, tous les biens qu'elle tenait de la faveur du défunt roi. Des lettres patentes de décembre 1553 ratifièrent cette vente, et en 1556, de nouvelles lettres faisaient don à Diane de Poitiers du droit de retour éventuel au domaine royal.

Sous Charles IX, un procès éclate entre les deux anciennes favorites, la duchesse d'Étampes demandant l'annulation de la vente qu'elle avait été forcée de consentir à Diane de Poitiers. A la mort de celle-ci (1566), l'affaire était toujours pendante. Elle fut tranchée par des lettres patentes d'août 1658, qui donnèrent gain de cause aux deux filles, héritières de Diane. Grignon, Buc et Mormoulin passèrent ainsi à l'aînée, Françoise, duchesse de Bouillon. Un de ses fils, Charles Robert, céda par échange, le 15 août 1582, Grignon et Buc à Pompone de Bellièvre ; il avait déjà vendu Mormoulin, l'année précédente, à Michel Sablet qui s'en débarrassait six mois plus tard, en faveur de Benoît Milon, seigneur de Wideville et de Davron.

II

LES POMPONE DE BELLIÈVRE

Originaire de Lyon, Pompone I de Bellièvre était fils de Claude de Bellièvre, premier président au Parlement de Grenoble et de Louise Faye d'Espesses. En 1575, il est surintendant des Finances, président à mortier au Parlement de Paris, l'année suivante. En 1582 donc, il acquiert Grignon, puis d'autres fiefs à Beynes et à Marcq ; il devient seigneur-engagiste de Neauphle-le-Châtel, titre que ses successeurs à Grignon conservèrent jusqu'en 1682. Le 16 juin 1583, il rachète à Benoît Milon la seigneurie de Mormoulin.

Usant de son crédit auprès du roi, il obtenait de Henri III, en mars 1585, l'érection de la terre de Grignon en châtellenie , c'était en augmenter l'importance comme possession féodale.

Après la Journée des Barricades, il fut disgrâcié et dut se retirer à Grignon. Il y resta jusqu'en 1591 ; il avait alors abandonné ses fonctions de surintendant des Finances à François d'Orléans. Il était encore à Grignon lorsque Henri IV lui envoya l'ordre de se trouver de sa part à la Conférence de Suresnes, essai de réconciliation entre les catholiques et les protestants. Il fut, avec Sillery, un des négociateurs de la paix de Vervins de 1598.

Dans sa vieillesse, il n'oublia jamais Grignon et vint souvent s'y reposer du tracas des affaires publiques. Il mourut en septembre 1607, à Paris, et fut inhumé dans l'église Saint-Germain-l'Auxerrois.

De son mariage avec Marie Prunier, fille de Jean Prunier, seigneur de Grigny-en-Forez et de Jeanne de Renouard, il eut une nombreuse progéniture : trois garçons et onze filles. Son troisième fils, Nicolas, lui succéda à Grignon.

Nicolas de Bellièvre fut successivement président à mortier, conseiller d'État ordinaire, puis doyen des Conseils du roi.

Claude de Bullion, seigneur de Wideville, avait acquis, le 31 août 1639, les terres de Saint-Germain de Morainville (aujourd'hui Saint-Germain-de-la-Grange), de Plaisir, de la Grange-du-Bois et de Thiverval. Par contrat du 25 mai 1640, elles étaient cédées à Nicolas de Bellièvre, dont les nouvelles acquisitions, jointes à la terre de Grignon, servirent, en 1651, à former pour son fils le marquisat de même nom.

Il mourut le 8 juillet 1650 à Paris et fut enterré auprès de son père à Saint-Germain-l'Auxerrois. Pompone II de Bellièvre, l'aîné des fils issus de son mariage avec Claude Brulart, fille du chancelier Sillery, hérita de Grignon. Il fut successivement conseiller au Parlement, maître des requêtes, conseiller d'État ordinaire. Son père se démit, en 1642, en sa faveur, de la charge de président à mortier. En 1646, il fut envoyé comme ambassadeur extraordinaire en Angleterre. En 1651, il est premier président au Parlement de Paris. Dans les diverses ambassades qu'il remplit, il est connu sous le nom de président de Bellièvre, son frère cadet, Pierre, dont il va être question un peu plus loin, diplomate comme lui, est plutôt désigné sous le vocable de président de Grignon.

Pompone II de Bellièvre épousa, en 1633, Marie de Bullion, fille de Claude de Bullion et d'Angélique Faure. Elle apporta en dot la somme rondelette de 800.000 livres. Pompone II n'eut pas d'enfant.

Grignon fut érigé pour lui en marquisat, par lettres patentes de janvier 1651. Il comprit, outre les seigneuries de Grignon, de Thiverval, de Mormoulin et de Saint-Germain-de-Morainville, celles de la Grange-du-Bois, de la Bretéchelle, des Gâtines, de la Cour-des-Prés, de la chapelle Saint-Léonard, à Neauphle-le-Vieux, de Plaisir, de la Chesne, de la Boissière et Villancé, de Chatron, etc. On peut donner une idée de son étendue en indiquant qu'il englobait la plus grande partie des territoires communaux actuels de Thiverval, de Saint-

Germain-de-la-Grange et de Plaisir, ainsi que quelques dépendances de Chavenay, Neauphle-le-Château, Neauphle-le-Vieux, Villiers-Saint-Frédéric et Marcq.

Pompone II de Bellièvre mourut le 13 mars 1657, à Paris. N'ayant pas d'héritier direct, il laissa Grignon à son frère Pierre, dernier descendant mâle de la famille, né en 1611 et mort à Paris en 1683. Il fut abbé commendataire de Jouy et de Saint-Vincent-de-Metz, prieur de Longueville, conseiller, puis président aux enquêtes du Parlement, ambassadeur en Angleterre.

Perdu de dettes, il vendait, le 12 mai 1684, à André III Potier de Novion, les domaine, terre et seigneurie de Neauphle-le-Châtel, qu'il possédait comme seigneur-engagiste, et le même jour, ses créanciers, Étienne Baudoin, Henri de Bullion et autres, transportaient aussi à André III Potier de Novion, tous leurs droits hypothécaires sur le marquisat de Grignon, situation qui fut régularisée le 28 février 1686, par une sentence des Requêtes de l'Hôtel contenant adjudication des terres de Grignon, Saint-Germain-de-Morainville, Thiverval et autres, au profit dudit André III Potier de Novion.

Après avoir appartenu aux de Bellièvre pendant plus d'un siècle, Grignon entrait dans la famille de Novion, qui allait le conserver jusqu'à la Révolution.

III

LES POTIER DE NOVION

André III Potier de Novion jouit de la totalité du marquisat de Grignon pendant sept ans. Le 18 février 1693, lui et sa femme, Anne Berthelot, en vendaient à leur aïeul, Nicolas Ier de Novion, une partie : terre, châtellenie et seigneurie de Grignon ; terres et seigneuries de Thiverval, Saint-Germain de-Morainville et Mormoulin ; ils se réservaient le reste, qu'ils vendirent en 1694 à Phélypeaux, comte de Pontchartrain ; l'année précédente, ils lui avaient déjà abandonné le domaine de Neauphle, acheté à Pierre de Bellièvre.

Nicolas Ier Potier de Novion était né en 1618. Il fut conseiller du roi, président à mortier du Parlement de Paris, greffier-commandeur des ordres du roi. En 1657, il se démet de cette dernière charge et combat Mazarin. A la mort de Lamoignon, il est nommé premier président du Parlement, le 13 juin 1678. Il se retourne alors contre ses anciens amis, les persécute et falsifie avec cynisme les arrêts, à la signature. La protection du duc de Gesvres l'empêcha d'être chassé, mais il fut forcé de se démettre de lui-même et se retira alors à Grignon, chez son petit-fils à qui il acheta le château et une partie du domaine en 1693. A peine possesseur, il y mourut le 1er septembre de cette année et fut enterré dans l'église des religieuses d'Issy. Il avait eu six enfants de son mariage avec Catherine Galard. Des difficultés pécuniaires s'élèvent entre ses héritiers, l'affaire est portée en justice, si bien que le 1er décembre 1705, André III Potier de Novion faisait annuler la vente de 1693 à son grand-père et rentrait en possession du marquisat de Grignon, amoindri, il est vrai, des terres délaissées en 1694 à Phélypeaux.

André III Potier de Novion, marié à Anne Berthelot, fut conseiller au Parlement en 1680, maître des requêtes en 1687, président au Parlement de Paris en 1689, premier président en 1723, par la faveur de la marquise de Prie, sa nièce. Il démissionna de cette charge neuf mois après. Il passait pour fort habile et intègre et fut, paraît-il, de son temps « l'aigle et l'oracle du Parlement. »

Retiré à Grignon depuis sa démission, y vivant dans une solitude absolue, il y mourut le 22 septembre 1731. Brusque, inabordable, son caractère irritable avait éloigné de lui jusqu'aux membres de sa famille, dont aucun ne fut présent à ses derniers moments. Seuls, quelques religieux, ses domestiques et un petit nombre d'habitants du village assistèrent à son inhumation, dans le chœur de l'église de Thiverval.

Un de ses enfants, Nicolas II, étant mort avant lui en 1720, il avait donné au fils unique de ce Nicolas, André IV, en 1729, par testament olographe, le domaine de Grignon.

André IV Potier de Novion fut conseiller au Parlement et président à mortier, mais il se démit de cette charge en août 1758. Il eut deux femmes : la première, Anne-Remiette-Sophie Langlois, avec laquelle il ne vécut que deux ans, sans lui laisser d'héritier ; la seconde, Marie-Philippine-Tachereau de Baudry, fille de Gabriel, seigneur de Baudry, et de Philippe-Taboureau des Réaux.

Il mourut à Grignon, dans la nuit du 16 au 17 octobre 1769 et fut enterré à Paris. Son héritage ne fut partagé qu'en 1774 entre les deux filles que lui avait données sa seconde femme. A l'aînée, Anne-Marie-Gabrielle, échut le domaine de Grignon. Elle avait épousé Alexandre-Guillaume de Galard de Béarn de Brassac, successivement capitaine au régiment de Bresse, colonel du même régiment, écuyer de Mme Victoire de France La sœur de Mme de Brassac, Philippe Léontine, qui hérita des autres biens, épousa Aymar-Charles-Marie de Nicolaï.

IV

LE CHATEAU ET LA PROPRIÉTÉ

L'habitation de Pompone I de Bellièvre, ou premier château de Grignon, fut précédée dans l'intérieur du parc de nos jours par un manoir qui s'élevait sur le petit fief de Buc, depuis le XIIe siècle. En 1492, il est encore existant, mais auprès de lui, la chapelle et les deux moulins dits de Buc et de Chantepie sont en ruines, vraisemblablement depuis les invasions anglaises.

Qui édifia le premier château de Grignon ? On ne sait. D'abord simple manoir du « villaige de Grignon », augmenté peu à peu par les différents propriétaires, il est fort probable que les maîtresses de François Ier et de Henri II ne vinrent jamais l'habiter et se contentèrent de percevoir les maigres revenus du domaine d'alors. Cette habitation seigneuriale a totalement disparu et rien ne peut indiquer, d'une façon indiscutable, où vint se faire oublier Pompone I de Bellièvre, pendant sa disgrâce de trois années (1588 à 1591). La tradition prétend, étayée par la découverte de substructions assez épaisses, que le château primitif de Grignon s'élevait auprès du monument inauguré en 1905, à la mémoire des professeurs Dehérain, Mussat et Sanson. Le seul renseignement positif, retrouvé dans des contrats d'échange contemporains, est qu'il existait des tours dans la clôture du petit parc qui l'entourait.

Poyet, pour agrandir le domaine qu'il devait à la générosité de François Ier, se mit à acquérir de nouvelles parcelles. En huit années, seize achats de terres arrondirent quelque peu le noyau autour de sa maison de Grignon. Anne de Pisseleu, Diane de Poitiers et sa fille Françoise n'y ajoutèrent rien. Pompone I de Bellièvre acquit trente-sept pièces, en échangea cinquante autres ; il augmenta les bâtiments d'habitation et obtint, en 1589, de l'évêque de Chartres, la permission de « faire dire messe pour lui et sa famille en l'oratoire où chapelle de son château de Grignon ».

Son fils Nicolas continua son œuvre et son rêve, qui était de former un tout homogène susceptible d'être clos sans entrave. Il acheta vingt-huit parcelles et en échangea treize.

Ce fut un Bellièvre, nous dit encore la tradition, qui édifia le château actuel. Le style de la construction indique l'époque Louis XIII, c'est-à-dire la première moitié du xviie siècle. A défaut de preuves écrites, on peut le faire remonter jusqu'au fils de Nicolas, Pompone II, époux de Marie de Bullion, fille du richissime surintendant des Finances, Bullion. Les 800.000 livres de la dot de sa femme pouvaient permettre à ce Bellièvre d'imiter son beau-père, qui venait de se construire un élégant château à Wideville. Toujours est-il qu'il vécut à Grignon tout le temps que lui laissèrent ses diverses charges. « Là, il y tenait bonne table, y recevant tout le monde et défrayant les domestiques de ceux qui l'y venaient voir. »

En 1656, il cédait des terres à l'église de Thiverval, représentée par ses marguilliers, il en recevait d'autres en échange ; ce qui allait permettre à son frère et héritier Pierre, en acquérant encore plus de cent quarante parcelles, de réunir le tout sans servitude et d'entourer le grand parc, opération terminée en 1674. L'aspect du territoire de Thiverval changea. Le chemin de Neauphle à Poissy passait auparavant près du grand rond de Thiverval et se dirigeait vers Davron, à travers les terres des Champtiers de l'Écurie-aux-Poulains et du Clos-au-Comte. La clôture de 1674 nécessita le déplacement de ce chemin, força le village à reculer vers l'ouest, les nouvelles maisons se groupèrent autour de l'église et celles enfermées dans le parc, devenues inutilisables, tombèrent en ruines et disparurent.

Au cours du xviiie siècle, le château et le parc ne subirent

que des modifications de détail peu importantes : agrandissement de l'étang, établissement d'un haras, remaniement
de la clôture vers Chantepie, reconstruction du moulin dudit
Chantepie à l'extérieur. Voici d'ailleurs comment se présentait
l'ensemble à l'aurore de la Révolution ; c'est à peu de chose
près ce qui existe aujourd'hui. (1)

L'entrée était la même qu'actuellement. Le château était
précédé d'une avant-cour verte, encadrée dans deux bâtiments parallèles, terminés chacun par des pavillons ; c'étaient
les communs, celui de droite limitant une grande basse-cour
ou ferme intérieure.

Le château était entouré de fossés secs, plantés d'arbres
fruitiers, mais la communication avec l'extérieur était assurée
par deux ponts, l'un au midi, l'autre au nord. A chaque angle
intérieur des fossés s'élevait une petite tourelle de pierre
soutenue par encorbellement.

Les bâtiments en briques et pierre du pays présentaient
au sud une façade régulière, composée d'un corps central
et de deux pavillons carrés, à la suite desquels se trouvaient
deux ailes à angle droit sur le corps principal et se terminant
par des pavillons entièrement semblables à ceux de la façade.
Dans les sous-sols s'étendaient les cuisines, l'office, le garde-
manger, les caves. Un passage voûté, aménagé pour la circulation des carrosses, traversait toute la largeur du rez-de-
chaussée, sur la ligne joignant les deux ponts ; il s'y ouvrait
de chaque côté un vestibule ; dans celui de gauche prenait
naissance le grand escalier conduisant aux appartements
et aux salles de réception du premier étage. Au deuxième,
en partie sous les combles, étaient les chambres de domestiques. La chapelle se trouvait dans l'aile gauche.

Les jardins potagers, avec logement du jardinier, occu-
paient une douzaine d'arpents. Les grand et petit parcs
en contenaient 713, dont 56 en bois dans le petit et 470 dans
le grand. Tout le reste était en pièces d'eau, routes, chemins,
allées, terres labourables et prés. La ferme extérieure, enfermée
dans l'enceinte, avait une entrée spéciale sur le chemin du
village de Grignon.

La chasse était libre dans le parc, bien que le territoire

____

(1) Voir le plan ci-contre qu'est de 1775.

fût du ressort de la capitainerie royale de Saint-Germain. Le marquisat avait droit de basse, moyenne et haute justice ; les quatre piliers de ses potences se dressaient dans une des pentes du rû maldroit, à l'extrémité occidentale du parc.

En 1786, il fut question de vendre Grignon. L'estimation du domaine, établie le 22 avril, se résume ainsi :

I. Château, meubles et glaces	104.233	livres.
II. Estimation en capital des cens, rentes et revenus seigneuriaux du marquisat	137.250	—
III. Bois	271.490	—
IV. Étangs et pièces d'eau	60.000	—
V. Ferme intérieure comprenant 86 arpents du parc, appelés le petit côté, et les prés du grand parc	104.700	—
VI. Ferme extérieure ou grande ferme de Grignon	203.880	—
VII. Autres terres de l'extérieur et deux remises à gibier, plantées en 1772	2.040	—
VIII. Ferme de Saint-Germain-de-Morainville	262.800	—
IX. Ferme et moulin de Mormoulin	204.890	—
TOTAL	1.451.283	livres.

D'après les détails de cette estimation, la vente annuelle du poisson des pièces d'eau rapportait plus de 2.000 livres, la ferme intérieure était louée 2.600 livres en argent plus 2.000 bottes de foin et 19 journées de voitures ; la ferme extérieure 5.500 livres en argent, 72 setiers d'avoine, 500 bottes de paille, 26 gerbées, 8 journées de voitures et d'autres journées à discrétion pour la glacière ; le fermier de Saint-Germain-de-Morainville payait tous les ans 6.190 livres et fournissait 5.000 bottes de paille, 48 setiers d'avoine, 25 gerbes, 2 voyages avec les chevaux de sa ferme à Paris, 4 voyages à Versailles, des voitures à discrétion pour la glacière ; enfin, pour les

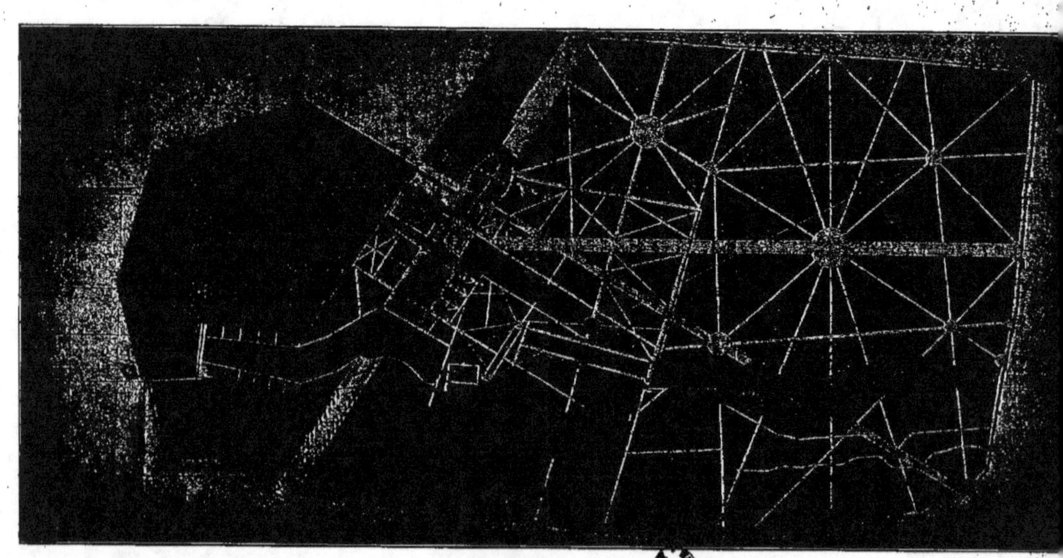

Plan de Grignon en 1775.

ferme et moulin de Mormoulin, la châtelaine de Grignon recevait 5.666 livres en argent, il lui était encore dû 48 setiers d'avoine, 1.500 bottes de paille, 13 gerbées, 500 bottes de foin, 19 journées de voitures, 6 chapons et un cochon gras, 12 boisseaux de farine et 6 setiers de son.

V

LA PÉRIODE RÉVOLUTIONNAIRE

Mme de Brassac, dernière marquise de Grignon, mourut à Chaillot le 17 mai 1792. De son mariage avec Alexandre-Guillaume de Galard de Béarn de Brassac, qui lui survécut, elle laissait quatre garçons et trois filles : Alexandre-Léon-Luce, Alexandre-Louis-René-Toussaint, autre Alexandre-Louis-René-Toussaint, André-Hector-Marie, Anne-Marie Jacqueline non mariée, Anne-Marie épouse Droullin de Ménilglaise, Adélaïde-Françoise-Joséphine qui avait épousé à Thiverval, en 1791, Gajot de Montfleury, garde du corps du roi.

Deux des garçons portaient les mêmes prénoms : l'un, né en 1772, sous-lieutenant au 26e d'infanterie en 1792 ; l'autre, né en 1776, élève de 3e classe de la marine en 1791. Chevaliers de Malte dès leur naissance, ils avaient obtenu de leurs ministres respectifs, le cadet en 1791, l'aîné en 1792, un congé de longue durée pour aller à Malte faire leurs cavaranes (courses sur la Méditerranée dans le langage de l'Ordre). Leur absence de France, au cours des années 1793 et 1794, allait être la cause du séquestre et de la vente du domaine de Grignon.

En attendant la liquidation de la succession de Mme de Brassac, le château et la terre de Grignon, les fermes de Saint-Germain-de-la-Grange et de Mormoulin furent donnés à bail, le 28 novembre 1792, à Calvet, ancien régisseur du marquisat.

Le 4 décembre suivant, un administrateur du district de Saint-Germain-en-Laye, spécialement désigné, procédait aux opérations de la mise sous séquestre du domaine, en raison de l'émigration de Gajot de Montfleury, mari de l'une des héritières Brassac. Puis les deux frères, chevaliers de Malte n'ayant pas obéi à la loi du 8 avril 1792 qui rappelait tous les Français ayant quitté le territoire, furent portés provisoirement sur les listes d'émigration. Ils réclamèrent auprès de la Convention, demandant leur radiation « n'ayant adopté ni les idées, ni la conduite des émigrés, ayant encore moins songé à se joindre à eux, se bornant à faire leur service ». Leur pétition renvoyée au Comité de Législation avait été rapportée favorablement par Saladier, elle allait être discutée quand la loi du 28 mars 1793 fut votée. Elle comprenait les résidents à Malte dans la classe des émigrés. En conséquence, les deux frères Brassac furent portés d'une façon définitive sur la huitième liste d'émigrés, à la date du 19 nivôse an II (8 janvier 1794) et le domaine de Grignon fut confisqué pour deux septièmes de sa valeur, représentant la part des deux absents dans l'héritage maternel. La question de l'émigration de Gajot de Montfleury n'avait pas été retenue, sa femme ayant obtenu le divorce par jugement du 6 mars 1793. La bail de Calvet fut cassé, les fermages et redevances mis en régie et perçus jusqu'à la liquidation par le receveur de l'enregistrement de Maule.

Le 29 nivôse an II (18 janvier 1794), il était procédé à la levée des scellés au château et à l'inventaire des titres de propriété trouvés dans le chartrier de Grignon. La vente des meubles et effets commença le 26 fructidor an II (12 septembre 1794) et rapporta la somme de 41.324 livres 6 sols 9 deniers. Les livres de la bibliothèque furent envoyés à celle du district de Montagne-Bon-Air (nom révolutionnaire de Saint-Germain-en-Laye). Une partie de la literie, distraite de la vente, avait été réquisitionnée pour le service des hôpitaux militaires, et huit cent soixante-treize bouteilles de vin fin provenant des caves, mises en réserve dans le magasin établi dans l'ancien couvent des Récollets, à Montagne-Bon-Air. L'argenterie ne fut pas vendue ; on la divisa plus tard en sept lots dont deux revinrent à la nation.

Au printemps de 1795, on agita la question de savoir comment le domaine (terres et bâtiments) serait vendu.

L'estimation générale en fut faite le 15 germinal an III (4 avril 1795) et jours suivants, par les experts choisis par l'Administration et les tuteurs ou fondés de pouvoir des héritiers Brassac. Le tout fut divisé en plusieurs lots :

Estimation

1º Château, cour, basse-cour et bâtiments, grand et petit parcs, dépendances . . .   404.512 livres.

2º Ferme extérieure de Grignon, attenant à la ferme intérieure comprise dans le premier lot, 398 arpents de terres labourables et 7 arpents 60 perches en prés. .   284.790   —

3º Ferme de Mormoulin-sur-Chavenay, bâtiments, 175 arpents 65 perches de terres labourables, 19 arpents 10 perches de prés et 4 arpents 10 perches en friches. Moulin à eau auprès de la ferme . . . .   242.716   —

4º 87 arpents 70 perches de terres sur Thiverval : . . . . : . . . .   60.150   —

5º 26 arpents 1/2 de terres sur Thiverval . . .   19.600   —

L'estimation du sixième lot (le bois Mallet) et du septième (ferme de Saint-Germain-de-la-Grange), situés en l'étendue du district de Montfort-le-Brutus (Montfort-l'Amaury), ne fut pas faite, les experts désignés par l'Administration n'ayant qualité pour opérer que dans celui de Montagne-Bon-Air. D'ailleurs toutes ces opérations furent inutiles, car deux mois après, un arrêté de l'Administration centrale du département, en date du 4 messidor an III (22 juin 1795), supprimait le séquestre et donnait aux héritiers Brassac, à l'exclusion des deux frères absents, la jouissance provisoire du domaine de Grignon, jouissance qui cessa le 7 thermidor an IV (25 juillet 1796) au moyen de ce que les cinq héritiers soumissionnèrent les deux septièmes qui revenaient à leurs frères émigrés, dans la totalité des biens de leur mère. Ne pouvant payer immédiatement l'intégralité de leur soumission, il leur fallut produire une caution qui fut leur tante, la citoyenne Nicolaï.

Le lendemain, 8 thermidor an IV (26 juillet 1796) Alexandre-Léon-Luce, ses deux sœurs Anne-Marie, divorcée Memeglaise, et Adélaïde-Françoise-Joséphine, divorcée Gajot de Montfleury, et Levasseur, tuteur des mineurs André-Hector et Anne-Marie-Jacqueline de Galard de Béarn de Brassac, cédaient à Pierre-César Auguié par sous-seing privé : « les cinq septièmes indivis à eux appartenant comme héritiers de leur mère, dans le château de Grignon, les glaces s'y trouvant, les potagers, enclos et parc de Grignon, soit 173 arpents environ, dont 160 en terres labourables, formant la petite ferme ou ferme intérieure ». Ils abandonnaient aussi tous les droits acquis par leur soumission du jour précédent, en faveur de M. Auguié. En échange, ils reçurent 78.115 francs que leur acquéreur paya, non pas en assignats, mais en « pièces d'argent ci-devant monnoie, dites écus de 6 livres et en même monnoie pour appoint ». En raison de la minorité de deux des héritiers, la vente du domaine devait, par le même contrat, être poursuivie devant les tribunaux civils, aux frais de M. Auguié qui s'engageait : 1º à se rendre adjudicataire aux enchères publiques ; 2º à ne rien réclamer aux vendeurs si le prix de vente n'atteignait pas 78.115 francs ; 3º à payer l'excédent s'il le dépassait.

La grande ferme ou ferme extérieure, les terres en dehors du parc (partie qui fut rachetée par Bessières en 1810), les ferme et moulin de Mormoulin, la ferme de Saint-Germain-de-la-Grange, le bois Mallet restaient soumissionnés pour deux septièmes en la possession des cinq héritiers Brassac.

VI

M. AUGUIÉ A GRIGNON

M. Auguié était originaire de Figeac. Il avait épousé une des femmes de chambre de Marie-Antoinette, Adélaïde-Henriette Genet, fille d'Edme Jacques Genet, commis aux Affaires étrangères sous Choiseul et de Marie-Anne-Louise Cardon. Déjà munitionnaire général des vivres de l'armée, la protection de la reine le fit receveur général du duché de Bar et de Lorraine. Sa femme était de service, auprès de Marie-Antoinette, les 6 octobre 1789 et 10 avril 1792, et à cette dernière date, dans le trajet des Tuileries à l'Assemblée où se réfugièrent Louis XVI et sa famille, la reine ayant été dépouillée de sa montre et de sa bourse, Mme Auguié lui avança 25 louis. Menacée d'être arrêtée à cause de ce prêt, elle quitta précipitamment Coubertin, auprès de Chevreuse, où elle s'était cachée avec sa sœur, Mme Campan, gagna Paris et perdant la tête, se précipita par une fenêtre d'un appartement d'hôtel garni, rue de Ménars, près de la rue de Richelieu.

De son côté, M. Auguié, après la mise en vigueur de la loi des suspects, avait été emprisonné. Le 9 thermidor lui rendit la liberté. Sa fille aînée, Antoinette, resta auprès de lui ; ses deux autres enfants, Églé et Adèle, furent confiées à sa belle-sœur, Mme Campan, qui venait d'ouvrir, à Saint-Germain-en-Laye, un pensionnat de jeunes filles. C'est dans cet établissement qu'elles se lièrent d'amitié avec Hortense de Beauharnais, future reine de Hollande et mère de Napoléon III.

Aussitôt en possession de Grignon, aux débuts de l'été de 1796, M. Auguié para au plus pressé. Il commença à remeubler le château, fit réparer les bâtiments et les clôtures qui avaient le plus souffert, remit en état le jardin potager et le verger. Mais l'Administration départementale veillait. Averti du changement de possesseur d'une propriété sur laquelle la nation avait encore des droits sur les deux septièmes, qui n'étaient que soumissionnés, le président du département invitait, par lettre du 11 frimaire an V (1er décembre 1796), l'Administration cantonale de Maule à étudier l'affaire avec diligence. La conclusion fut que M. Auguié arrêta par force les travaux en cours à Grignon, mais il continua d'habiter le château, attendant les événements.

Les cinq héritiers Brassac durent donc faire de nouvelles démarches, demandant à entrer en possession définitive des parts soumissionnées. Le ministre des Finances répondait favorablement à leur requête le 2 pluviôse an V (21 janvier 1797) et il chargeait l'Administration départementale de procéder, en vue de leur donner satisfaction, à une nouvelle estimation des biens cédés à M. Auguié par le sous-seing du 8 thermidor an IV. Elle donna un total de 168.177 fr. 50, dont les deux septièmes, soit 48.050 fr. 71, furent acquittés par les cinq héritiers le 26 germinal an V (16 avril 1797). Cette vente leur attribuant d'une façon définitive le château et le parc, moins la ferme extérieure, ils purent en poursuivre la liquidation régulière devant les tribunaux civils. Le 15 floréal an VI (4 mai 1798), M. Auguié s'en rendait acquéreur pour 78.200 francs.

Conjointement à cette liquidation d'une partie de l'héritage maternel, les cinq héritiers Brassac avaient demandé,

en brumaire an VI (octobre 1797), à être envoyés en possession
définitive des biens soumissionnés autres que le château et
le parc qui leur avaient été vendus le 26 germinal an V donnant
entre autres raisons qu'ils voulaient sortir de l'indivis ; et
comme le Conseil des Cinq-Cents discutait, à ce moment
même, la question du maintien comme émigrés des résidants
à Malte, ils s'engageaient, ce qui d'ailleurs n'était que de
la justice, à tenir compte à leurs frères, si la loi se prononçait
pour eux, de la valeur de leurs portions d'héritage.

Le Conseil des Cinq-Cents vota le maintien, sur les listes
d'émigration, des chevaliers de Malte, absents de France
depuis 1792, et en conformité, le ministre des Finances
donna l'ordre « de régler définitivement les portions de biens
revenant à la République, du chef des deux émigrés ». Il s'en-
suivit une estimation du reste du domaine de Grignon, au
printemps de 1798, mais ce ne fut que le 27 brumaire an XI
(18 novembre 1801) que les cinq enfants Brassac finirent
de liquider avec l'État en achetant les parts de leurs deux frères
dans la ferme extérieure, les terres en dehors du parc, les
ferme et moulin de Mormoulin, la ferme de Saint-Germain-
de-la-Grange et le bois Mallet.

Après la vente du 15 floréal an VI, M. Auguié s'était
installé comme propriétaire incontesté au château de Grignon ;
tous frais évalués, son acquisition lui était revenue à
126.500 francs. Il put alors mener à bien les améliorations
projetées depuis 1796 et il porta surtout ses soins à embellir
l'intérieur, dont il commença à changer la distribution.
Son appartement particulier était au 1er étage de l'aile gauche.

Retenu à Paris par ses occupations d'administrateur des
postes, il fit néanmoins de fréquents séjours à Grignon, où
ses filles passaient leurs vacances et congés. Hortense
de Beauharnais y vint plusieurs fois retrouver ses amies,
Antoinette, Églé et Adèle Auguié, et aussi sa maîtresse,
Mme Campan. Un jour même, elle s'y piqua le doigt avec un
hameçon, en pêchant dans le grand étang ; il en résulta pour
elle quatre jours d'infirmerie à la pension de Saint-Germain.

Ce fut à Grignon que le général Ney fut présenté pour la
première fois à la famille Auguié. Ce fut au château (dans le
petit appartement au-dessus des cuisines de l'école) qu'il
passa les premiers jours de son union avec Aglaé-Louise
Auguié (Églé dans l'intimité). Le mariage civil fut célébré

à la mairie de Thiverval le 17 thermidor an X (5 août 1802) et la cérémonie religieuse aussitôt après, dans la chapelle du château, en même temps que les noces d'or de deux vieux domestiques de la ferme. Hortense Bonaparte, Savary, futur duc de Rovigo, et sa femme, toute la famille Auguié étaient présents. Les fêtes furent brillantes ; Mme Campan et le peintre Isabey en avaient été les organisateurs et les animateurs : concerts militaires dans le parc par la musique d'un des régiments de Ney, comédie de circonstance en plein air, tous les invités, sous la conduite d'un paysan (Isabey), allant se faire dire la bonne aventure au plus profond des bois chez « la vieille de la cabane » (Mme Campan), illuminations des allées, feu d'artifice et bal auxquels avait été conviée la population du hameau de Grignon et de Thiverval.

VII

GRIGNON, DOMAINE DE L'ÉTAT

Par acte en date du 29 thermidor an XI (17 août 1803), le général Bessières et sa femme achetaient à M. Auguié, pour 260.000 francs, le château, le parc et les bâtiments de la ferme intérieure (première cour de ferme de l'école). 60.000 francs furent versés de suite, la différence devait être soldée au plus tard en octobre 1805, mais en réalité quand M. Auguié mourut, en 1815, il lui restait encore dû plus de 50.000 francs que ses héritiers ne touchèrent qu'en 1817.

M. et Mme Bessières exécutèrent de grands travaux à Grignon : ils entourèrent de grilles de bois les communs et le devant du château, firent disparaître trois des quatres tourelles des fossés, continuèrent le changement de la distribution des anciens appartements, déjà commencé par M. Auguié, et meublèrent ceux de l'aile gauche dans le style de l'époque. Leurs appartements particuliers étaient dans l'aile droite.

Dans le parc, ils plantèrent 50.000 à 60.000 pieds d'arbres, firent curer les pièces d'eau et reportèrent à Chantepie, avec une maisonnette pour le concierge, la principale entrée du domaine, qu'ils relièrent par un chemin empierré à une des artères de la route de Versailles. Tous ces travaux ont été évalués à plus de 850.000 francs.

Dans l'hiver 1809-1810, Napoléon s'installe pour deux jours à Grignon, avec une suite nombreuse; le roi de Bavière l'accompagne, ainsi que les reines de Naples et de Hollande, la grande duchesse de Bade, le prince de Neufchâtel, les duchesses de Bassano et de Cassano, Duroc, Moncey, Davoust. Il s'y montre d'une humeur détestable envers son hôtesse et au bal qui suit le dîner, il force la vieille duchesse de Cassano, le gros roi de Bavière et le maréchal Davoust, à danser malgré eux. Le lendemain, au contraire, il est aimable pour tout le monde. L'appartement qu'on lui aménagea porta long-temps le nom d'appartement de l'empereur (études de l'école).

En arrivant au château, ses chevaux s'étant embarrassés sur le pont du fossé et la voûte du passage conduisant à l'entrée du vestibule d'honneur, Bessières, en prévision d'une seconde visite, démolit la voûte, combla le fossé méridional et jeta, sur celui limitant le jardin anglais, un nouveau pont qui, le cas échéant, devait servir à l'usage exclusif de l'appartement de l'empereur. Il semble bien que Napoléon soit revenu à Grignon, la tradition ayant conservé le souvenir d'une chasse au loup impériale, loup qu'on avait apporté dans une cage et lâché dans le parc.

En 1810, Bessières agissant pour son propre compte, acquérait d'un des héritiers Brassac ce qui n'avait pas été acheté par M. Auguié, c'est-à-dire les bâtiments de la ferme extérieure (deuxième cour de ferme de l'école) plus 170 hectares de terres sur Davron et Thiverval.

Créé maréchal et duc d'Istrie, il mourut dans un combat d'avant-postes à Lutzen, en 1813. Il laissait une situation fort embarrassée, 1.400.000 francs de dettes, dont 600.000 au Domaine extraordinaire. Napoléon, pour sauver de la misère la duchesse d'Istrie et son jeune fils, évalua Grignon à 1 million, le fit racheter par le Domaine extraordinaire qui, déjà créancier pour 600.000 francs, n'eut à en verser à la succession que 400.000, destinés à payer immédiatement les dettes criardes. Avec une grosse dotation, Grignon allait être donné au fils Bessières pour être affecté au majorat du duc d'Istrie et le représenter, mais sa mère conservait la jouissance de la propriété sa vie durant, à titre de pension et d'indemnité. L'empereur, dans ses instructions, avait spé-

Le Château vers 1808.

Vue du Château vers 1808. — Le Maréchal Bessière, sa femme et son fils, causant avec un garde-chasse.

cifié que le reste des dettes du maréchal serait acquitté par Mme Bessières en dix ans (laps de temps conduisant à la majorité du fils) avec les économies à faire sur les revenus de Grignon et de la dotation accordée.

La vente régulière au Domaine extraordinaire ne fut établie devant notaire que les 16 et 20 mai 1817, mais des inscriptions hypothécaires avaient été prises les 23 février et 9 décembre 1816. Par la loi du 15 mai 1818, le Domaine extraordinaire ayant été réuni au Domaine de l'État, ce dernier devint donc à cette date, nu-propriétaire de Grignon.

Une ordonnance royale du 23 décembre 1818 autorisa Mme Bessières à vendre, le cas échéant et après consultation et approbation du conseil de famille de son fils mineur, les château, parc et terres de Grignon à charge de faire remploi du prix de la vente, en achat de rentes sur l'État, qui seraient immobilisées sous la réserve de son usufruit. Le 16 mai 1821, le conseil de famille donnait un avis favorable. Plusieurs tentatives de ventes ou d'offres amiables n'amenèrent pas de résultat, aucun amateur n'ayant offert un prix, même égal, à l'estimation. Le gros obstacle était le bail ne finissant qu'en 1831, des terres de la grande ferme de Grignon et de la ferme intérieure, passé entre la duchesse d'Istrie et la veuve Levasseur. Celle-ci ayant consenti le 1er avril 1826 à réaliser, moyennant une indemnité de 36.000 francs, la situation s'éclaircit et l'adjudication eut lieu pour 900.000 francs de prix principal, le 24 juin 1826, en faveur de Charles X. Il acquérait Grignon pour son domaine privé.

Son intention était de le concéder à bail à une Société en voie de formation pour enseigner et donner l'exemple de la pratique des bonnes méthodes agricoles. Cette Société fut définitivement constituée et reconnue légalement en 1827, sous le nom d'Institution royale agronomique de Grignon.

Une ordonnance royale, du 14 février 1829, autorisa l'échange de Grignon et de vingt-six autres propriétés privées du roi pour le terrain et les bâtiments des Feuillants, entre les rues de Rivoli et Saint-Honoré, à Paris, sous la condition expresse que l'Administration de la Liste civile respecterait les location et affectation de Grignon à l'Institution royale agronomique. La loi du 28 juin 1829 sanctionna l'échange et Grignon passa, cette fois définitivement, dans le domaine de l'État par une autre loi du 2 mars 1832.

GRIGNON

de 1826 à 1926

par L. BRÉTIGNIÈRE

Membre de l'Académie d'Agriculture, Professeur à Grignon
Trésorier de l'Association des Anciens Élèves.

I

L'INSTITUTION ROYALE AGRONOMIQUE   (1827-1848)

Fondation de Grignon, 1826-1827.

En 1822, un homme dont le nom domine l'histoire de l'agriculture au début du XIXᵉ siècle, Mathieu de Dombasle, fondait la première grande école d'agriculture française. En s'installant à Roville, de Dombasle voulait créer une ferme exemplaire dans laquelle chaque opération, avec tous ses détails et tous ses résultats, serait connue du public. A côté de la ferme, un institut recevait des élèves qui venaient suivre les travaux de l'exploitation et assister à des cours.

Un capital de 45.000 francs avait été souscrit à grand'peine ; mais l'opiniâtreté de Mathieu de Dombasle était telle qu'il put commencer ses travaux : ceux-ci acquirent rapidement une grande célébrité et les auditeurs s'empressèrent autour du grand agronome.

Malheureusement, les fonds réunis étaient insuffisants, le milieu présentait de sérieuses difficultés, les charges allaient en croissant, et trop rapidement Dombasle dut se retirer.

Il ne reste rien à Roville de l'œuvre de l'illustre agronome ; nous n'avons trouvé en 1907, auprès de rares contemporains, que de vagues échos de cette période d'enthousiasme où les *Annales de Roville* répandirent dans le public agricole les écrits si admirables de sincérité de Mathieu de Dombasle ; seul, en face de la petite église, le buste que salue un laboureur appuyé sur la célèbre charrue, rappelle au passant que « Mathieu de Dombasle dirigea, à Roville, une Ecole d'Agriculture, de 1822 à 1840... »

L'exemple de Mathieu de Dombasle n'a cependant pas été stérile, des élèves disséminés de tous côtés essayèrent d'appliquer les préceptes du maître, et de nombreux visiteurs vinrent à Roville, en remportant une profonde impression. Parmi ces visiteurs, se placent en 1825, Polonceau et Auguste Bella.

*
* *

Polonceau, ingénieur en chef du département de Seine-et-Oise, étudiait alors son projet de canal de la Marne au Rhin ; il s'était installé chez Bella, son ancien ami, qu'il avait connu à Chambéry en 1810. Auguste Bella, ancien soldat de la République, officier de cavalerie sous l'Empire, chef de bataillon en 1814, classé par la Restauration dans la quatorzième catégorie dite des « Incorrigibles », cultivait depuis 1815 le domaine de Rittherwald, à Plaine de Walsch (canton de Sarrebourg).

A Roville, Mathieu de Dombasle, Bella et Polonceau discutèrent les mérites respectifs des systèmes agricoles à faibles et à forts capitaux : Dombasle était partisan de la réduction du capital (et c'était la caractéristique un peu forcée de son agriculture), Bella soutenait au contraire la concentration des fonds, l'amélioration du sol par le capital.

En regagnant Plaine de Walsch, Polonceau avait conçu l'idée d'une grande institution analogue à celle de Roville, placée dans les environs de Paris. La proposition de l'ingénieur en chef du département de Seine-et-Oise reçut un accueil favorable de la part des agriculteurs de la région de Paris, des grands propriétaires, des industriels, des membres de la famille royale, et une Société se constitua bientôt, grâce au concours empressé de ces différentes personnes (1).

Aux Tuileries, Polonceau eut un défenseur éloquent dans la personne du duc de Doudeauville, ministre de la maison du roi, et Charles X voulut souscrire 400.000 francs. Cette souscription fut retirée sur l'avis du Conseil d'État, et le roi résolut d'acquérir un domaine sur lequel s'établirait l'Institut agronomique.

D'accord avec les principaux actionnaires, Polonceau propose alors à Auguste Bella de venir prendre la direction de l'établissement à créer. Bella accepte et se met à la recherche d'un domaine : surface étendue, bâtiments importants, sols variés de qualité plutôt moyenne, proximité de Paris, sans être dans la zone des cultures spéciales qui entourent la capitale, visites faciles, telles étaient les conditions que parut remplir le domaine de Grignon. Celui-ci appartenait alors aux héritiers du maréchal Bessières et était en vente depuis 1818 ; le 24 juin 1826, on l'adjugeait à Charles X qui autorisait la Société à prendre ses premières dispositions.

Quelques difficultés furent soulevées au moment de l'agrément, par le roi, du directeur choisi par le Conseil d'administration de la Société. Aux yeux dés défenseurs du régime restauré, Auguste Bella restait le soldat dévoué à Napoléon Ier. Son passé militaire, son caractère indépendant, ses idées libérales l'avaient fait mal noter tant à la préfecture qu'à l'évêché. Aussi allait-on, à la cour, jusqu'à proposer de mettre des religieux à la tête de la nouvelle École.

Le duc de Doudeauville, préoccupé par le seul bien public, donna un superbe exemple de largeur d'esprit, et par son insistance, réussit à faire sanctionner le choix du Conseil par Charles X. « ... Je mets confiance en vous, disait simplement le duc de Doudeauville à Bella, vous saurez cultiver en bon père de famille et suppléer au besoin au traité, pour être toujours fidèle à la pensée qui dicte aujourd'hui le concours du roi (2). »

En attendant la constitution régulière de la Société, les

---

(1) Une plaque de marbre placée dans le grand escalier du château mentionne le nom des souscripteurs.

(2) Le duc de Doudeauville fut président d'honneur du Conseil d'Administration de la Société agronomique, jusqu'à sa mort en 1841.

membres du Conseil d'administration estimèrent qu'il serait utile que le directeur entreprît un voyage agronomique dans divers états limitrophes de la France, notant les systèmes de culture, visitant les instituts agricoles, etc. Bella partit le 15 juin 1826 et il rendit compte de sa mission le 12 septembre : il avait vu Thaer à Mœgelin, Woght à Flottbeck, Cotta à Tharend et Schwerz à Hohenheim.

Le 17 mars 1827, la Société était définitivement constituée ; le 21 mars, le domaine de Grignon était concédé pour un bail de quarante ans, et le 23 mai de la même année, une ordonnance royale autorisait la Société sous le nom « d'Institution royale agronomique de Grignon ». Dès 1826, quelques travaux de culture avaient été effectués par les fermiers sortants.

Les conditions suivantes furent imposées par le bail : appliquer sur le domaine une agriculture perfectionnée et instructive ; organiser un enseignement scientifique et pratique de l'agriculture ; faire toutes les réparations locatives et aussi celles à la charge de la propriété ; exécuter pour 300.000 francs d'améliorations foncières réelles telles que : bâtiments, chemins, canaux, dérochements, plantations, etc. ; améliorer les terres sans comprendre ces améliorations dans les 300.000 francs ci-dessus spécifiés ; régénérer les bois.

Ces conditions étaient considérées comme largement équivalentes aux charges des anciens fermiers et aux remises du propriétaire, qui étaient d'environ 20.000 francs, soit 42 francs par hectare. Le roi abandonnait à la Société les productions de l'établissement.

Pour mener à bien l'entreprise, on décida de souscrire un capital de 600.000 francs représenté par cinq cents actions de 1.200 francs ; « la première moitié devait être consacrée aux avances qu'exige la culture perfectionnée, la seconde à l'établissement de deux écoles : l'une pour les élèves qui, ayant déjà reçu une première éducation, viendraient apprendre la théorie et les applications à la culture et aux arts divers qui s'y rattachent ; l'autre pour des enfants sans fortune, destinés à former des laboureurs instruits, de bons valets de ferme, des jardiniers et des bergers dignes de confiance ».

La première moitié du capital fut souscrite immédiatement ; la deuxième série d'actions ne pouvait être encaissée, d'après les statuts, que lorsque le Gouvernement jugerait,

par l'emploi de la première partie du capital et par les résultats
obtenus, qu'il y aurait sécurité pour les nouveaux actionnaires
et certitude d'arriver au but proposé : cette deuxième partie
était plus spécialement destinée aux écoles.

A la fin de l'année 1830, l'émission de la deuxième série
d'actions fut autorisée par une ordonnance ; les événements
politiques et économiques de l'époque ne permirent d'y
donner suite qu'en 1832, et le roi Louis-Philippe s'inscrivit
en tête pour 40.000 francs. Le capital ne fut jamais complété
et il en résulta une certaine gêne pour l'organisation de
l'enseignement.

GRIGNON EN 1827.

En 1827, le domaine de Grignon se compose de 467 hectares
dont 291 clos de murs.

Le *château* est entouré d'anciens fossés bordés de murs ;
celui qui longe la façade principale a été comblé. Dans le corps
central et l'aile droite, des logements variés assez nombreux,
mais généralement peu commodes ; on les destine au directeur,
aux principaux employés et aux professeurs. L'aile gauche
disposée en grands appartements de réception, est convertie
en réfectoires et dortoirs pour les élèves ; on y place la
bibliothèque et les salles d'études (1).

Des deux côtés de la cour d'honneur, les communs ; dans
celui de gauche adjoint aux bâtiments ruraux, on trouve,
au rez-de-chaussée, les écuries et un logement de concierge,
en haut des chambres de domestiques ; on y installera les
élèves de la deuxième division (ceux qui seront instruits
spécialement dans la pratique des travaux manuels de la
culture). Dans les communs de droite, des logements de régis-
seurs, des chambres sans destination spéciale, et dans un
étage souterrain, les dépendances d'une ancienne cuisine
et une buanderie ; ce bâtiment est destiné au logement des
élèves de la première division (ceux dont les études seront

---

(1) Ces grands appartements étaient inachevés. Bessières avait entrepris
leur aménagement à la suite de la visite de Napoléon pendant l'hiver
1809-1810 ; jusqu'alors toute cette partie était disposée en petites
chambres.

à la fois théoriques et pratiques), au logement des surveillants
et à quelques laboratoires.

Le *jardin potager* situé à l'est du château a une surface de
1 hectare et occupe l'emplacement d'une ancienne pièce d'eau
rectangulaire, il est bordé de petits murs sauf du côté du nord
où se trouve une haie ; le *verger* au sud-est du château com-

Le château vers 1850, à droite le jardin potager.

prend 1 hectare 30 de terrain en pente rapide, une partie
de l'enclos est en vignes.

Le *petit parc*, d'une contenance de 32 hectares 50, est
bordé de murs au nord et à l'est, de palis au sud et à l'ouest; au
centre, vis-à-vis le château, une vaste pelouse rectangulaire
ou *tapis vert* (le grand parterre) aboutissant à une grande pièce
d'eau ; sur les côtés, des massifs de bois, avec bosquets réguliers et labyrinthes. Le fond de la partie du vallon comprise
dans le petit parc présente *quatre pièces d'eau* : l'une
supérieure de 6 hectares bordée de peupliers (l'*Étang*); la
deuxième de 31 ares, le *Miroir;* la troisième de 138 mètres
sur 12, le *Canal de Travers* (le petit canal), la quatrième a
353 mètres sur 40 (le *Grand canal*). Toutes ces pièces d'eau

Le Château et l'Étang vers 1860.

vont être converties en prairies submersibles, sauf la pièce supérieure qui servira de réservoir d'eau pour les usines à établir au-dessous, et pour la conservation du poisson.

A l'ouest du château, un *jardin anglais* formé par un gazon bordé irrégulièrement de massifs, de bois, de quelques résineux et d'arbrisseaux d'agrément, et terminé par un bassin circulaire avec un *jet d'eau*.

Dans le petit parc, les *terres de culture* qui composent la *ferme intérieure* couvrent 84 hectares 76 dont 1 hectare 88 en prairies ; ces terres sont en très mauvais état, couvertes de mauvaises herbes.

Hors du petit parc, le fond du vallon est en culture, ainsi que 20 hectares au bas de la côte exposée au midi (côte aux buis et pièces voisines). Au sud-est, le *Coteau de la Carrière*, pierreux et aride ; au nord-ouest, un plateau inégal à demi défriché, la *Défonce*. Dans le grand parc clos de murs, 180 hectares de bois.

Sur les deux coteaux, plusieurs *sources* peu abondantes, mais constantes ; elles servent à alimenter les bâtiments d'habitation, les fermes, un lavoir, un réservoir et un jet d'eau ; un aqueduc voûté s'enfonce à une assez grande profondeur sous la pelouse du " Fer à Cheval " au sud du château, pour recueillir les eaux d'infiltration.

La *ferme intérieure* est adossée à l'aile gauche des communs, bordée à l'ouest par ce bâtiment (dont l'un des pavillons servait de logement au fermier, l'autre à ceux du concierge et du jardinier), au sud par une grange, à l'est par des remises pour le château, au nord par des étables pour les chevaux et les vaches ; au milieu, une mare et un abreuvoir ovale. En l'absence de bergerie, le fermier avait construit un appentis peu solide contre le mur des communs ; pas de hangars pour les voitures, ni les instruments aratoires.

A l'est de cette ferme, font suite les *bâtiments de la ferme extérieure* qui comprennent : au sud, une grange à côté de laquelle se trouve la porte d'entrée ; à l'est, la maison d'habitation ; au nord, une ligne de bâtiments renfermant diverses étables surmontées de greniers à fourrages ; au milieu, une mare et un abreuvoir fort étroit ; en dehors de la ferme et au sud de la grange, le long du chemin qui conduit au hameau, un emplacement où sont édifiées les meules.

Les *terres de la ferme extérieure*, composées de 176 hectares, sont situées pour la majeure partie vers l'angle sud-est du parc et entourent le hameau de Grignon.

Tel est l'état général du domaine au moment où la Société en prend possession.

PROGRAMME AGRICOLE DE LA SOCIÉTÉ AGRONOMIQUE, PREMIÈRES AMÉLIORATIONS.

Un plan de culture est établi en 1828 par Aug. Bella L'ensemble des terres à cultiver qui se compose de 261 hectares (quatre-vingt-cinq, ferme intérieure, et cent soixante-seize, ferme extérieure) est partagé en dix divisions : huit pour les terres en labour, une pour les prairies permanentes et irrigables, une pour les jardins, vergers, pépinières et pelouses.

Des huit divisions en terres arables : une sera constamment en prairie artificielle de luzerne, sainfoin, etc., les sept autres formeront l'assolement régulier de sept ans : 1º plantes sarclées sur terres bien défoncées et fortement fumées ; 2º céréales de mars ; 3º trèfles ; 4º froment d'automne ; 5º fourrages annuels ; 6º colza sur parcage, ou demi-fumure ; 7º froment.

Afin de renseigner les actionnaires sur l'emploi de leurs fonds et sur la direction donnée au développement de l'établissement, pour faire connaître au public les détails des diverses opérations exécutées sur la ferme, la Société décide de tenir une comptabilité en partie double et de publier régulièrement un rapport sommaire sur les travaux effectués à Grignon.

*
* *

Pendant les premières années, de grands travaux furent entrepris : travaux de culture avec défoncements, dérochements, épierrements, travaux divers de construction.

Commençant par les terres les plus mauvaises, A. Bella s'attaqua à la Défonce et au Coteau de la Carrière. Puis, après des coupes de bois effectuées sur les terrains qui bordaient les trois petites pièces d'eau, le sol fut défoncé et des prairies créées ; d'autres prairies furent établies sur le Fer à Cheval, derrière le château, dans l'allée de Thiverval, etc.

Dès le mois de mai 1826, on commençait, sur les plans de Polonceau, la construction d'une bergerie au milieu et en travers de l'esplanade du Fer à Cheval pour loger mille moutons.

Un hangar, adossé aux murs de la ferme vers le nord, était élevé pour abriter les instruments et les équipages de

L'ancienne bergerie (galerie des machines) avant la construction de la Direction.

la ferme ; on édifiait un atelier pour la forge, le charronnage, et dans cet atelier allaient être fabriqués de nombreux instruments.

Une machine à battre avec manège était installée au point de réunion des deux granges de la ferme intérieure et de la ferme extérieure.

Enfin, la pomme de terre ayant été choisie comme plante sarclée et devant occuper de 25 à 30 hectares, une féculerie fut construite immédiatement au-dessous de la chaussée ouest du grand étang, pour traiter les tubercules.

Pour tous ces travaux, l'ingénieur Polonceau était un guide précieux. Polonceau, qui est resté célèbre par différents grands travaux, notamment le pont du Carroussel, fut jusqu'à sa mort, survenue en 1847, l'ami de Bella. Souvent il lui donnait des conseils et toujours il le soutint quand la direction fut aux prises avec les critiques et avec les difficultés d'exécution. C'est pourquoi Bella songeait, jusque dans sa retraite, à cet ami des premiers jours, et en 1852, il disait aux élèves qui lui décernaient le titre de fondateur de Grignon : « Ne me séparez jamais de mon ami Polonceau, il fut le premier fondateur de l'œuvre de bien public dont votre concours ici m'annonce le succès. »

*
* *

Le bétail se composait alors de 10 juments, 16 bœufs, 12 vaches, 3 taureaux, 305 moutons et 38 porcs. Les instruments sortaient pour la plupart des ateliers de Mathieu de Dombasle.

Quant au personnel, il comprenait : le directeur, un économe, un teneur de livres, un chef d'attelages, un chef de main-d'œuvre et un garde magasin remplissant en même temps les fonctions d'arpenteur et de concierge. A la ferme, 10 laboureurs et valets de ferme, 1 vacher, 1 berger, 1 jardinier et 1 garde. En 1828, on adjoignit à ce personnel un vétérinaire diplômé d'Alfort et un surveillant des constructions.

ORGANISATION DE L'ÉCOLE D'AGRICULTURE.

Le Collège d'Agriculture ne devait être organisé qu'après la mise au point des travaux d'amélioration, de manière que l'instruction pratique pût être donnée convenablement ; d'autre part, on réservait pour l'installation de cette partie de l'Institut agronomique, les 300.000 francs de la deuxième moitié du capital, Cependant, dès 1828, des demandes ayant été adressées au directeur, celui-ci autorisa l'admission de cinq élèves.

En l'absence d'organisation complète, ces élèves ont chaque jour des conférences avec le directeur sur la théorie de l'agriculture ; ils reçoivent des leçons d'art vétérinaire et des éléments de chimie, de botanique, de la part du vétérinaire attaché à l'établissement ; des leçons d'art forestier et de plantations données par un ancien garde-général des forêts de la Couronne, et quelques notions d'horticulture, par le jardinier ; pendant le reste du temps, ils suivent les travaux agricoles et les opérations de l'établissement. Ils paient 100 francs de pension par mois et sont logés, éclairés, chauffés, nourris et blanchis.

Bientôt des candidats plus nombreux se présentent pour suivre les travaux de l'École.

Un premier programme est publié en 1831.

L'École donne l'enseignement théorique et pratique des sciences et des arts applicables à l'agriculture et à l'emploi immédiat de ses produits.

Durée des cours : deux ans.

Les cours sont distribués afin que ceux qui comportent le plus grand nombre d'expériences et d'applications sur le terrain aient lieu pendant l'été, les autres pendant l'hiver.

L'École reçoit des élèves libres et des élèves internes.

Sont reçus comme élèves libres, les jeunes gens âgés de vingt ans au moins ; les élèves internes doivent être âgés de quinze ans au moins ; ceux-ci sont soumis à un règlement spécial, ils paient 1.300 francs de pension, tandis que ce prix est porté à 1.500 francs pour les élèves libres.

Chaque semaine, un élève de service suit le service intérieur de la ferme. Les cours et les études commencent à six heures en été et à sept heures en hiver. L'après-midi du samedi et la matinée du lundi sont exclusivement consacrés à des instructions pratiques. Il y a trois ou quatre cours par semaine dans chaque division.

Dès le 1er mai 1831, on enseignait l'agriculture pratique et raisonnée, l'économie rurale, la comptabilité, la botanique, l'arboriculture fruitière et l'art vétérinaire.

Les bonnes récoltes de 1830, 1831 et 1832, engagèrent le Conseil à poursuivre avec persévérance la formation des écoles. De nouveaux cours de mathématiques, de chimie et de physique d'application furent ouverts. Le Conseil fonda des parties de bourses, vingt-cinq de 300 francs. On avançait lentement, les collections étaient à peine indiquées, le jardin d'études botaniques seul allait être complet.

A ce moment, devait avoir lieu la deuxième émission d'actions ; on a vu précédemment l'échec de cette souscription qui allait gêner le développement de l'École d'Agriculture ; mais A. Bella proposa au Conseil d'administration de la Société de suspendre momentanément le service des intérêts de la première émission. Avec ces faibles ressources, la Direction fit face à la situation sans retarder d'un jour l'exécution des conditions imposées à la Société. Un dividende de 4 % avait été payé aux actionnaires jusqu'au 1er juillet 1833.

Il ne fut jamais possible d'organiser la deuxième école qui devait former des maîtres valets et des chefs de main-d'œuvre. Seule l'École d'Agriculture se développa peu à peu, à mesure que les ressources étaient plus abondantes et les élèves plus nombreux.

Devant les résultats obtenus, au bout de quelques années, l'Administration résolut d'aider la Société agronomique. Le premier projet consistait à subventionner l'Institut agronomique, mais la Société ne voulut rien recevoir, prétendant qu'un établissement agricole subventionné s'écarterait des conditions normales dans lesquelles il doit fonctionner. C'est alors que furent créées par l'État trois bourses de 1.000 francs destinées à des jeunes gens sans fortune. En 1833, Thiers porta cette somme à 8.000 francs, se réservant le droit de nommer les boursiers.

De son côté, la Société agronomique avait le désir de ne pas faire de bénéfice sur l'éducation agricole des jeunes gens qui venaient à elle ; mais obligée à de grandes dépenses, demandant aux professeurs de consacrer tout leur temps à l'École et les rémunérant en conséquence, elle ne voyait que le développement du nombre des élèves comme moyen de réduire les frais généraux et par conséquent le prix de la pension.

L'entrée à l'École avait lieu sans condition de connaissances ; la date d'ouverture des cours ne put être fixée au 1er novembre qu'en 1833 et la durée des études arrêtée à deux ans.

On arrivait alors à concevoir l'utilité d'un *diplôme* « constituant une récompense pour le jeune homme qui, par son zèle et son application, s'était fortement préparé à la pratique de son art ».

Ce diplôme fut accordé sur la présentation d'une thèse, dont la préparation durait trois mois.

Les jeunes gens ayant ainsi achevé complètement leurs études pouvaient faire d'excellents directeurs d'exploitation,

« des ingénieurs agricoles, semblables à d'autres ingénieurs, sachant tracer le plan du système de production et de culture qu'il est convenable d'établir dans des circonstances données, et qui pouvaient diriger l'exécution de ce plan jusque dans ses moindres détails ».

Résultats obtenus de 1827 a 1837.

Il n'est pas possible de séparer l'École et la ferme de Grignon ; en 1837, se terminait la première période de dix années après laquelle devait avoir lieu la première réception des améliorations foncières.

Les experts désignés par la Liste civile et par le Conseil d'administration examinèrent les constructions et les travaux des champs. Quelques lignes du rapport sont à reproduire, car elles montrent l'évolution de Grignon :

« Partout l'industrie, l'ordre et le travail se font remarquer ; une excellente instruction alliée à une grande expérience donne aux élèves les moyens d'acquérir les connaissances théoriques et pratiques nécessaires pour bien diriger toutes espèces de travaux agricoles... de riches cultures, des plantations bien entretenues, des chemins praticables en toutes saisons, des bâtiments d'un certain caractère concourent à offrir à l'œil de l'observateur l'image d'une exploitation agricole modèle en prospérité et en progrès... les améliorations foncières et réelles faites au domaine de Grignon sont fixées au total de 145.852 francs... »

Comme l'Institution de Grignon ne devait pour cette période — en raison d'un bail à charges croissantes — qu'une somme de 50.000 francs d'améliorations, il y avait donc 95.000 francs d'excédent à reporter sur les exercices à venir.

La bergerie avait été achevée, la féculerie était en plein fonctionnement, une fabrique d'instruments commençait à répandre des machines perfectionnées. Des améliorations très importantes avaient été apportées aux terres cultivées et les fermiers voisins estimaient que la valeur locative de l'hectare de terre était passée de 50 à 80 francs ; l'exploitation avait déjà fourni une somme de bénéfices équivalente à un intérêt de 6 % environ du capital.

Les cultures se répartissaient de la façon suivante :

25 ha. 74 de pommes de terre, 5 ha. 47 de betteraves, 5 ha. 51 de seigle, 49 ha. 23 de froment d'hiver (Bergues et Richelle), 9 ha. 58 de blé de printemps, 19 ha. 12 d'avoine ; plus colza, navette et cultures fourragères.

Comme animaux : 17 juments, 18 bœufs (d'Alsace et du Poitou), 32 vaches et taureaux et 33 bêtes d'élevage, 2 verrats et 25 truies.

DÉVELOPPEMENT DES SERVICES DE L'ÉCOLE (1837-1848).

On a vu précédemment dans quelles conditions s'étaient produites les premières interventions de l'État (huit bourses de 1.000 francs). En 1837, M. Martin du Nord, ministre du Commerce et de l'Agriculture, décida de prendre à la charge de son ministère les appointements des professeurs de Grignon et les frais matériels d'instruction.

Les bases des conventions passées entre le Ministre et le Conseil d'administration de Grignon étaient les suivantes :

1º Le ministre accorde une somme annuelle de 33.000 francs pour les appointements des professeurs (ceux-ci touchaient 3.000 francs) et des répétiteurs ;

2º Le Conseil d'administration s'engage à tout disposer pour que l'École puisse réunir 120 élèves : 80 en dortoirs, 15 en chambres, 25 externes ;

3º Le prix de la pension est fixé à 850 francs pour les premiers, 1.200 francs pour les seconds et 200 francs pour les externes (ceux-ci admis à partir de 1838) ;

4º Les professeurs sont nommés par le Conseil d'administration sur la proposition du directeur et doivent être approuvés et confirmés par le ministre ;

5º La révocation des professeurs est prononcée dans les mêmes formes.

L'École reste ainsi sous la direction de la Société agronomique aidée par le Gouvernement. L'entrée a lieu à dix-huit ans, les candidats subissent un examen devant le principal et les professeurs.

Vers 1840, des essais de sériciculture sont faits à l'École ; on avait planté en mûriers 1 hectare 50 sur le Coteau de la

Carrière, et la magnanerie était installée dans une partie de l'ancien logement du fermier (pavillon nord de l'aile est des communs).

En 1841, la subvention de l'État a permis à l'École de prendre une allure plus nette qui se rapproche du programme que s'étaient tracé les créateurs de Grignon : on applique plus

Vue prise vers 1850-55 de l'emplacement actuel des clos à volailles.

régulièrement un programme des cours, on donne à la théorie et à la pratique la place qu'elles doivent occuper dans l'enseignement, on définit ce que doit être la pratique à acquérir par un ingénieur agricole, on définit aussi ce qu'il faut entendre par théorie agricole « expression qui faisait songer alors bien plus à des choses abstraites, d'une application plus ou moins impossible, qu'à l'étude et à la constatation des faits ».

En 1841, trente-sept élèves, depuis la fondation de l'École, avaient déjà obtenu le diplôme de fin d'études ; d'ailleurs, le nombre des candidats à ce diplôme augmentait tous les ans, et, en 1842, le directeur, dans son rapport au Conseil d'administration, montrait que tous les élèves de la promotion sortante s'étaient soumis à la rude épreuve du plan de culture.

Les cours de pratique agricole organisés par Pichat donnaient d'excellents résultats et un aide allait être chargé, sous les ordres du professeur, de surveiller les travaux des élèves.

Vers ce moment, le curé desservant Thiverval était nommé aumônier de l'établissement, fonction qui a subsisté jusqu'en 1883.

Peu à peu, la dette de l'École vis-à-vis de la Société s'atténuait ; elle était de 14.000 francs en 1841, ayant atteint 37.344 francs en 1835.

En 1843, le directeur de Grignon s'adresse à ses anciens élèves pour essayer de constituer une association agricole ; l'idée ne devait aboutir qu'en 1854.

Auguste Bella, sa gestion, ses idées.

Les *Annales de Grignon*, publiées régulièrement, donnent divers renseignements sur les résultats financiers de l'établissement et contiennent des articles écrits par les divers professeurs de l'École. La comptabilité de Grignon y fait l'objet de nombreux commentaires dont certains auteurs — Dubost et Lecouteux notamment — devaient se servir pour faire l'étude critique de la comptabilité en partie double suivie à Grignon.

L'œuvre de Bella à Grignon n'était pas sans soulever quelques critiques jusqu'au sein du Conseil d'administration ; on vit même un véritable acte d'accusation dirigé par Caffin d'Orsigny contre la gestion du directeur de Grignon. Il faut ajouter de suite que l'examen des faits laissa subsister l'entière confiance que les membres du Conseil d'administration avaient placée dans l'homme appelé à la tête de Grignon en 1826 ; mais l'histoire de Grignon ne serait pas complète, si l'on ne faisait allusion à ces critiques acerbes, à ces reproches souvent pleins d'acrimonie qui n'épargnèrent pas le premier directeur de l'École.

Dans les *Annales de Grignon*, après la réfutation des critiques de Caffin, on trouve un mémoire d'Aug. Bella montrant la progression de la production des pailles et fourrages, des engrais et des céréales pendant les deux premières rotations de l'assolement de Grignon.

Pailles et Fourrages.

	Première rotation.	Deuxième rotation.	Excédent.
	kg.	kg.	%
Production totale. . .	3.548.983	5.578.116	»
Moyenne annuelle. . .	443.623	796.873	79

Fumiers.

	Première rotation.	Deuxième rotation.	Excédent.
	Fumerons	Fumerons	%
Production totale. . .	37.161	42.053	16

CÉRÉALES

	PREMIÈRE ROTATION			DEUXIÈME ROTATION		
	Nombre d'hectares	Produit par hectare	Produit total	Nombre d'hectares	Produit par hectare	Produit total
		hectol.	hectol.		hectol.	hectol.
Froment d'automne.	249,39	21,47	5.372,02	329,73	24,18	7.496.00
Froment de printemps .	109,60	22,13	2.412,17	90,37	28,04	2.524,27
Méteil	18,49	17,40	331,74	4,90	18,23	89,37
Seigle	46,43	15,12	704,44	37,33	26,72	996,64
Orge	27,89	27,44	768,65	39,11	37,44	1.460,46
Avoine	199,16	39,00	7.761,54	153,79	54,73	8.417,80
Totaux . . .			17.350,56	Totaux . . .		21.434,54

Excédent. . . . . 22 p. 100

GRAINES OLÉAGINEUSES

	PREMIÈRE ROTATION			DEUXIÈME ROTATION		
	Nombre d'hectares	Produit par hectare	Produit total	Nombre d'hectares	Produit par hectare	Produit total
		hectol.	hectol.		hectol.	hectol.
Colza, navette, pavot.	61,37	22,53	1.382,96	168,24	16,00	2.733,33

Ces chiffres font ressortir l'augmentation incontestable de productivité du domaine : beaucoup plus de fourrages, accroissement des fumiers, extension de la culture du froment, élévation générale du rendement des céréales, développement

Auguste BELLA (1777-1856)

des oléagineux (ici le rendement à l'hectare de la deuxième rotation est plus faible à cause des cultures manquées de colza plusieurs années de suite).

Les résultats acquis donnaient au directeur plus d'autorité auprès de ses élèves, ils l'incitaient à aller de l'avant, cherchant à les faire profiter de l'expérience acquise dans les entretiens fréquents qu'il avait avec eux.

On conçoit qu'un homme comme Auguste Bella devait entraîner les jeunes gens ; aussi les disciples de Grignon de cette époque conservaient-ils une profonde vénération pour le maître dont ils étaient pressés de suivre l'exemple ; partout, ils allaient, pleins d'enthousiasme, et l'École eut certainement à ce moment une influence considérable sur le développement du progrès agricole en France et à l'Étranger.

Bella se préoccupait aussi de renforcer les études théoriques sans lesquelles le fondateur de Grignon proclamait qu'il n'est pas de bonne pratique possible.

Le directeur de Grignon estimait que la durée des études devait être portée à trois ans, « non pas pour développer l'enseignement proprement dit, mais pour le mieux faire pénétrer dans l'esprit des élèves, par l'expérimentation et les applications de toutes sortes ». On hésita pendant plusieurs années avant d'introduire cette réforme, de crainte d'effrayer les familles ; mais, cette manière de voir ayant reçu l'adhésion du ministre du Commerce et celle du Conseil d'administration, le nouveau régime fut mis en vigueur à partir de 1844.

En 1846, le rapport du Conseil d'administration après avoir souligné les excellents rendements de la campagne 1844-1845, signalait les résultats obtenus jusqu'à ce jour, bénéfice net de 16 % sur le capital engagé dans l'exploitation proprement dite et 9 % sur le montant total des capitaux souscrits.

La deuxième réception des améliorations foncières devait avoir lieu en 1847 ; les expertises faites, restait à obtenir la signature de l'intendant général de la Liste civile ; mais les événement de février 1848 retardèrent cette formalité.

A ce moment, finit le premier chapitre de l'histoire de Grignon. Depuis quelques années déjà, on se préoccupait de développer l'enseignement agricole ; vers 1845, le ministre de l'Agriculture, Cunin-Gridaine, avait chargé Royer, ancien élève de Roville et de Grignon, professeur à Grignon, d'aller étudier en Allemagne l'organisation de l'enseignement agricole. A la fin de 1845, le Conseil général de l'agriculture répondant à une question posée par le Gouvernement, reconnaissait la nécessité de l'extension de l'enseignement agricole.

Le Gouvernement de Louis-Philippe eût peut-être fait quelque chose dans cette voie : c'est à la II⁰ République que devait échoir l'honneur de poser la question en termes précis, et Tourret, successeur de Cunin-Gridaine, allait pouvoir reprendre et faire aboutir les projets étudiés, comme avait voulu le faire, quarante-cinq ans auparavant, François de Neufchâteau, héritier des idées de l'abbé Rozier.

II

L'ÉCOLE RÉGIONALE D'AGRICULTURE (1848-1852)

Programme de l'École régionale d'Agriculture.

Le 3 octobre 1848, les Chambres adoptaient un décret-loi organisant l'enseignement agricole sur les bases suivantes :

1⁰ Au premier degré, les fermes-écoles où l'on reçoit une instruction élémentaire pratique ;

2⁰ Les écoles régionales d'agriculture, établissements d'enseignement secondaire, où l'enseignement théorique et pratique est spécialement approprié à la région agricole où se trouve chaque école ;

3⁰ Au sommet, un institut national agronomique, école supérieure pour l'enseignement scientifique de l'agronomie.

A Grignon on n'était pas sans inquiétude pour l'avenir, et le rapport du Conseil d'administration de la Société agronomique, en 1848, fait ressortir la crainte que la création à Versailles d'une grande école supérieure d'agriculture n'eût des conséquences très fâcheuses pour l'École de Grignon. C'est en effet à Versailles que les cours de l'Institut agronomique commencèrent le 2 décembre 1850.

Grignon était devenu École régionale d'Agriculture à partir du 1ᵉʳ novembre 1849. Une correspondance avait été échangée entre le ministre de l'Agriculture et le Conseil d'administration de la Société de Grignon, et, aux termes de cette correspondance, l'Administration de l'Agriculture louait moyennant une somme annuelle (à déterminer) :

1º Le château, sauf les logements du directeur, de l'inspecteur et le local des bureaux ;

2º Les bâtiments dits des Communs, sauf les magasins des fers et des instruments à la vente ;

Entrée de l'École vers 1850-55.

3º Le champ de l'École (champ d'exercices), le jardin d'études, la mûraie, les pépinières et le jardin potager, contenance totale de 9 hectares.

Le mobilier spécial de l'École était acquis par l'État.

On stipule encore que le directeur des cultures de la Société est en même temps directeur de l'École ; il est nommé par le ministre de l'Agriculture et du Commerce, sur la présentation, aussi souvent répétée qu'il sera nécessaire, du Conseil d'administration de la Société. Aug. Bella reste directeur de l'établissement.

Le personnel de l'enseignement se compose de six professeurs : économie et législation rurales ; agriculture ; économie du bétail et zoologie agricole ; sylviculture et botanique ; chimie, physique, géologie appliquées à l'agriculture ; génie rural (lever de plans, cubage, arpentage, nivellement, constructions rurales, mécanique agricole, dessin linéaire) (1). Trois répétiteurs. L'agent-comptable de l'établissement donne aux élèves des notions de comptabilité.

Les chaires de professeurs sont attribuées au concours. Les répétiteurs sont choisis par le ministre parmi les anciens élèves diplômés des Écoles régionales d'agriculture.

La durée des études est de trois années.

Le projet de culture est maintenu suivant le même programme. Des stages peuvent être accordés aux meilleurs élèves diplômés.

Un Conseil d'instruction, composé du directeur, des professeurs, de l'agent-comptable et d'un répétiteur secrétaire, se réunit à la fin de chaque année et soumet au ministre les changements qu'il est utile d'apporter, tant dans les programmes de l'enseignement que dans ceux des examens

Un nouvel arrêté du 20 octobre abaissait l'âge d'entrée à quinze ans et portait à quatre le nombre des répétiteurs en spécifiant leurs attributions ; enfin le nombre était porté à six, le 30 novembre 1849.

Les répétiteurs d'agriculture et de zootechnie devaient faire fonctions de chefs de pratique des cultures et du bétail, le répétiteur d'économie rurale était chargé de la bibliothèque.

Sur ces entrefaites, un changement allait se produire dans la Direction. A. Bella, fatigué, donnait sa démission, et il était remplacé à la tête de l'École par son fils, Fr. Bella, à la date du 1ᵉʳ juillet 1850.

FRANÇOIS BELLA, DIRECTEUR DE GRIGNON (1850).

Un programme d'admission rédigé en 1850 portait à la connaissance du public les nouvelles dispositions. A l'École, on s'organisait pour coordonner les différentes branches de l'enseignement, des instructions pour les professeurs et les répétiteurs assignaient à chacun sa nouvelle tâche et délimitaient le cadre dans lequel il devait se mouvoir.

On allait tendre à diminuer le niveau scientifique de

---

(1) Les cours de mathématiques, d'art vétérinaire et d'hygiène humaine sont supprimés.

Grignon ; cette orientation nouvelle était la conséquence de la création d'un établissement supérieur d'enseignement scientifique agricole.

L'organisation prévue par la loi du 3 octobre 1848 ne devait pas être mise sur pied. Sans doute, on avait installé l'Institut de Versailles, on avait ouvert une école régionale à Saint-Angeau, dans le Cantal, ce qui avec Grignon, Grand-jouan et La Saulsaie, portait à quatre le nombre des établissements de cette catégorie; on comptait soixante-quinze fermes-écoles ; mais bientôt un changement politique vint modifier toutes ces belles dispositions.

Sous prétexte d'économie, en s'aidant des rancunes que « les théoriciens » n'avaient pu désarmer, on supprimait l'Institut agronomique, on fermait Saint-Angeau et l'on diminuait les crédits. Un nouveau décret de 1852 transformait Grignon en École impériale d'Agriculture.

III

L'ÉCOLE IMPÉRIALE D'AGRICULTURE (1852-1870)

DE 1852 A 1865.

Quelques années après la transformation en École impériale, un grand vide allait se produire à Grignon par suite de la mort d'Auguste Bella ; l'ancien soldat de la République et de l'Empire, qui avait consacré vingt-trois ans à Grignon, s'éteignait doucement en 1856, âgé de soixante-dix-neuf ans, voyant son œuvre en pleine prospérité.

En 1852, les élèves avaient offert à Bella son buste par Dantan, et ce fut une belle fête que cette manifestation de gratitude et d'admiration. L'Administration avait songé à s'y associer et le préfet voulait proposer Aug. Bella pour le grade d'officier de la Légion d'honneur; on s'aperçut alors que l'ancien officier de l'Empire avait le droit de porter cet insigne depuis 1807 ; le préfet, dit-on, demanda alors la croix de commandeur : on hésita à accorder cette distinction à un agriculteur.

Les obsèques d'Aug. Bella, le transport de sa dépouille mortelle par les élèves de l'École jusqu'au cimetière de Thiverval, la couronne offerte par les ouvriers de l'École et les habitants du village avec la suscription « Au père des ouvriers »,

L'ancien étang.

la concession à perpétuité accordée par la commune (1) montrent quel lien puissant unit le nom de Bella à l'institution qu'il avait contribué à fonder et qu'il avait maintenue à hauteur de sa réputation pendant plus d'un quart de siècle.

De 1852 à 1870, Grignon a connu des destinées plutôt heureuses. Par suite de la suppression de l'Institut de Versailles, à cause de la proximité de Paris et du renom acquis

---

(1) Cette concession avait été accordé à Bella de son vivant, et il montrait quelquefois « sa seule propriété. »

par vingt-cinq ans de prospérité et de bons exemples, les élèves n'ont jamais manqué, tandis qu'à La Saulsaie et à Grandjouan, le nombre des auditeurs était de plus en plus clairsemé.

L'Empire a conservé à Grignon le cadre d'organisation établi par la République de 1848, mais le cadre se brise bientôt devant la nécessité de développer l'enseignement, et le ministre de l'Agriculture cède peu à peu aux sollicitations du directeur pour installer de nouveaux services et améliorer ceux existants (1).

Aux examens d'admission de 1863, cinquante-sept candidats se présentent à Grignon, trente sont reçus. Tous les services de l'École fonctionnent parfaitement, ainsi que le constate, lors d'une visite, Armand Behic, ministre de l'Agriculture.

Deux plaques de marbre sont scellées dans le vestibule, montrant aux visiteurs les noms des anciens élèves qui ont obtenu la prime d'honneur et de ceux auxquels ont été conférés divers grades dans l'ordre de la Légion d'honneur.

Heuzé augmente considérablement les collections du cours d'agriculture. Peplowski prépare une collection des plantes industrielles et alimentaires, avec les quantités pour cent de substances immédiates qui entrent dans leur composition.

A ce moment, nous voyons figurer dans la liste du personnel le nom d'un maître d'équitation et de dressage ; les exercices ont lieu dans une partie de la grande bergerie. Plus tard on devait construire près du gros orme un manège, qui a été démoli en 1897. Les élèves abonnés payaient 200 francs par an.

En 1864, on installe le jardin botanique autour des deux gazons situés devant le château et entre les bâtiments des communs ; on plante aussi un verger, une petite vigne et l'on commence des pépinières forestières.

Grignon reçoit, la même année, quelques spahis et chasseurs d'Afrique envoyés par le maréchal Randon, ministre de la Guerre, pour acquérir quelques notions agricoles avant de retourner en Algérie.

C'est également en 1864 que s'ouvre la gare de Plaisir-

---

(1) Il fallait essayer, malgré tout, de combler le vide produit par la disparition de l'Institut de Versailles.

Grignon. Quatre départs par jour à Montparnasse et quatre retours sur Paris ; jusqu'à cette époque, l'École était desservie par une correspondance de l'omnibus de Versailles à Neauphle-le-Château, il y avait deux départs par jour dans chaque sens.

De cette période date la création de l'*Association amicale des Anciens Elèves de Grignon* (1855). Les élèves sortis de l'École étaient déjà nombreux et les directeurs avaient senti la nécessité de conserver les liens qui unissaient leurs anciens élèves à Grignon, en ne manquant pas une occasion de correspondre avec eux. François Bella et Caillat, sous-directeur, furent les promoteurs de l'Association.

*
* *

La Société agronomique continuait l'exploitation du domaine, sauf des quelques hectares réservés par la convention de 1849 pour le service de l'École : ses bilans font ressortir des bénéfices continus ; mais à partir de 1855, les *Annales de Grignon*, qui comprenaient alors vingt-sept livraisons, cessèrent de paraître.

La fabrique d'instruments était en pleine prospérité ; à tous les concours où elle présentait des spécimens de sa fabrication, elle obtenait des médailles ; à l'Exposition universelle de 1855, elle remportait la grande médaille d'or et de nombreuses récompenses. Vingt à vingt-cinq ouvriers y étaient constamment occupés. Depuis 1854, la féculerie installée lors de la fondation avait fait place à une distillerie (système Champonnois) ; on réduisait la culture de la pomme de terre à cause des ravages causés par la maladie *(Phytophthora infestans)*, seules les variétés Chardon et Jeuxey donnaient de bons résultats. En 1860, on se proposait d'abandonner le colza attaqué par des insectes divers et dont les rendements étaient en régulière décroissance.

Des essais de la charrue Fowler avaient lieu en 1862 (les câbles servent de clôtures à la prairie du champ d'exercices) ; on continuait les essais sur moissonneuses.

La fabrication des fumiers subit vers cette époque quelques modifications : au lieu de trois tas parallèles de 20 mètres sur 7, n'a plus qu'une seule plate-forme circulaire avec pompe

au centre : c'est le modèle qui exista jusqu'en 1925 à la ferme
extérieure de Grignon sur le plateau.

LA LIQUIDATION DE LA SOCIÉTÉ AGRONOMIQUE (1865-1867).

Dès 1865, une grave question commence à se poser :
que va devenir le domaine à la fin du bail consenti à la Société

Première cour de ferme vers 1850.

agronomique le 21 mars 1827 ? Il apparaît que la Société
agronomique est peu disposée à renouveler son bail.

Le Conseil d'administration de l'Association des Anciens
Élèves forme le projet d'organiser entre les anciens élèves de
Grignon une Société agronomique nouvelle par actions pour
l'exploitation du domaine, en laissant l'instruction agricole
entre les mains du Gouvernement.

Le ministre de l'Agriculture semble accueillir avec bien-
veillance ce projet, et un appel est adressé à tous les anciens
élèves par les membres du Conseil d'administration ; ceux-ci
estiment que la confiance placée en eux par leurs camarades

équivaut « à la recommandation tacite de veiller sur l'avenir de Grignon, ce lieu d'heureux souvenirs, ce berceau de leur instruction agricole ».

Les statuts de la nouvelle Société sont adoptés le 11 avril 1865 ; on fixe le fonds social à 300.000 francs représentés par six cents actions de 500 francs.

Mais bientôt, les intentions de l'Administration se précisent ; des modifications profondes vont être apportées au régime de l'École : on se propose de réserver pour elle 60 à 80 hectares de terres et de louer le reste du domaine à un fermier ; dans ces conditions, le généreux projet des anciens élèves de Grignon — la moitié du capital avait déjà été souscrite et les anciens élèves étaient tout prêts à fournir le reste — ne put être mis à exécution.

Toute l'année 1866 est occupée par les pourparlers, et certains craignent que les vues de l'Administration n'équivalent à l'amoindrissement de Grignon ; cependant, l'officieux *Moniteur universel* vient calmer les appréhensions.

« ...L'Empereur a trouvé que l'École de Grignon pouvait être susceptible de grands développements, mais qu'il fallait assurer des facilités nouvelles à l'établissement qui a toujours marché le premier à la tête des progrès si remarquables faits par notre agriculture... »

Il résulte, d'autre part, de l'exposé des motifs du budget de 1866, que la reconstitution de l'École de Grignon devait comporter, en conséquence, l'élévation de l'enseignement et une modification essentielle de l'organisation.

A la suite des premières études de l'Administration, un rapport très étudié du directeur de l'Agriculture, du Monny de Mornay, est adressé au ministre de l'Agriculture ; le rapport conclut à la création d'une École impériale et centrale d'Agriculture qui serait superposée à l'École régionale déjà existante.

Le régime de l'École centrale serait l'externat, et l'on accueillerait des auditeurs libres, la durée des études de deux ans, l'admission au choix parmi les élèves bien classés de l'École régionale, après examen pour les autres candidats. On réduirait la durée des cours de l'École régionale à deux ans par suppression du plan de culture.

Toutes les chaires des professeurs seraient mises au concours ; neuf chaires seraient instituées, et, pour des spécialités, on ferait venir pendant un certain temps des professeurs du dehors ou des chargés de cours.

Enfin, le 13 août 1867, le ministre de Forcade institua une Commission spéciale à l'effet d'étudier les mesures relatives à l'établissement d'un enseignement supérieur à l'École

Fr. Bella (1812-1881).

impériale d'Agriculture de Grignon. Cette Commission était présidée par Dumas, sénateur.

Mais quarante ans s'étaient écoulés depuis que la Société exploitait le domaine de Grignon ; qu'était devenu le capital de 300.000 francs souscrit par les actionnaires ?

Dès la fin de 1866, 50 % du capital social sont remboursés aux actionnaires ; peu après, un troisième quart du capital est réparti à la suite d'une dernière séance du Conseil d'administration qui eut lieu à Grignon même ; à ce Conseil, tenu en plein hiver, on vit venir trois des membres fondateurs, dont le plus jeune avait quatre-vingts ans, et qui donnaient ainsi « un précieux témoignage d'intérêt à l'œuvre à laquelle ils coopéraient depuis quarante ans ».

Les 3 et 4 juin 1867, une partie des animaux et du matériel sont vendus en adjudication publique, on conserve ce qui est nécessaire pour la dernière récolte ; celle-ci a été préparée comme celles des années antérieures, on a décidé de ne pas changer les méthodes de culture sous prétexte de récupérer les fumures apportées. La Société garde toutes les terres jusqu'après les récoltes de 1867, cultivant et fumant une sole de plantes sarclées pour que le fermier entrant puisse faire ses froments, et elle lui donne toutes facilités pour l'ensemencement des prairies artificielles.

Il résulte de l'examen du rapport de Fr. Bella sur la liquidation, que les experts ont estimé à 305.738 francs les améliorations foncières, dépassant ainsi de quelques milliers de francs la somme qui avait été fixée par le bail de 1827. Ces améliorations s'étant réparties ainsi :

1re période (1827-1837)	145.852 fr. 92
2e — (1837-1847)	74.328 fr. 09
3e — (1847-1857)	49.200 fr. »
4e — (1857-1867)	36.357 fr. 05

On a vu précédemment que cette valeur d'améliorations foncières et réelles représentait l'équivalent des charges ordinaires d'un fermier : les experts concluaient en disant « que la Société de Grignon a parfaitement bien rempli la tâche qui lui était imposée de gérer et administrer en bon père de famille ».

Toutes les actions furent remboursées intégralement, les dividendes payés et il resta un boni important (plus de 60.000 francs) auquel on fit participer les vieux serviteurs qui, depuis de longues années, n'avaient point vu leurs appointements augmentés.

Toutes ces écritures de liquidation avaient duré longtemps, et le 3 juin 1870 seulement le ministre de l'Agriculture, Louvet, pouvait écrire une lettre de remerciements au duc de Dampierre, président du Conseil d'administration, *se plaisant à constater que l'ancienne Institution agronomique de Grignon a bien mérité du pays.*

L'État devait cependant se préoccuper de l'exploitation du domaine de Grignon. Dès 1866, il avait été entendu que l'on attribuerait à l'École la deuxième division des cultures de la Société, c'est-à-dire les 26 arpents, les 10 arpents et la Carrière (les divisions actuelles), les prairies et la majeure partie du parc ; le reste du domaine devait être loué à un fermier. La location fut donnée à un ancien élève, gendre du directeur, ancien répétiteur d'économie rurale et à ce moment agriculteur à Leuvéville (Eure-et-Loir), J. Maisonhaute. Le nouveau fermier avait à sa disposition les bâtiments de l'ancienne ferme extérieure, et il devait construire à ses frais une ferme au milieu des terres : celle-ci fut élevée sur le plateau, vers la pièce du trou à terre franche.

Pendant ce temps, à l'intérieur de l'École, des travaux importants ont lieu : la petite ferme du champ d'exercices est transformée en laboratoires ; trois professeurs — physique et géologie, chimie, zootechnie — peuvent y travailler et une pièce est aménagée pour les élèves ; une grande salle de collections est installée au premier étage du bâtiment et Heuzé y groupe les produits qu'il a rassemblés depuis plusieurs années. Des salles de cours sont établies dans les locaux occupés jusqu'alors par les salles à manger et le musée. L'aile est du château, réservée à la Société agronomique et à la Direction, va être transformée en dortoirs. Au premier étage, un grand salon est formé aux dépens des dortoirs pour donner à l'École une salle de réception et de conseil (la bibliothèque du personnel enseignant).

On construit pour la Direction un pavillon spécial sur le Fer à Cheval, au-dessous de la bergerie.

La ferme intérieure est l'objet d'aménagements divers : une grande galerie des instruments aratoires et des outils agricoles, avec un atelier, qui doivent former le musée et la laboratoire de génie rural, sont installés dans les anciennes écuries du château.

On installe aussi une vacherie, une bouverie, une bergerie, une porcherie ; au-dessus de la mare,qui se trouve dans le milieu de la cour de ferme — mare que l'on convertit en citerne par une couverture — on bâtit un petit pavillon pour le commis de ferme et un hangar.

En 1867, l'Exposition universelle du Champ-de-Mars est l'occasion d'un très beau succès pour Grignon. L'École a son pavillon spécial où chaque chaire a installé une exposition particulière.

* * *

La Commission instituée au Ministère de l'Agriculture, poussée par l'opinion publique, hâtait cependant ses travaux

Les anciens laboratoires de chimie et le gros orme.

et, vers la fin de 1868, proposait au ministre le *statu quo* pour Grignon conservé dans son état ancien, et l'installation à Paris de l'établissement d'enseignement supérieur.

Malgré cette décision, Grignon devait poursuivre sa route ; c'était peut-être l'éclipse officielle momentanée, la mise au second plan avec de faibles moyens d'existence, la difficulté de tous les jours, étant soumis « aux règles sévères et anti-commerciales de la comptabilité de l'État ». Mais l'œuvre de Grignon comptait déjà trop pour qu'un jour sa place réelle ne fût pas marquée dignement.

DE 1868 A 1870. RETRAITE DE FR. BELLA.
BOITEL, CHARGÉ DE LA DIRECTION.

Cette longue série de négociations n'avait pas été sans fatiguer François Bella, et, dès qu'il eut avancé la liquidation, il manifesta le désir de se retirer. Quelques mois après,

Fr. Bella ayant demandé définitivement au ministre l'auto-
risation de faire valoir ses droits à la retraite, Boitel, ancien
élève de Grignon, inspecteur général de l'Agriculture, était
chargé de l'intérim de la Direction de l'École.

Fixé enfin sur les destinées de l'École, on recevait des
élèves en 1868, ce qui n'avait pas eu lieu en 1867 ; on admet-

La Direction.

tait à nouveau des élèves externes et des auditeurs libres.

La situation de la ferme laissée à Grignon était bien pré-
caire ; mais, fort heureusement, une petite amélioration allait
pouvoir se produire assez rapidement. Lefebvre de Sainte-
Marie, ancien élève de la promotion 1831, remplace du Monny
de Mornay à la Direction de l'Agriculture, et il s'applique
aussitôt à réparer l'erreur qui a privé Grignon de ses cultures.
Les terres étant entre les mains d'un fermier, l'Administration passe avec J. Maisonhaute une convention aux termes
de laquelle il devra mettre son exploitation à la disposition
de l'École ; des élèves de service seront attachés aux cultures,
aux étables, etc. ; d'autre part, le fermier exposera dans des

conférences sur le terrain ou à l'amphithéâtre les raisons qui l'engagent dans telle ou telle voie.

La ferme extérieure comprenait alors 176 hectares, plus les terres de la ferme intérieure non réservées pour l'École ; on y entretenait des attelages de bœufs et de chevaux, une porcherie d'environ cinquante truies portières, une vacherie à lait et d'élevage de trente têtes et un troupeau de bêtes à laine de quatre cent cinquante têtes, dirigé en vue de l'élevage.

Ces nouvelles dispositions étaient heureuses, et le rapport adressé par Boitel au ministre de l'Agriculture, en février 1870, constate la bonne organisation de l'enseignement. Il est fait allusion dans ce rapport à un diplôme d'*ingénieur agricole* à délivrer aux élèves qui auront satisfait aux examens de sortie.

Quelques mois après, l'Empire déclarait la guerre à la Prusse, et l'École impériale d'Agriculture allait entrer dans l'histoire, le 4 septembre 1870.

On ne peut clore ce chapitre de l'histoire de Grignon sous le Second Empire, sans relater la souscription ouverte par le Comice d'Agriculture de Seine-et-Oise, à la mort d'Auguste Bella, pour élever un monument à la mémoire de l'illustre agronome. Cette souscription à laquelle s'étaient associés les anciens élèves de Grignon avait bientôt pris un caractère international et, les fonds étant réunis, les travaux d'installation du monument commençaient sur le terre-plein situé au-dessous de la nouvelle Direction.

IV

L'ÉCOLE NATIONALE
D'AGRICULTURE DE GRIGNON

GRIGNON PENDANT LA GUERRE DE 1870-1871.

Dès la déclaration de guerre, de nombreux élèves avaient rejoint l'armée, on avait hâté les examens de fin d'année et, le 23 juillet, l'École suspendait ses cours.

L'inspecteur général de l'Agriculture Boitel s'occupait

activement de sauvegarder les intérêts de l'École. Rapidement, on procéda au battage des grains, la majeure partie du bétail et des chevaux furent dirigés sur la vacherie de Corbon. Enfin Dubost, professeur d'économie rurale, fut, sur sa demande, chargé de l'intérim de la Direction.

Les troupes ennemies firent bientôt leur apparition. Un général de cavalerie avec tout son état-major et des détachements divers séjournèrent à Grignon le 20 et le 21 septembre, puis ils furent remplacés jusqu'au milieu de novembre par diverses fractions de cavalerie. De temps à autre, des troupes passaient, auxquelles il fallait fournir les denrées, le bétail réquisitionnés. On avait caché des vaches, des moutons, et quelques animaux purent échapper aux recherches de l'ennemi.

Grignon n'eut d'ailleurs pas à souffrir de la présence des troupes prussiennes et le drapeau français flotta au-dessus de la porte d'entrée pendant toute la durée de l'occupation.

Vers la fin de novembre, les patrouilles cessèrent de traverser le parc et l'on attendit la fin des hostilités : la convention du 28 janvier qui livrait aux Prussiens les forts de la capitale allait précéder la conclusion d'un traité de paix. Les animaux revinrent à Grignon et l'on procéda au réensemencement des blés qui avaient été gelés par le terrible hiver de 1870-1871.

Trois anciens élèves ou élèves tombèrent au champ d'honneur : Guillot (1861), Vannier (1866), Poussereau (1869).

La croix de la Légion d'honneur fut attribuée, à la suite de la guerre, à Charbonnier (1865), Émile Roche et Wartelle (1863) ; Admyrauld (1868) reçut la Médaille militaire.

DUTERTRE, DIRECTEUR (1871-1882).

Le 17 mars 1871, l'Administration appelait à la Direction de l'École, Dutertre, alors adjoint à l'Inspection générale de l'Agriculture et directeur de la bergerie du Haut-Tingry. Dutertre était ancien élève de Grignon (promotion 1847) ; homme très actif, il se mit aussitôt à la besogne et sut rapidement conquérir l'estime de tous.

En attendant la reprise des études, le nouveau directeur mit au point quelques travaux entrepris dans la ferme et construisit notamment la grande bergerie.

Le 2 octobre 1871, l'École rouvrait ses portes, les élèves
de la promotion 1869 passaient en deuxième année, ainsi que
quelques élèves venant de La Saulsaie, fermée définitivement (1) ; et aux examens d'admission des 2 et 3 octobre,

F. Dutertre (1828-1882).

trente-huit élèves étaient admis, ce qui portait à soixante-dix
l'effectif total.

C'est en novembre 1871 qu'eut lieu le premier concours
pour l'obtention du titre d'*ingénieur agricole*. Les épreuves
réglées par l'arrêté ministériel du 15 juillet 1870 consistaient
en un mémoire rédigé par le candidat après sa sortie de l'École,

____

(1) On attendait à ce moment l'ouverture d'une troisième école à
Montpellier

du 15 août au 15 octobre, sur un domaine, une industrie ou une localité indiqués, et en une argumentation sur les sujets traités dans ce mémoire. Au concours n'étaient admis que les élèves ayant obtenu un certain nombre de points parmi les titulaires du certificat d'études.

En 1871, douze candidats, dont sept de Grignon, se présentèrent ; trois seulement furent admis, dont un de Grignon en tête de liste, Foëx, qui devait être plus tard directeur de Montpellier. Des concours de ce genre eurent encore lieu en 1873 et le titre d'ingénieur agricole fut accordé à Randoing et Grandvoinnet ; en 1875, à Courtois, Rouault, Magnien, Landré. Puis le concours tomba en désuétude.

*
* *

La loi militaire du 27 juillet 1872 favorisa quelque peu Grignon, en admettant les élèves de cette école parmi les jeunes gens autorisés à contracter des engagements volontaires d'un an ; on donnait ainsi une facilité à ceux qui désiraient ne pas interrompre leurs études agricoles; par l'engagement volontaire qu'ils contractaient, ils n'étaient appelés sous les drapeaux qu'à partir du jour où ils avaient terminé leurs études.

En 1872, de nouveaux programmes sont publiés, indiquant les conditions d'admission à Grignon et l'enseignement donné à l'École.

La limite d'âge est abaissée à dix-sept ans au lieu de dix-huit, et la durée des études est portée à deux ans et demi; on continue à recevoir des élèves internes et externes et des auditeurs libres. Sont dispensés de l'examen les bacheliers ès sciences.

Dans le programme des cours, huit séries :

1º Agriculture ; 2º zoologie et zootechnie appliquées à l'agriculture ; 3º physique, météorologie, minéralogie et géologie ; 4º botanique et sylviculture ; 5º génie rural, mécanique et constructions agricoles ; 6º chimie et technologie ; 7º économie et législation rurales, droit administratif ; 8º comptabilité agricole.

A côté des cours, on crée des conférences spéciales : de technologie (Millot), d'arboriculture et d'horticulture (Dubreuil) et d'entomologie (Vignes).

Enfin une innovation : les grandes excursions agricoles organisées par Dubost, qui devaient procurer aux élèves l'occasion de visiter les diverses régions de la France et même d'aller à l'Étranger.

A partir de 1872, ont lieu à Grignon des ventes annuelles et publiques de béliers ; on fait d'abord venir à Grignon les béliers dishley et dishley-mérinos du Haut-Tingry et l'on

L'allée de Thiverval, le gros orme et le manège.

vend les southdowns et les shropshiredowns nés à l'établissement. En 1879, le troupeau du Haut-Tingry fut transféré à Grignon.

Achevons cette année 1872, en signalant l'installation du bureau télégraphique (la poste était à Neauphle-le-Château) et l'établissement d'une usine à gaz.

En 1874, deux décès frappent le vieux Grignon : la veuve d'Aug. Bella, qui était restée dans le château après la liquidation de la Société agronomique, et même après que son fils eut quitté la Direction, meurt à quatre-vingt-six ans. Quelques mois plus tard, les élèves de Grignon, conduits par Dutertre, se rendaient à Neauphle-le-Vieux, aux obsèques du duc de

Mortemart, dernier survivant des membres du Comité de fondation de la Société agronomique.

Le maréchal de Mac-Mahon, président de la République, fait deux visites à Grignon, en 1875 ; à la seconde, il remet la croix de la Légion d'honneur à Dehérain. Le professeur de chimie agricole vient d'installer la Station agronomique, où il allait poursuivre pendant de longues années ses célèbres

Le jet d'eau et le Jardin anglais.

expériences, commençant en même temps la publication des *Annales agronomiques*.

L'École continuait à être de temps à autre le siège d'importantes solennités agricoles, et, en 1876, le Comice de Seine-et-Oise y tenait ses assises pour la deuxième fois ; la première réunion avait eu lieu en 1835, peu d'années après la fondation de Grignon.

On augmente bientôt l'enseignement d'un cours de sylviculture, et les conférences de technologie agricole sont transformées en chaire de professeur.

L'année 1878 devait être l'occasion de grandes réunions à Grignon : au début de janvier, sur la proposition de Heuzé, le

Conseil d'administration de l'Association avait décidé de célébrer le centenaire d'Aug. Bella et le cinquantenaire de la fondation de l'École.

Une fête superbe eut lieu le 10 juin ; l'Exposition universelle fournissait à beaucoup de Grignonnais l'occasion de venir à Paris, et plus de cent cinquante anciens élèves s'empressèrent de répondre à l'appel du Comité d'organisation.

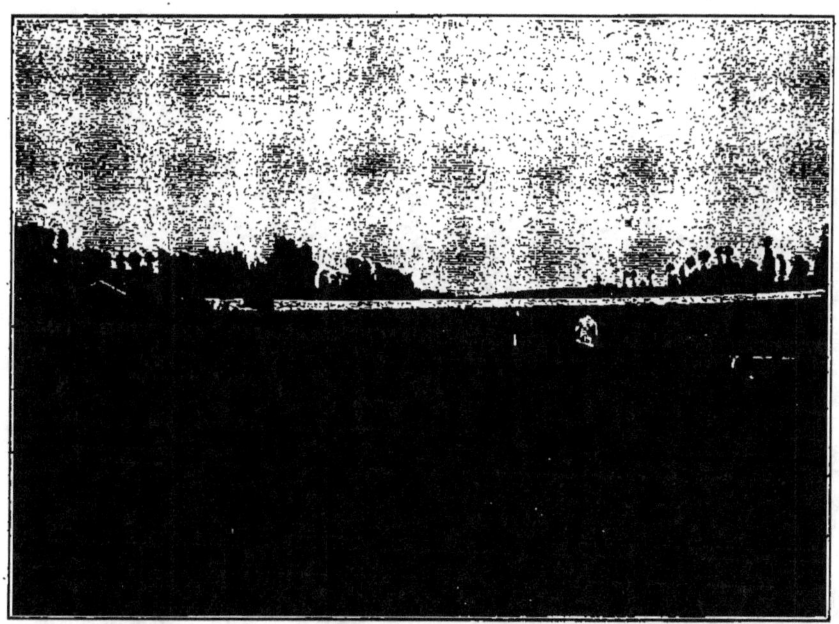

La station agronomique.

Plusieurs commissaires généraux à l'Exposition universelle assistèrent à la fête.

La visite de l'École fut un hommage unanime rendu à l'habile Direction de l'établissement et, au banquet servi le soir dans l'ancienne bergerie, devenue galerie des machines, Buignet, François Bella, le vice-président de la Commission royale des Pays-Bas, le préfet de Seine-et-Oise, le commissaire général du Japon à l'Exposition, Barral, au nom de la Société centrale d'Agriculture de France, Lembezat, inspecteur général de l'Agriculture, portèrent des toasts tout vibrants d'admiration pour l'œuvre de Bella et de reconnaissance pour la France.

Sur une fête de nuit s'acheva cette belle journée de l'histoire de Grignon.

Quelques semaines plus tard, le Congrès de l'Association française pour l'Avancement des Sciences visitait l'École ; au cours de son discours, Porlier, directeur de l'Agriculture, rappela que l'École venait de voir tomber les barrières dans lesquelles on la tenait enfermée depuis 1868 ; on lui restituait

Le Jardin et le Château vers 1890.

le domaine, entouré de murs, de 291 hectares : une ferme importante fonctionnerait désormais entre les mains de la Direction de l'École (1).

1882 est une année de deuil pour Grignon : le deuxième et le troisième directeurs meurent à quelques semaines d'intervalle.

Dutertre disparaît subitement le 16 mai, laissant d'unanimes regrets à l'École ; dans les sympathies qui venaient à

______

(1) Par arrêté du 8 août 1877, J. Maisonhaute avait sous-loué au ministre de l'Agriculture, pour le service de l'École de Grignon et pour une période de 14 ans, toute la partie du grand parc qui n'était pas affectée à l'établissement.

Grignon dans la circonstance, dans les discours prononcés lors des obsèques à Thiverval, on n'oublia pas Mme Dutertre qui, à l'exemple de ses devancières, Mmes Aug. et Fr. Bella, était « une mère pour la famille grignonaise ».

Un mois après, le cimetière de Thiverval recevait la même assistance nombreuse venant saluer la dépouille du second directeur de Grignon. Fr. Bella avait quitté Grignon depuis treize ans, mais il continuait à prendre une part active aux travaux de l'Association des Anciens élèves, comme vice-président et président.

E. Philippar, directeur (1882-1901).

Edmond Philippar, ancien élève de la promotion 1865, fils du professeur Philippar, remplaçait Dutertre à la Direction de l'École, en septembre 1882, après un court intérim de Dubost (1).

Le nouveau directeur obtint d'abord quelques améliorations ; on termina en 1884 l'installation des collections de génie rural dans la machinerie. De 1886, datent une série de travaux dans la cour intérieure nord du château : l'agrandissement du réfectoire, pour tenir cent internes ; la désaffectation de la chapelle, par suite de la suppression de l'emploi d'aumônier, et la transformation du local en amphithéâtre de zootechnie : celui-ci remplace l'ancienne salle de cours voisine des anciens laboratoires et qui a été aménagée en laboratoire de zootechnie.

Au point de vue de l'enseignement, on rétablit les conférences d'entomologie supprimées depuis quelques années.

Mais bientôt plusieurs emplois disparaissent. Suppression des leçons d'équitation : on fait à la place des exercices militaires ; un champ de tir est créé dans les Divisions. Suppression de l'emploi de chef de pratique en 1890.

Le décès de Millot en 1887 est cause de la réunion de la physique à la chaire de technologie ; la géologie et la minéralogie sont confiées à un maître de conférences.

Les examens d'admission subissent une transformation

---

(1) C'est de l'intérim de Dubost que date la construction du grand hangar placé près du Labyrinthe et qui a été transféré en 1925 près de l'Usine à Gaz pour abriter les combustibles.

en 1892 et surtout en 1893 ; jusqu'alors, ils avaient lieu à Grignon devant un jury composé des professeurs de l'École. On admettait de droit les bacheliers ès sciences et ceux de l'enseignement spécial.

Avec la nouvelle réglementation, les examens sont obligatoires pour tous les candidats et servent au recrutement des trois Écoles nationales d'Agriculture.

Grâce à la loi sur le recrutement de l'armée du 15 juillet 1889,

Ed. Philippar (1845-1905).

les Écoles nationales d'Agriculture allaient connaître une période de grande activité. En effet, le décret du 23 novembre 1889 comprenait le diplôme des Écoles nationales d'Agriculture parmi les titres donnant droit à la dispense de deux années de service militaire, à la condition que les jeunes gens diplômés fussent classés parmi les quatre premiers cinquièmes de la liste des élèves français ayant atteint la moyenne suffisante pour l'obtention du diplôme.

Pendant que la loi était appliquée, on disait à Grignon :
« Beaucoup d'élèves ne viennent ici que pour la dispense,
le recrutement serait meilleur si l'on ne voyait entrer dans
les Écoles que des jeunes gens voulant faire de l'agriculture. »
Cet afflux de candidats correspondit nécessairement à une
sélection très rigoureuse, et l'on peut écrire sans crainte que

L'entrée de l'École en 1898.

la loi de 1889 a ramené vers l'agriculture des intelligences
et des capitaux.

****

C'est en 1891 qu'expirait la sous-location du parc précédemment consentie par J. Maisonhaute. Au 11 novembre,
le ministre de l'Agriculture affecte à l'École la totalité des
terres situées dans l'enceinte du parc ; on y joint les prairies
dites de Chantepie (3 ha. 50) et deux pièces faisant partie de la
ferme extérieure : celles du Coin du mur et des Maisons (environ
15 hectares). Ce développement de la culture ne pouvait
être que du plus haut intérêt pour l'École (1).

______

(1) Dès 1887, les bois sous-loués pour la chasse avaient fait retour à
l'École.

Les effectifs augmentant tous les ans, on commençait à sentir la nécessité d'étendre les laboratoires. Il allait falloir attendre cinq ans avant les premières fouilles destinées à un nouveau bâtiment pour la chimie.

En attendant, on effectue en 1893 d'importants travaux d'amélioration au laboratoire de botanique, situé à l'extrémité

Aux travaux pratiques (1900).

nord-est du château ; au-dessous, on installe le laboratoire d'agriculture. La même année, une grande bouverie est construite dans la seconde cour de ferme.

***

1895 est l'année où Grignon connut son maximum d'élèves ; en effet, à la fin du premier trimestre de l'année scolaire 1895-1896, on comptait 112 internes, 18 demi-internes et 109 externes, au total 239 élèves, auxquels s'ajoutaient 9 auditeurs libres.

L'École était remplie, et, au dehors, le hameau de Grignon regorgeant d'élèves externes, ceux-ci devaient se loger dans les villages des environs.

Il est certain que des promotions aussi nombreuses ne facilitaient pas la tâche de l'Administration, ni surtout celle du personnel enseignant ; si, au point de vue des cours, les auditeurs s'accommodaient de leur mieux des deux amphithéâtres étroits — celui du coin du château, dit alors de chimie, et celui de zootechnie — et des salles de cours, avec

La salle de dessin en 1900.

des laboratoires exigus et un personnel insuffisant, il était très difficile de satisfaire aux applications.

Après bien des atermoiements, on commence en 1896 la construction d'un grand laboratoire de chimie et de technologie ; le bâtiment était achevé pour la rentrée de 1898.

La zootechnie continua à habiter pendant quelque temps son vieux laboratoire, et les combles du même bâtiment abritèrent les collections du Musée Heuzé. Mais de 1899 à 1900, de nouveaux aménagements furent faits dans la cour nord du château ; on transforma l'amphithéâtre de zootechnie en installant à côté du nouvel amphithéâtre un laboratoire (?) particulier à cette chaire. En même temps, le réfectoire et la salle de dessin subissaient quelques améliorations.

Ici, nous devons relater la tentative faite par le Conseil

d'administration de l'Association des Anciens Élèves à l'occasion de l'expiration du bail de A. Maisonhaute pour la Ferme extérieure. Comme en 1867, on projetait de constituer une Société par actions parmi les anciens élèves, afin d'exploiter le complément du domaine de Grignon. Le projet n'aboutit pas et A. Maisonhaute refit un bail de dix-huit ans en 1899.

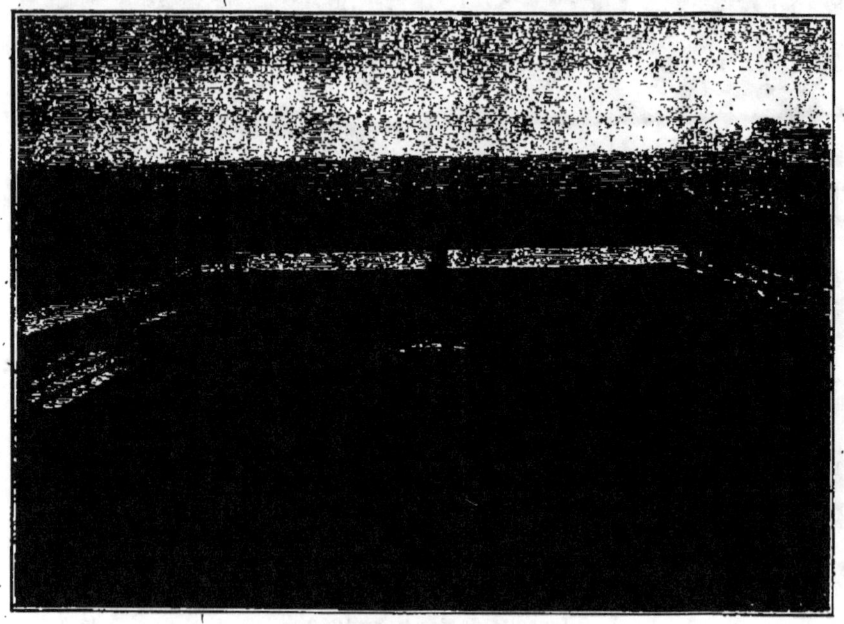

Le jardin potager en 1902.

Cependant, à cette occasion, l'École fit des échanges de culture avec le fermier, celui-ci reprenait la pièce du Coin du mur et abandonnait à l'École : Folleville, La Cure et les 15 arpents, trois pièces situées sur le plateau, au long de la route de Thiverval.

***

En 1900, année d'Exposition universelle, les visiteurs affluent à Grignon ; l'École a exposé au Champ-de-Mars, à la classe 5, et le jury décerne un grand prix à l'Établissement.

Le 8 juillet, le Congrès international d'Agriculture, conduit par Henry Sagnier, vient faire une excursion à Grignon : la réception a été parfaitement organisée par le directeur Philippar, et à l'issue du banquet servi dans une tente, à l'entrée de l'allée de Thiverval, les toasts chaleureux se croisent de Méline au directeur, de Dehérain aux étrangers, membres du Congrès, du major des élèves aux anciens : Perrault (promotion 1854), commissaire général du Canada, et Bouesco (promotion 1854), professeur à l'École supérieure de Bucarest. Comme en 1878, les étrangers rappellent la large contribution de la « fameuse École de Grignon » au développement du progrès agricole dans le monde entier (1).

Quelques mois après, E. Philippar tombait malade. Pen-

Visite du Congrès international d'agriculture en 1900.

dant la maladie du directeur, Randoing, inspecteur général de l'Agriculture, puis M. Trouard-Riolle, inspecteur, furent chargés de l'intérim. Philippar dut cependant quitter l'École pour se retirer en Bretagne au mois d'août 1901 (2).

Les dernières années de sa direction avaient été marquées par le développement des excursions agricoles de fin d'études.

Philippar laissait inachevée la mise au point de Grignon, tant au point de vue des services d'enseignement que du côté de l'exploitation agricole ; sa gestion avait été rendue difficile par l'arrivée à Grignon d'un très grand nombre d'élèves,

---

(1) Grignon reçut également la visite du Congrès international de Géologie.

(2) Philippar, nommé Directeur honoraire, mourut en 1905.

par la réduction des crédits et par l'appui peut-être insuffisant de l'Administration.

M. TROUARD-RIOLLE, DIRECTEUR (1901-1918).

Le successeur de Philippar, M. Trouard-Riolle, nommé par arrêté du 10 août 1901, est un ancien élève de Grignon de la

Les anciens laboratoires en 1900.

promotion 1875 ; un vaste champ s'offre de suite à son activité, car il s'agit de continuer et d'achever la réorganisation de Grignon.

Dès son arrivée à la Direction, M. Trouard-Riolle fut chargé d'étudier un plan d'ensemble ; le devis en était élevé, et c'est par annuités que, grâce à l'initiative et à la persévérance de son directeur, Grignon allait obtenir du Parlement, sur le Service des Bâtiments civils, les crédits nécessaires (1).

---

(1) Grignon fut beaucoup aidé dans cette circonstance par Maurice Berteaux, député de la circonscription, et par de nombreux membres du Parlement. En 1902, on installa à Grignon un bureau de poste ; en 1903, le téléphone ; de 1895 à 1902, l'École avait été desservie par le bureau de poste de Plaisir.

Dès 1903, la pioche des démolisseurs attaquait les vieux laboratoires, restes glorieux de la petite ferme installée par la Société agronomique, tout chevronnés des remarquables travaux que Millot, Pouriau, Lezé, Dehérain, Sanson, Gay, y avaient pourtant effectués dans des locaux incommodes.

Mais l'instruction pratique des élèves laissait à désirer sur bien des points, faute de place pour les applications ;

Le début des grands travaux en 1904.

aussi, se réjouit-on lorsque, le 18 juin 1905, la première pierre des nouveaux laboratoires fut posée.

Le 18 juin 1905 fut jour de grande fête à Grignon, cette pose de la première pierre des laboratoires coïncidait avec l'inauguration d'un monument élevé à la mémoire des professeurs Dehérain, Mussat et Sanson, et avec le cinquantenaire de l'Association amicale des Anciens Élèves. Ces diverses cérémonies, présidées par deux ministres, Ruau et Berteaux, avaient amené à l'École plus de deux cents anciens élèves et de nombreux visiteurs.

A l'automne de 1907, quelques installations commencèrent ; les services d'agriculture, botanique, économie entomologie, génie rural, géologie, horticulture, pathologie végétale, sylviculture, viticulture disposèrent d'installation spacieuses.

Il a été fait mention de la reconstruction, en 1900, de l'amphithéâtre de zootechnie et de l'aménagement à ce moment d'un laboratoire de zootechnie. Celui-ci était bien insignifiant et, en 1908, on édifia un nouveau bâtiment spécial pour ce service.

En 1909, on construisit un laboratoire de technologie,

Un coin du Château vers 1906.

auquel est annexée une laiterie, et l'on agrandit les laboratoires de physique et chimie générale.

En 1910, on poursuivit l'agrandissement des laboratoires de chimie — côté chimie agricole — et l'on dota d'une serre chacun des services d'agriculture et de botanique.

Par suite du développement de tous ces services, l'eau aurait fait défaut ; à la même époque aussi, parallèlement aux travaux précédents, on reprit la captation des sources de la Laverie et la construction de grands réservoirs d'alimentation, avec pompes, service de distribution, etc.

L'usine à gaz étant trop petite pour suffire à l'éclairage et au service des laboratoires, on décida d'installer une usine électrique, afin de réserver le gaz pour les travaux de laboratoire. L'usine électrique établie à la place de l'ancienne

forge, près du pavillon nord des communs de l'est, fournit
la force motrice pour l'élévation des eaux et la mise en marche
de divers instruments à la ferme ; l'installation de l'éclairage
fut réservée.

Il était dans les projets de M. Trouard-Riolle de faire
édifier en arrière des communs de l'ouest, de la Mare au Curé
à l'allée de Thiverval, un grand bâtiment disposé avec des
chambres, en vue d'améliorer l'internat ; ainsi, le château
devait être débarrassé des dortoirs, transformés en salles

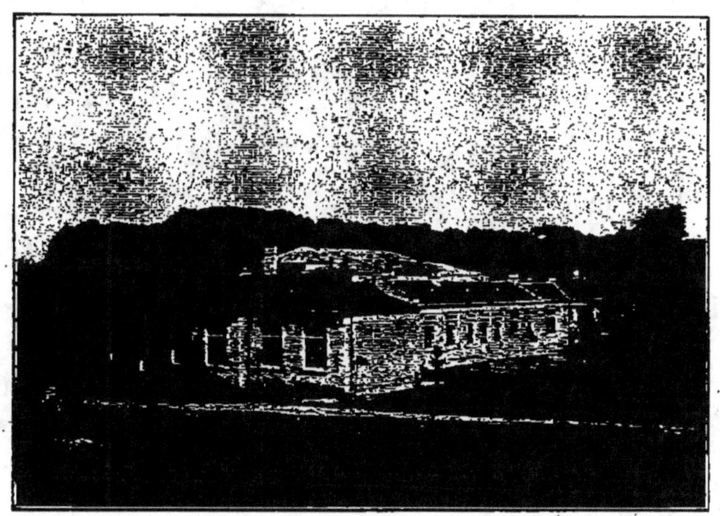

Les nouveaux laboratoires en 1908.

d'études et de collections ; on aménagea seulement une nouvelle infirmerie à la place du laboratoire de botanique, au
second étage, à l'extrémité de l'aile est du château ; au-dessous,
des logements remplacèrent le laboratoire d'agriculture.

***

On a vu quel sort varié a eu depuis 1826 l'exploitation de
Grignon. Après une période assez mouvementée, de 1867
à 1891, l'École obtint la gestion du domaine, bois et terres,
mais un régime administratif plein d'entraves faussait la
direction des cultures ; sans entrer dans de longs détails à
ce sujet, disons simplement que les recettes allaient grossir le

budget des Finances (par l'intermédiaire du service des domaines), tandis que les dépenses incombaient au Ministère de l'Agriculture. Si Grignon avait voulu faire une agriculture intéressante, produire pour vendre et acquérir de nouveaux éléments d'amélioration et de transformation, il aurait grevé apparemment le budget de l'Agriculture, le rendant irrégulier, au même titre que les saisons et les circonstances économiques rendent irrégulier le budget d'un agriculteur. Ces irrégularités étaient difficilement compatibles avec un budget administratif. Un pareil système était évidemment contraire à l'intérêt de l'enseignement et à l'intérêt du Trésor.

M. Trouard-Riolle fait voter un amendement à la loi de Finances de 1902, accordant l'autonomie financière à l'exploitation.

Le mur de la Défonce vers 1905.

Grâce aux ressources laissées libres par le régime autonome de l'exploitation, des améliorations très importantes sont apportées immédiatement aux services de la ferme : agrandissement des emplacements à fumiers et réfection de la citerne à purin, construction d'une porcherie supplémentaire, réfection des logements des ouvriers, installation de parquets à volailles, réfection des cours de ferme, installation de 1.100 mètres d'espaliers à raisins, création d'un vignoble, reboisements dans le parc, plantations au long du Rû, dont une partie du cours a été redressée, etc.

Le développement des travaux de réorganisation de l'exploitation comprit la construction d'une vacherie de quarante têtes (l'ancienne vacherie étant réservée pour un musée et un parloir), d'un poulailler, d'un chenil, d'un abreuvoir, d'ateliers de forge et de charronnage. Ces divers travaux relatifs à des constructions nouvelles furent effectués avec des ressources prises sur le budget des Beaux-Arts. Pendant ce temps, le tout-à-l'égout a été installé afin d'améliorer les conditions d'hygiène de l'établissement ; une organisation complète avait été mise en service pour l'épuration des eaux d'égout, près de la distillerie, et l'on se proposait, en outre, de tenter l'épuration des eaux du Rû de Gally.

***

A des laboratoires plus nombreux et à une exploitation mieux organisée devait correspondre un personnel différent. D'autre part, il fallait développer certains points de l'enseignement que les professeurs ne pouvaient plus traiter complètement dans leurs cours.

C'est ainsi que l'on rétablit en 1901 le poste de chef de pratique agricole et les conférences de comptabilité agricole ; on créa en 1900 et 1902 des conférences d'hygiène vétérinaire et d'économie commerciale.

A la mort de Dehérain, la chaire de chimie devint chaire de chimie agricole et maîtrise de conférences de chimie générale et analytique (1903) ; des conférences de pathologie végétale furent développées, séparées de la chaire de botanique à laquelle on adjoignit une station de physiologie et de pathologie des plantes cultivées (1903). Deux maîtres de conférences remplacèrent Mouillefert, l'un pour la sylviculture, l'autre pour la viticulture et l'œnologie (1904) ; celle-ci fut détachée de la chaire de technologie à laquelle on enleva ensuite la physique pour la réunir à la chimie générale (1907). La pomologie fut ajoutée à l'horticulture.

On créa de nouveaux emplois de chefs de travaux, de répétiteurs et de préparateurs, pour permettre le développement des applications et les travaux spéciaux dans les stations annexées aux chaires : création d'une station de physique et de chimie biologique en 1906 et d'un laboratoire de microbiologie en 1907, institution d'une maîtrise de conférences, comprenant : la microbiologie, la pathologie végétale, l'apiculture, la pisciculture et la sériciculture (1904, 1905, 1907 à 1912).

Faisant droit aux revendications des anciens élèves, appuyées par les Associations amicales des Écoles nationales d'Agriculture, par les membres du Parlement et par les vœux des Conseils généraux, le ministre de l'Agriculture accorda le titre d'*ingénieur agricole* aux élèves diplômés des Écoles nationales d'Agriculture, par arrêté du 5 février 1908.

La loi de 1889 avait eu une influence heureuse sur le recrutement des Écoles nationales d'Agriculture ; il était à prévoir que la suppression des dispenses se traduirait par une

Le laboratoire de zootechnie.

réduction dans le nombre des candidats. En fait, il y eut diminution après le premier engouement passé.

L'Administration de l'Agriculture réduisit le nombre des élèves admis, égalisant les admissions pour Grignon, Montpellier et Rennes, en tenant compte, pour la répartition entre les trois Écoles, de la préférence indiquée par les candidats et de leur classement.

Avec la loi militaire de 1905, les candidats diminuèrent encore (beaucoup d'autres établissements traversèrent une crise semblable), mais, pour Grignon, les demandes restèrent relativement considérables ; ainsi, en 1908, sur deux cents candidats aux Écoles nationales d'Agriculture, cent soixante désiraient venir à Grignon ; en 1909, il y avait cent soixante-dix demandes sur cent quatre-vingt-treize candidats. La sélection pour Grignon restait très bonne, puisqu'elle s'exerçait, en fait, sur cinq fois plus de candidats que d'admis.

Une institution du plus haut intérêt a fait ses débuts à Grignon : l'École supérieure d'Enseignement agricole et ménager. Ce fut une conception de François Berthault, directeur de l'Agriculture, remarquablement secondé pour la réalisation par M. Trouard-Riolle, directeur de Grignon,

Les élèves de l'École ménagère.

et par Mme Babet-Charton, appelée à la direction de l'École ménagère.

Fonctionnant pendant les vacances de juillet à octobre, l'École ménagère et agricole reçut, dans la section normale, des élèves se préparant à l'enseignement ménager, et dans la section supérieure agricole, des jeunes filles étudiant l'agriculture. Grignon avec ses ressources variées permit de jeter les bases de l'enseignement ménager agricole en France. Instituée en juillet 1912, l'École ménagère fonctionna tous les ans jusqu'en 1921. Il apparut alors que pour obtenir une préparation plus complète des jeunes filles, un établissement automone et permanent devait être créé : Coëtlogon-Rennes succéda à Grignon. Mais ainsi que l'avait souligné

M. Pams, ministre de l'Agriculture, visitant l'établissement eu août 1912, le succès de l'École ménagère et agricole de Grignon avait été complet dès les premiers jours.

Il faut enfin relater ici une autre œuvre due à l'inspiration de Fr. Berthault : les essais de culture mécanique qui furent inaugurés par M. Clémentel, ministre de l'Agriculture, en octobre 1913, et honorés, quelques jours après, de la visite de M. Poincaré, Président de la République. Ces essais dotés de crédits suffisants par le Parlement eurent une grande répercussion sur la nouvelle formule de culture. Les événements d'août 1914 interrompirent les travaux ; néanmoins on peut affirmer que des données sérieuses se dégagaient déjà des rapports de M. Ringelmann, commissaire général. Les circonstances de la guerre allaient précipiter l'expansion de la culture mécanique : les premières études sérieuses avaient été faites sur les terres de Grignon.

Les élèves étant en vacances, l'École ménagère avait ouvert sa troisième session depuis quinze jours lorsque l'ordre de mobilisation fut lancé : une nouvelle période de l'histoire de l'École allait commencer.

GRIGNON ET LA GUERRE DE 1914-1918.

Grignon a payé un lourd tribut à la guerre : plus de six cents élèves et anciens élèves ont été mobilisés, cent trente-trois sont morts pour la France. Le corps enseignant, le personnel administratif, les ouvriers et employés fournirent leur contingent de mobilisés.

Anciens élèves et élèves morts pour la France.

1890	BLAIZOT, Paul.	1897	LE MEN, Louis.
1893	FRIANT, Gabriel.	—	SOULAS, Georges.
1894	DUVAL, Charles.	1898	BARBIER DE LA SERRE, Henri.
—	LEMAIRE, Léopold.		
1895	CHATAIGNIER, Émile.	—	DIDIER, Maxime.
—	GAISSET, Jean.	—	MIGER, Léon.
—	LECLERCQ, Jules.	1899	BERTHELIER, Louis.
—	LECORNET, Charles.	—	BRÉTIGNIÈRE, Charles.
1896	GODARD, François.	1900	ADENOT, Charles.
1897	DONDON, Jean.	—	BOUTINES, Antonin-Pierre.
—	GOURENCHAS, Paul.		

1900	Coulon, Antoine.		1901	Bouillon, Georges.
—	Héritier, Antoine.		—	Briet, Fernand.
—	Leroide, Henri.		—	Lelièvre, Louis.
—	Toulouse, Albert.		—	Longuet, Robert.
—	Verger, Jacques.		—	Molard, Antonin.
1901	Balaresque, Louis.		—	Person, Jacques.

Le monument aux morts.

1901	Scoliège, Alcide.		1902	Quatrevaux, Émile.
1902	Barbé, Charles.		—	Warin, Edmond.
—	Boissier, Henri.		1903	Boutet, Louis.
—	Dautry, Albert.		—	Guy, René.
—	Guérin, Paul.		—	Trion, Maurice.
—	Guillaume, Gustave.		1904	Hersart de la Ville-marqué, Georges.
—	Hériard, Robert.		—	Molin, Pierre.
—	Pont, Émile.			

1904 MONTHIERS, Henri.
— SCHMIDT, Henri.
1905 CAMPOCASSO, Albert.
— CLAVIEZ, Edmond.
— COSSON, Pierre.
— DUBÉ, Alfred.
— DUFLOS, Achille.
— FONTAN, Henri.
— GUÉRIN, Claudius.
— HENRICH, Michel.
— MORIN, Fabert.
— OZANNE, Maurice.
— PONTFORT, Léon.
— QUILLARD, Pierre.
— VÈNE, Gabriel.
1906 ANDRÉ, Albert.
— BASSET, Louis.
— BONNIOT, Ernest.
— COFFE, Émile.
— EGUAY, Louis.
— FALLOT, Guy.
— FILOU, Noël.
— FOURNIER DES CORATS,
     Robert.
— GOFFAUX, Marcel.
— GRANDVOINNET, Léon.
— HUMBERT, Paul.
— LAUFERON, Henri.
— MEYER, Philippe-Jean.
— POUPINEAU, Raymond.
— PRODHON, Jules.
— SAVARY, René.
— SIMONET, Henri.
1907 BIERNAIS, Maurice.
— MOREAU, Georges.
— TAUVERON, Gilbert.
— VERGOZ, Marcel.
1908 DE GAILHARD-BANCEL,
     Pierre.
— GAYDE, René.
— GRANDJEAN, André.
— HENRIONNET, Louis.
— JACQUINOT, Maurice.
— LEMERCIER, Jean.
— MARINIER, Léon.

1908 RIVOIRE, André.
— ROUGÉ, Arthur.
1909 BRUNETTI, André.
— GRÉGOIRE, René.
— MELLIER, Jean.
— MERLIN, Henri.
— VINCENT, Henri.
1910 COULON, Jean-René.
— DOLLFUS, Étienne.
— GAUJOUR, Louis.
— GILLET, René.
— GOUGET, Victor.
— LEDOUX, Joseph.
— MICHAU, Louis.
— SENANGE, Henri.
— SOULÉ, Fernand.
1911 CADET, Marcel.
— CAMUS, Robert.
— DESSOUTER, Maurice.
— LAMPSTAES, Louis.
— LANGET, Jacques.
— LÉVY, René.
— MALPEAUX, Léopold.
— MASSIN, Pierre.
— PINOTEAU, Jean.
— VAURY, Émile.
1912 AUGÉ, Jules-Gabriel.
— BARDET, Louis.
— BEAUBAT, Paul.
— COCHET, François.
— HUREL, Paul.
— DE LIGNIÈRES, Louis.
— MICHAUD, Arthur.
— RAYNAUD, Charles.
— RUCHOT, Antoine.
— STAEHLE, Paul.
1913 DUBOIS, Léon.
— JAQUET, Maurice.
1915 BATIER, Henri.
— HERBRON, Jean-Émile.
— LEBRUN, Robert.
— VERTRAY, Henri.
1917 TEXIER, Jacques.

Membres du personnel de l'École et de l'Exploitation morts pour la France.	
	GUÉRIF, F.
	LEFÈVRE, L.
	LOTON, L.
	MAGNIER, R.
LESESNE, G.	MÉTAYER, E.
GIRARD, A.	MOLLAND, H.
CANARD, D.	MONCEAUX, A.
CHATTON, L.	SAGET, A.
CHATTON, J.	THIBAULT, A.

Complétement désorganisée par les départs aux armées, l'École ne fonctionne pas pendant l'année scolaire 1914-1915. L'École ménagère tient une session au printemps 1915. A la rentrée d'octobre 1915, Grignon reçoit les élèves non mobilisés admis dans les trois Écoles en 1914 et en 1915, des élèves de Grignon entrés en 1912 et 1913, ajournés, réformés, étrangers non appelés ou des pays neutres, des élèves en cours d'études à Montpellier et à Rennes, et plus tard des élèves de Gembloux. Le même régime continuera jusqu'à la fin de l'année scolaire 1918. A ce moment, Montpellier et Rennes rouvrent leurs portes.

Pour que l'enseignement soit complet, l'Administration fit appel au dévouement des professeurs et chefs de travaux de l'Institut national Agronomique : MM. Lindet (technologie), Schribaux, Hitier, Boitel (agriculture) ; de Rennes : MM. Ducomet (botanique) et Julien (horticulture et viticulture) ; de Gembloux : M. Lepoutre (zootechnie) ; quelques personnes n'appartenant pas à l'Administration prêtèrent leur concours : MM. Jublot (pratique agricole), Kerel, Casas (botanique). La surveillance générale fut assurée par M. Perol (École de Grand-Jouan) ; la direction des cultures par M. Giraudeau (surveillant à Grignon).

Mais l'enseignement se ressentait de la période troublée : les appels des classes successives ne laissaient pas aux élèves le temps d'achever leurs études ; les promotions étaient très hétérogènes, comprenant notamment une proportion importante d'étrangers, parmi lesquels il faut signaler de nombreux Serbes. Enfin, une autre cause de trouble apparaissait : par suite du vote de la loi de trois ans en 1913, la durée des études avait été réduite à deux ans ; cette mesure, appliquée pendant le cours des hostilités, sans contrôle réellement possible, devait être vivement regrettée dans la suite.

La gestion du domaine était rendue difficile en raison de la réquisition des animaux de trait, des variations dans la composition du personnel, des conditions économiques très défavorables à l'agriculture. Rappelons qu'au moment de la retraite de la Marne, on avait évacué sur Rennes le troupeau de l'École, ainsi que quelques animaux de choix.

D'autres soucis allaient s'ajouter à ceux du directeur : l'installation à Grignon d'un Centre de rééducation militaire. Prise de possession de logements divers, des caves des grands laboratoires, de la machinerie, éparpillement de la belle collection de machines, édification de baraques derrière la machinerie, dans les bois, dans la troisième cour de ferme, dans les dépendances du rucher. Plusieurs centaines de blessés passèrent par Grignon, quelques-uns suivant certains enseignements ; mais les services de l'École et de l'exploitation furent énormément gênés par un organisme à l'allure générale très différente de celle de Grignon. Le Centre se maintint même après la réouverture normale de l'École ; il fallut une visite de M. Lefebvre du Prey, ministre de l'Agriculture, en 1920, pour décider l'évacuation de Grignon.

Dans le courant de 1918, M. Trouard-Riolle donna sa démission. M. Trouard-Riolle quittait Grignon y ayant accompli une œuvre considérable vraiment personnelle ; les années écoulées depuis permettent d'en mesurer l'importance dans la réorganisation générale de Grignon.

E. Jouzier, directeur (1918-1919).

On chargea M. Jouzier, directeur de Rennes, de l'intérim de la direction. Les anciens élèves demandèrent qu'on désignât un ancien élève de Grignon à titre définitif ; l'appel ne fut pas entendu, et, fin 1918, M. Jouzier était confirmé dans les fonctions de directeur de Grignon.

Une tâche supplémentaire s'ajoutait à celle du directeur de l'École. Suivant les suggestions de M. Trouard-Riolle, la Direction de l'Agriculture avait décidé de ne pas renouveler le bail de la ferme extérieure repris en 1912 par M. Couturier, ancien élève, à la mort de son parent, André Maisonhaute, fils de Jules Maisonhaute.M. Trouard-Riolle avait formé le projet de faire de la ferme extérieure une annexe de l'École, afin d'y compléter l'instruction pratique des élèves.

L'Administration de l'Agriculture reprit la ferme sans projet nettement arrêté et surtout, ce qui était plus grave, sans ressources financières ; le directeur de l'École, chargé de la gestion de la ferme, dut pourvoir au fonctionnement avec des moyens de fortune, recourant — sur sa garantie personnelle — jusqu'aux fonds mis à la disposition des cultivateurs pour la mise en état des terres abandonnées ; l'année agricole 1918-1919 fut médiocre. A cinquante ans de distance, se renouvelaient les faits qui avaient dû obliger l'État à renoncer à la culture d'une grande partie du domaine de Grignon. Fort heureusement, on allait trouver une formule satisfaisante dans la loi du 6 janvier 1919 sur l'intensification de la production agricole, qui permit l'institution d'un Centre national d'expérimentation agricole.

Après l'armistice, les élèves de Grignon aux armées avaient eu l'espoir de pouvoir reprendre rapidement leurs études ; ils durent attendre la rentrée de 1919, menacés dans l'intervalle d'aller prendre ailleurs le titre d'ingénieur agricole. Plusieurs se rebutèrent devant un tel manque d'empressement.

M. Jouzier, s'étant rendu compte de la lourde charge que constituait la direction de Grignon, accrue par la présence du Centre et la reprise de la ferme extérieure, demanda à résigner ses fonctions. M. Jouvet, ancien élève de la promotion 1884, directeur des Services agricoles de la Côte-d'Or, lui succéda en novembre 1919.

GRIGNON DEPUIS LA GUERRE. M. JOUVET, DIRECTEUR.

En octobre 1919 a lieu la grande rentrée : celle des démobilisés qui surprennent les jeunes par un ardent désir de terminer honorablement leurs études. Reçus à l'École par M. Guicherd, capitaine d'artillerie aux armées, inspecteur général de l'Agriculture, délégué par le Ministre de l'Agriculture, par M. Rouart, président de l'Association des Anciens élèves, par M. Jouvet, directeur depuis quelques jours, entouré de tout le personnel, les élèves des promotions 1912 et 1913 affirmèrent leur foi dans l'enseignement de Grignon, par l'inter-

médiaire de leur major Gatheron, décoré de la Légion
d'honneur pour faits de guerre.

Un des premiers actes des anciens élèves et des

Le monument de François Berthault.

élèves fut de commémorer le souvenir des morts. En juin
1921, en présence d'une nombreuse assistance, le Ministre
de l'Agriculture inaugurait le monument élevé à la

mémoire des anciens élèves, des élèves et des membres du personnel tombés de 1914 à 1918. Le monument, dû au maître Bartholomé, originaire de Thiverval, porte cette inscription : « La terre à laquelle ils voulaient consacrer leur vie garde leurs reliques et les couvre de fleurs ».

Le même jour, était inauguré un monument élevé à la

Les démobilisés en octobre 1919.

mémoire de François Berthault, ancien professeur d'agriculture de l'École, directeur de l'Agriculture, mort à la peine pendant les hostilités.

****

Le Grignon de 1919 était assez heurté : des errements anciens, périmés, ne correspondant plus aux besoins de l'époque, des tendances nettement accusées vers une adaptation aux formules nouvelles. Aux premiers sont restés attachées des méthodes qui devront peu à peu disparaître, que des réformes partielles cherchent à réduire. Aux autres correspondent une autonomie plus grande de l'établissement, mais encore nettement insuffisante, un Conseil d'administration, un budget plus souple, un Conseil de perfectionnement. Les démobilisés de 1919 avaient cru que les choses évolueraient rapidement : ils sont partis désillusionnés ; leurs successeurs ne se rebutent pas d'exprimer des desiderata dont il est sage de faire un examen attentif. Les études réduites à deux ans dans leurs cadres anciens constituent une formule incomplète, d'autant que l'arrivée à l'École d'un très grand nombre d'élèves, aux origines moins agricoles qu'autrefois, est un élément très important qui doit réagir sur l'établissement des programmes.

Si, du côté des études, le problème n'est pas encore élucidé, de graves préoccupations, qui ne sont d'ailleurs pas propres à Grignon, se dessinent au point de vue du recrutement du personnel enseignant. Il ne semble pas que tout soit pour le mieux de ce côté ; le personnel actuel s'efforce de remplir son rôle, seulement l'avenir n'est pas du tout préparé ; l'insuffisance des traitements est une cause grave de désaffection pour l'enseignement.

Des regrets viennent en faisant ces constatations, car, à d'autres points de vue, le rétablissement s'est fait merveilleusement. Beaucoup des services de l'École sont améliorés, grâce aux ressources financières résultant de la loi Queille (prélèvements sur le pari mutuel) : réfection des laboratoires, acquisition de matériel d'études, amélioration du laboratoire d'agriculture, agrandissement du laboratoire de technologie, construction d'un nouvel amphithéâtre, établissement de bains-douches, installation de l'éclairage électrique, aménagement d'un parloir, création d'un musée, construction d'un bâtiment d'internat avec chambres. L'exploitation bénéficie également de ces améliorations : hangars divers, réfection de la vacherie, logements ouvriers, aménagement de magasins, étable d'isolement, etc., sans compter les menus travaux d'entretien.

Dans ce cadre, l'établissement se développe. M. Guicherd et M. Jouyet montreront dans ce volume l'état actuel de l'enseignement et de l'exploitation. D'autres moyens de travail sont apparus, complétant les organisations anciennes : des stations de recherches subventionnées par l'Institut des Recherches agronomiques. Grâce à ces subventions, des travaux plus nombreux ont pu être effectués, et les *Annales de Grignon*, publiées chaque année, mettent en lumière les résultats acquis. Il faut bien reconnaître que Grignon offre des ressources incomparables, qu'il serait regrettable de ne pas exploiter, et, en 1926, il a été décidé que certains services du Centre national d'expérimentation zootechnique de la région du Nord seraient transférés à Grignon.

Grignon aura connu bien des formules depuis cent ans, mais il semble que ce soit au programme d'Auguste Bella qu'il faille toujours se rallier : *préparer des agriculteurs instruits, mettre de bons exemples sous les yeux des agriculteurs, tendre au progrès général de l'agriculture.*

V

PERSONNEL DE L'ÉCOLE DEPUIS SA FONDATION

ADMINISTRATION

Direction.

1827-1850 Aug. BELLA, 1er directeur.

1850-1868 Fr. BELLA, 2e directeur.

1868-1870 BOITEL, chargé de l'intérim.

1871-1882 DUTERTRE, 3e directeur.

1882-1883 DUBOST, chargé de l'intérim.

1883-1901 E. PHILIPPAR, 4e directeur.

1901-1918 TROUARD - RIOLLE, 5e directeur.

1918-1919 JOUZIER, 6e directeur.

1919 JOUVET, 7e directeur.

Sous-Direction ou fonction correspondante.

BOSCARY, principal.

1830-1832 BRIAUNE, principal.

1832-1849 CAILLAT, principal.

1849-1865 — sous - directeur.

1865-1871 POURIAU, sous-directeur.

1871-1885 DE ROOSMALEN, sous-directeur.

1885-1887 JOBA, surveillant général, inspecteur des études.

1887-1891 ORRY, sous - directeur.

1893-1900 CLAVEAU, surveillant général.

1900-1901 BLIN, surveillant général.

1901-1908 DANGUY, directeur des études.

1908-1919 MALDIDIER, surveillant général.

1919-1924 JOLIVET, directeur des études.

1924 LAFONTAINE, directeur des études.

CORPS ENSEIGNANT

PROFESSEURS ET MAITRES DE CONFÉRENCES

Mathématiques appliquées.

TARTOIS.

BOSCARY.

1840-1850 ERAMBERT, professeur.

Constructions rurales.

1836-1840 Fr. BELLA, professeur.

Génie rural.

1850 ERAMBERT, professeur.

1850-1852 BEUVIÈRE, professeur.

1852-1854 DEHANSY, professeur.

1854-1880 GRANDVOINNET, professeur.

1881-1883 CAZAUX, chargé de cours.

1883-1887 FERROUILLAT, professeur.

1887-1897 RINGELMANN, professeur.

1897-1924 CHARVET, professeur.

1924 COUPAN, professeur.

Chimie, physique, géologie et minéralogie.

1832-1850 CAILLAT, professeur.

Chimie.

1850-1864 PEPLOWSKI, professeur.

1865-1902 DEHÉRAIN, professeur.

Chimie générale.

1902-1907 H. MAMELLE, maître de conférences.

Chimie générale et physique.

1907 H. MAMELLE, maître de conférences.

Chimie agricole.

1903 DUMONT, professeur.

Physique, géologie et minéralogie.

1850-1865 CAILLAT, professeur.

1865-1880 POURIAU, professeur.

1880-1883 ROUSSILLE, professeur.

1883-1889 LEZÉ, professeur.

Technologie.

1873-1876 MILLOT, chargé de conférences.

1876-1889 MILLOT, professeur.

Physique et technologie.

1889-1907 LEZÉ, professeur.

Technologie.

1907-1911 LEZÉ, professeur.

1912 AMMANN, professeur.

Géologie et minéralogie.

1889-1922 St. MEUNIER, maître de conférences.

1922 COUVREUR, chargé de conférences.

Botanique, horticulture, art forestier et viticulture.

1831-1850 PHILIPPAR, professeur.

Botanique et sylviculture.

1850-1851 DE SAINT - PRÉGNAN, professeur.
1851-1858 DUPUIS, professeur.
1859-1862 BELLUAUD, professeur.
1863-1873 MUEL, professeur.

Botanique.

1873-1902 MUSSAT, professeur.
1902-1912 GRIFFON, professeur.
1912-1915 GUÉGUEN, professeur.
1915 DUCOMET, professeur.

Pathologie végétale.

1895-1902 Ch. JULIEN, maître de conférences.
1902-1912 Th. MAMELLE, maître de conférences.

Sylviculture et viticulture.

1875-1903 MOUILLEFERT, maître de conférences, puis professeur.

Sylviculture.

1904-1923 HICKEL, maître de conférences.
1923 DELACOURCELLE, chargé de conférences.

Viticulture et œnologie.

1904-1912 PACOTTET, maître de conférences.
1913 BAILLY, maître de conférences.

Horticulture.

DUBREUIL, conférencier.
DYBOWSKI, conférencier.
1893-1923 PASSY, maître de conférences.
1923 GOUMY, chargé de conférences.

Entomologie.

VIGNES, conférencier.
1883-1886 GIRARD, conférencier.
1887 HENNEGUY, maître de conférences.

Apiculture, sériciculture, pisciculture, microbiologie.

193-1920 Th. MAMELLE, maître de conférences.

Art vétérinaire.
1829-1840 BERGER-PERRIÈRE, professeur.
1840-1850 LIGER, professeur.
Zoologie et zootechnie.
1850-1865 ALLIBERT, professeur.

1865-1872 GOBIN, professeur.

1872-1897 SANSON, professeur.

1897 DECHAMBRE, professeur.

Pratiques agricoles.

1828-1840 Aug. BELLA, directeur.

1840-1845 PICHAT, professeur.

1845-1849 Zelkowski, professeur.

Agriculture comparée.

1840 Fr. BELLA, professeur.

Agriculture générale.

1840 LŒUILLET, professeur.

Agriculture.

1849-1852 ZELKOWSKI, professeur.

1852-1869 HEUZÉ, professeur.

1869-1885 ELIÇABIDE, professeur.

1885-1911 BERTHAULT, professeur.

1912 BRÉTIGNIÈRE, professeur.

Économie rurale.

1835-1838 BRIAUNE, professeur.

1838-1845 ROYER, professeur.

1845-1850 Fr. BELLA, professeur.

Législation et droit administratif.

1840 PICHAT, professeur.

Économie et législation rurales.

1851-1869 ELIÇABIDE, professeur.

1869-1891 DUBOST, professeur.

1891 ZOLLA, professeur.

Comptabilité agricole.

1840 DOUFFET, conférencier.

1850 BLIN, conférencier.

DESLANDES, conférencier.

JUBERT, conférencier.

Comptabilité et économie commerciale.

1901-1914 BRÉTIGNIÈRE, maître de conférences.

1915-1924 RAMBAUD, chargé de conférences.

Hygiène.

1840-1850 DESCIEUX, conférencier.

1875-1887 SERGEANT, conférencier.

1887-1907 BERTRAND, maître de conférences.

1907-1910 DAVENIÈRE, maître de conférences.

1910 TAPHANEL maître de conférences.

CHEFS DE TRAVAUX
RÉPÉTITEURS ET PRÉPARATEURS

Génie rural.

1846-1850 HARLÉ.
1851-1854 GRANDVOINNET.
1854-1858 LE CORBEILLER.
1858-1860 CHABANEIX.
1860-1862 VANGARNY.
1862-1865 ELWART.
1865-1877 DUPLESSIS.
1877-1879 J. GRANDVOINNET.
1879-1881 CAZAUX.
1881-1883 SAVRE.
1883-1888 POIRRIER.
1888-1891 J. CARRÉ.
1891-1892 GUICHERD.
1892-1901 DANGUY.
1901-1906 M. GIRARD.
1908-1919 DANGUY.
1906 VINCENS.

Chimie, physique et géologie.

1849-1850 POURIAU.
1851-1853 D'EYSSAUTIER.
1853-1857 LE CORBEILLER.
1858-1860 ETIEMBLED.
1860-1861 LABURTHE.
1862-1864 ZIENCOWICZ.
1864-1865 Em. DURAND.
1865-1868 VELTER.
1868-1873 MILLOT.
1873-1877 MAQUENNE.

Chimie.

1877-1880 MAQUENNE.
1880-1882 NANTIER.
1882-1889 QUANTIN.

Chimie et Géologie.

1889-1891 DEMOUSSY.
1891-1893 PATUREL.
1893-1898 CROCHETELLE.
1898-1902 H. MAMELLE.

Chimie générale.

1903-1904 GALLEMAND.
1904 PONSCARME.

Chimie agricole.

1903-1908 DUPONT.
1908 AUROUSSEAU

Préparateurs de chimie.

1867 DEROME.
1871-1873 MAQUENNE.

Physique et géologie.

1877-1883 AYMONNET.
1883-1886 ALLARD.
1886-1887 PINON.
1887-1889 PIRET.
1889-1890 FLEURENT.

Physique et technologie.

1890-1893 ALLARD.
1893-1895 HILSONT.
1895-1901 FOUARD.
1901-1902 LAUBER.

*Physique,
technologie et géologie.*

1902-1905 DONDON.

Technologie et géologie.

1905-1908 RAY.
1908-1913 BOUTINES.

Technologie.

1913-1921 HUSSON.
1921 DANGUY.

Géologie et zoologie.

1913 COUVREUR.

Préparateurs de physique.

1867-1868 E. LUCAS.
1869-1872 COUANON.
1872-1878 MARLIN.
1878-1880 SÉGUIN.

Le Château en 1924.

5-98

Botanique et sylviculture.

Even.
1850 De Saint-Pré-
gnan.
1850-1851 Dupuis.
1852-1858 Mathis.
1858-1859 Ade.
1860-1862 Al. Durand.
1862-1865 Grabski.
1865-1869 Al. Durand.
1869-1870 Saint-Gal.
1870-1875 Mouillefert.
1875-1878 Bourgeois.
1878-1891 Dybowski.
1891-1902 Ch. Julien.

Botanique.

1902-1907 Th. Mamelle.
1907-1914 Moreau.
1917-1924 Crépin.
1924 Schad.

Pathologie végétale.

1907 Poujol, prépa-
rateur.

Sylviculture et viticulture.

1902-1904 Rontaix.
1904-1905 Montané.

Sylviculture.

1905-1906 Montané.
1906-1913 Rambaud.

Viticulture.

1905-1907 Poujol.
1907-1913 Bailly.

*Horticulture, sylviculture
et viticulture.*

1913-1919 Peyron.
1919-1921 Camus.
1921 Alaphilippe.

Zootechnie.

1850 Lemaire.
1850-1858 Mathis.
1858-1886 Pion.

1886-1887 Paternot.
1887-1888 Duclert.
1888-1892 Blanchard.
1892-1898 Gay.
1898-1901 Vosgien.
1901-1914 Giniéis.
1919 L. Roy.
1920 Malterre.

Agriculture.

Lœuilliet.
1850 Billot.
1850-1852 Casanova.
1852-1853 Couder.
1853-1855 Mongas.
1855-1856 Nanquette.
1856-1859 Monin.
1860 Perrot.
1861-1863 Mourret.
1863-1869 Bertrand.
1869-1872 Jarnet.
1873-1874 Convert.
1874-1876 Randoing.
1876-1879 Degrully.
1879-1880 Jouffroy.
1881 Berthault.
1881-1883 Vauchez.
1883-1887 Poirson.
1887-1892 Boiret.
1893-1897 Claudel.
1898-1911 Brétignière.
1912-1919 Lévêque.
1919 Verchère.

Économie rurale.

1850 Londet.
1850-1852 Delaporte.
1852-1853 Couder.
1853-1855 Mongas.
1855-1856 Nanquette.
1856-1858 Monin.
1858-1860 Maisonhaute.
1861-1863 Jacquier.
1863-1868 Henrion.
1868-1869 Lemet.

BIBLIOTHÈQUE NATIONALE R.F.

7

1869-1872 JARNET.
1873-1874 CONVERT.
1874-1876 RANDOING.
1876-1879 DEGRULLY.
1879-1880 JOUFFROY.
1880-1881 BERTHAULT.
1881-1883 VAUCHEZ.
1883-1886 LABBÉ.
1886-1888 HOC.

1888-1889 MASSON.
1889-1890 Ch. JULIEN.
1890-1892 BOIRET.
1893-1898 CLAUDEL.
1898-1902 BRÉTIGNIÈRE.
1902-1904 RONTAIX,
1905-1906 MONTANÉ.
1906-1924 RAMBAUD.
1925-1926 CHABARD.

Chefs de pratique.

    BONNEMAIN.
    COLOMBEL.
    DONRALS.
1851-1853 Guy SOUPEY.
    GIRARD.
    Eustache SOUPEY.
1857 MANTEAU.
1857 COUILLAUD.
1857-1863 PARDON.
1863 ROGÉ.
1887 BOREAU.
1887-1890 SALMON.
1901-1908 CARTIER.
1908-1920 CAFFET.
1920-1922 GIRARDIN.
1922 CAFFET.

Chefs de culture.
1882-1887 GUIDON.

1887-1906 HERBERT.
1906-1908 COMPAIN.
1908 CARTIER.

Chefs jardiniers.

1831-1850 PHILIPPAR, faisant
    fonctions.
1850-1852 SIARD.
1852-1885 REINBOLD.
1885-1904 MAGNIEN.
1904-1911 BÉZIAT.
1911-1916 PICHENAUD.
1916-1919 MAGNIEN.
1919-1923 CORNIER.
1923 GOUMY.

Maîtres d'équitation.
1863 FICK.
1872-1887 BRIÈRE.

STATIONS

Station agronomique.

1873-1902 DEHÉRAIN, direc-
    teur.
1903 DUMONT, direc-
    teur.
1886-1891 PATUREL, prépa-
    rateur.
1891-1892 HÉBERT, prépa-
    rateur.

1892-1894 DUMONT, prépa-
    rateur.
1894-1897 MARCILLE, prépa-
    rateur.
1897-1903 DUPONT, prépa-
    rateur.
1903-1908 DUPONT, chimiste
    chef.
1903 AUROUSSEAU, chi-
    miste.

*Station de phytologie
et de pathologie
des plantes cultivées.*

1903-1912 GRIFFON, directeur.

1912-1915 GUÉGUEN, directeur.

1903-1907 LESESNE, préparateur.

1907-1914 MOREAU, préparateur.

*Station de pathologie végétale
et de phytogénétique.*

1915 DUCOMET, directeur.

1915-1923 CRÉPIN, préparateur.

1923-1924 Mlle BRANLANT, préparateur.

1924-1925 SCHAD, préparateur.

1925-1926 ROUX - DUFORT, préparateur.

1926 FOURMONT, préparateur.

Station de zootechnie.

1923 DECHAMBRE, directeur.

1923 MALTERRE, chef de travaux.

*Station de physique
et de chimie biologique.*

1904 H. MAMELLE, directeur.

1904-1922 PONSCARME, préparateur.

1908-1913 BARJAUD, chimiste-chef.

1913-1917 BARJAUD, chef de travaux.

1920 BARJAUD, chef de travaux.

Station de microbiologie.

1906-1913 Th. MAMELLE, directeur.

1913-1923 AMMANN, directeur.

1906-1913 POUJOL, préparateur.

1913-1921 HUSSON, préparateur.

*Station de recherches
de grande culture.*

1913 BRÉTIGNIÈRE, directeur.

1913-1919 LÉVÊQUE, préparateur.

1919 VERCHÈRE, chef de travaux.

VI

LE DOMAINE DE GRIGNON

Comment on se rend a Grignon.

De Paris, on se rend à Grignon par le chemin de fer de l'État. Grignon est desservi par la station de Plaisir-Grignon située sur la ligne de Paris à Dreux et Granville, à l'embranchement de la ligne de Mantes par Plaisir-Grignon. Les trains partent de la gare des Invalides ; il y a sept départs par jour et le trajet dure de cinquante-cinq minutes à une heure. Un autobus spécial à l'École dessert la gare de Plaisir-Grignon (correspondant à cinq trains) ; il conduit les voyageurs à l'École (distance environ : 2 kilomètres) en quelques minutes. Pour le retour à Paris, cinq départs réguliers de la voiture et six trains (services supplémentaires en été, les dimanches et jours fériés).

Par la route, après Versailles, on passe à Saint-Cyr, aux Clayes, aux Petits-Prés, puis tournant à droite, on gagne la voie ferrée, le plateau, et le hameau de Grignon apparaît à gauche : 33 kilomètres de Paris.

Situation et étendue du domaine, description géologique.

Grignon est situé dans la vallée du Rû de Gally qui prend sa source à l'ouest du parc de Versailles ; ce ruisseau traverse le parc de Grignon dans le sens de la longueur de l'est à l'ouest, il se jette dans la Mauldre, affluent de la Seine. Altitude : 113 mètres à l'angle sud-ouest du parc et 73 mètres au fond de la vallée. Plus grande longueur du parc : 2 km. 430 de l'est à l'ouest, et plus grande largeur : 1 km. 400 à vol d'oiseau du nord au sud. Le mur de clôture du parc a environ 7 kilomètres de longueur.

Le domaine de l'École Nationale d'Agriculture comprend actuellement ;

Le Parc entouré de murs.......... 291^{ha}00
Des terres en dehors............. 32 00
Surface totale....... 323^{ha}00

Ainsi que le rappelait le Professeur Stanislas Meunier, dans une étude publiée en 1900, le Parc de Grignon est célèbre

La Falunière.

depuis longtemps dans le monde entier par la richesse incomparable de son gisement de fossiles appartenant aux niveaux inférieur et moyen du calcaire grossier.

Mais la plus grande partie du parc est établie sur la craie blanche du terrain sénonien ; dans cette craie on trouve quelques rognons de silex, des oursins de différentes espèces. L'argile plastique (de la base du tertiaire) affleure sur les deux flancs du vallon.

Au-dessous de l'argile plastisque. on rencontre le calcaire glauconifère (glauconie supérieure), le calcaire à Orbitolites complanata (banc royal du calcaire grossier), et le calcaire grossier se termine par le calcaire à Cerithium calcitrapoïdes.

Ces assises du calcaire grossier peuvent s'observer de chaque côté de la vallée, et c'est dans la couche intermédiaire dite à Orbitolites qu'est ouverte la Falunière.

Vers la Côte aux buis, on observe très facilement le calcaire à Lucina saxorum, celle-ci étant accompagnée de Cerithium lapidum en quantité considérable. Les caillasses se voient par-ci par-là, à l'état de lambeaux.

Les points les plus élevés sur le flanc sud de la vallée montrent sous la terre végétale des limons des plateaux assez argileux ; sur les pentes peu de limon, mais on en trouve une épaisseur assez grande sur la craie dans le fond de la vallée.

VISITE DES BATIMENTS DE L'ÉCOLE.

Pénétrant dans l'École, le visiteur éprouve une agréable impression à la vue des vastes bâtiments heureusement disposés de tous côtés ; avançant d'une vingtaine de mètres, sur la droite le château, à gauche la Direction ; en face, une grande avenue s'enfonce dans le parc.

La *Direction*, coquet pavillon construit dans le style du château, en 1867, domine un tertre au bas duquel un monument a été élevé à la mémoire du fondateur de Grignon, Auguste Bella.

Dirigeons-nous vers le château. De chaque côté de l'allée centrale, des parterres au delà desquels s'élèvent les *communs*. Dans le commun de droite, se trouvent le parloir et le musée. Le commun de gauche est réservé au logement de quelques fonctionnaires et employés de l'École.

Le *château* affecte la forme d'un carré ouvert du côté du nord-est ; aux angles du bâtiment, des pavillons faisant saillie.

Le corps principal au sud-ouest comprend, à la partie inférieure, le vestibule d'honneur ; sur les piliers, près de l'entrée, une série de plaques de marbre : trois d'entre elles portent les médaillons de François Bella, de Dutertre, de Philippar, anciens directeurs de Grignon ; d'autres plaques ont reçu les noms des anciens élèves de Grignon lauréats de la prime d'honneur ou décorés de la Légion d'honneur.

Sur le vestibule s'ouvrent les réfectoires, prochainement supprimés. Dans le fond du vestibule, à droite, un escalier conduit dans l'aile sud-est ; toute cette partie du château est occupée par le logement de l'économe, quelques chambres de professeurs, les services de l'infirmerie et des dortoirs, bientôt les réfectoires. Les sous-sols sont occupés par les cuisines, le réfectoire du personnel, une buanderie, les bains-douches et des caves.

Allant vers la gauche dans le vestibule d'honneur, nous

Les grands dortoirs en 1907.

gravissons le grand escalier, et sur le palier du premier étage s'ouvre à droite la bibliothèque, qui occupe toute la façade de cet étage (au-dessus, un ancien dortoir auquel on accédait par l'escalier du pavillon sud-est). En face de la bibliothèque s'ouvrent les grands dortoirs, à transformer en salles de travail. Le deuxième étage de cette aile nord-ouest comprend des chambres d'employés. Les deux étages du pavillon nord-ouest sont affectés au logement du directeur des études. Au rez-de-chaussée de l'aile nord-ouest, une salle de réception, des salles diverses pour les élèves.

Nous nous dirigeons ensuite vers le commun de l'ouest. Au coin, le cercle des fonctionnaires, au-dessus des logements,

et, dans le prolongement, l'ancienne salle de jeux des élèves et
ce qui fut leur cercle (à réaliser en 1927).

Passant devant le gros orme (qui avait 34 mètres de
hauteur vers 1918, 4 m. 60 de circonférence à 1 m. 50 du sol)
et dont les restes se dressent à l'entrée de l'allée de Thiverval,
nous voyons le monument élevé en 1905 à la mémoire des

Les cuisines.

professeurs Dehérain, Mussat et Sanson ; en face le monument
Fr. Berthault, un peu au-dessous le pavillon des eaux et,
après avoir traversé le jardin anglais qui descend vers le
jet d'eau, nous arrivons aux laboratoires de chimie.
En arrière, près de la Mare du Curé, le monument aux morts
par Bartholomé (1).

La visite se poursuit en passant derrière le château ;
de ce côté, les fossés existent encore et l'on remarque une
petite tourelle ancienne. La cour du nord fait face au grand
parterre : de chaque côté de celui-ci, des massifs de bois ;
à gauche, l'usine à gaz, un hangar à bois, les tennis ;

____

(1) En creusant pour les fondations de l'annexe de chimie générale,
on a trouvé des vieux murs qui doivent se rattacher à l'ancien château
auquel M. Risch fait allusion dans la partie historique.

à droite, une percée dans les bosquets laisse voir au loin la forêt de Marly. On quitte le coin nord-est du château pour longer le bâtiment d'internat, récemment édifié, et au fond d'un jardin fruitier, maraîcher et ornemental, se présentent les grands laboratoires.

Derrière les laboratoires, vers l'est, se trouvent le jardin botanique et les collections dendrologiques, on compte

Le monument des professeurs Dehérain, Mussat et Sanson.

quatre mille espèces disposées en petites plates-bandes. Au fond du jardin botanique, la serre.

Au nord de ces collections d'études, un emplacement réservé au rucher. C'est avant de longer le rucher qu'il convient d'admirer la superbe allée aux Buis qui descend vers le fond de la vallée.

A l'extrémité du jardin botanique, on aperçoit vers le nord-est, dans la direction de Chantepie, les bâtiments de la Station agronomique et de la Station de recherches de grande culture.

Contournant le jardin botanique, nous revenons dans la direction du château et passons à côté d'un silo vertical métallique, d'une charreterie et du laboratoire de zootechnie qui se trouvent à gauche du chemin.

Un peu plus loin, du même côté de la route qui revient vers

l'École, le laboratoire de technologie ; la laiterie occupe la partie inférieure du bâtiment.

A ce moment, nous apercevons au loin, sur la droite, le château auquel conduit une très belle allée de sophoras.

VISITE DE LA FERME.

Nous pouvons commencer, dès à présent, la visite de la ferme. Presque aussitôt après le laboratoire de technologie, un groupe comprenant les ateliers de forge et de charronnage, le chenil, la vacherie.

Laissant à gauche un hangar, où sont rangés une partie du matériel de culture, les engrais, nous allons pénétrer dans la deuxième cour de ferme. Après avoir passé le porche et tourné à gauche, nous sommes à la bouverie.

A côté de la bouverie, sur cette partie nord de la cour, des logements ouvriers. Vers l'est, se trouve l'habitation du chef des cultures. Au sud, des logements.

Sur le même côté de la cour, une immense grange qui se prolonge jusque dans la première cour de ferme, où nous pénétrerons tout à l'heure. Ici, on a installé un atelier de préparation des mélanges à base de racines, un grenier à grains avec l'outillage approprié.

On a construit, en appentis de la grange, des porcheries ; l'une est assez ancienne, l'autre date de 1903. Une porcherie se trouve également en appentis du côté ouest de cette seconde cour de ferme. Toutes les porcheries sont installées sur un même type qui est devenu classique.

Au milieu de la deuxième cour de ferme, remarquons les emplacements à fumier : quatre plates-formes ayant à leur point d'intersection une citerne à purin. Dans cette seconde cour, une baignoire pour animaux.

Le côté nord de la cour sur lequel nous avons déjà trouvé la bouverie est occupé par la bergerie qui, parallèlement aux granges, se poursuit dans la première cour de ferme.

La bergerie de Grignon est citée comme heureux modèle au point de vue de sa disposition d'ensemble et des divers détails d'aménagement.

Le milieu de la bergerie est occupé par une série de cases pour les béliers et un petit abattoir où l'on tue les animaux qui seront consommés par les services de l'Économat. On affiche à cet endroit le poids des animaux abattus, le rendement en viande, etc., signalons aussi un petit tableau sur lequel on peut voir le système de marque aux oreilles, employé dans le troupeau de Grignon.

Nous passons dans la première cour de ferme : à l'est les écuries. Cette première cour est limitée à l'ouest par l'un des communs. En haut, sont des logements de fonctionnaires,

Le troupeau dans le parc

d'ouvriers et d'employés ; à l'extrémité dans les pavillons, au nord, le chef jardinier, le fruitier ; au sud, les bureaux de la comptabilité.

A l'intérieur de la première cour de ferme, en appentis au commun, un hangar pour divers instruments ; plus loin, les ateliers de la serrurerie et d'électricité. Enfin, faisant retour vers l'extrémité de la bergerie dont elle est séparée par un chemin, une petite construction aménagée en usine électrique. Au centre de la cour, une petite bascule pour animaux ; une autre grande bascule existe en dehors des cours de ferme vers l'entrée du potager.

Après cette visite des bâtiments agglomérés autour des cours de ferme au voisinage du château, on monte vers la basse-cour.

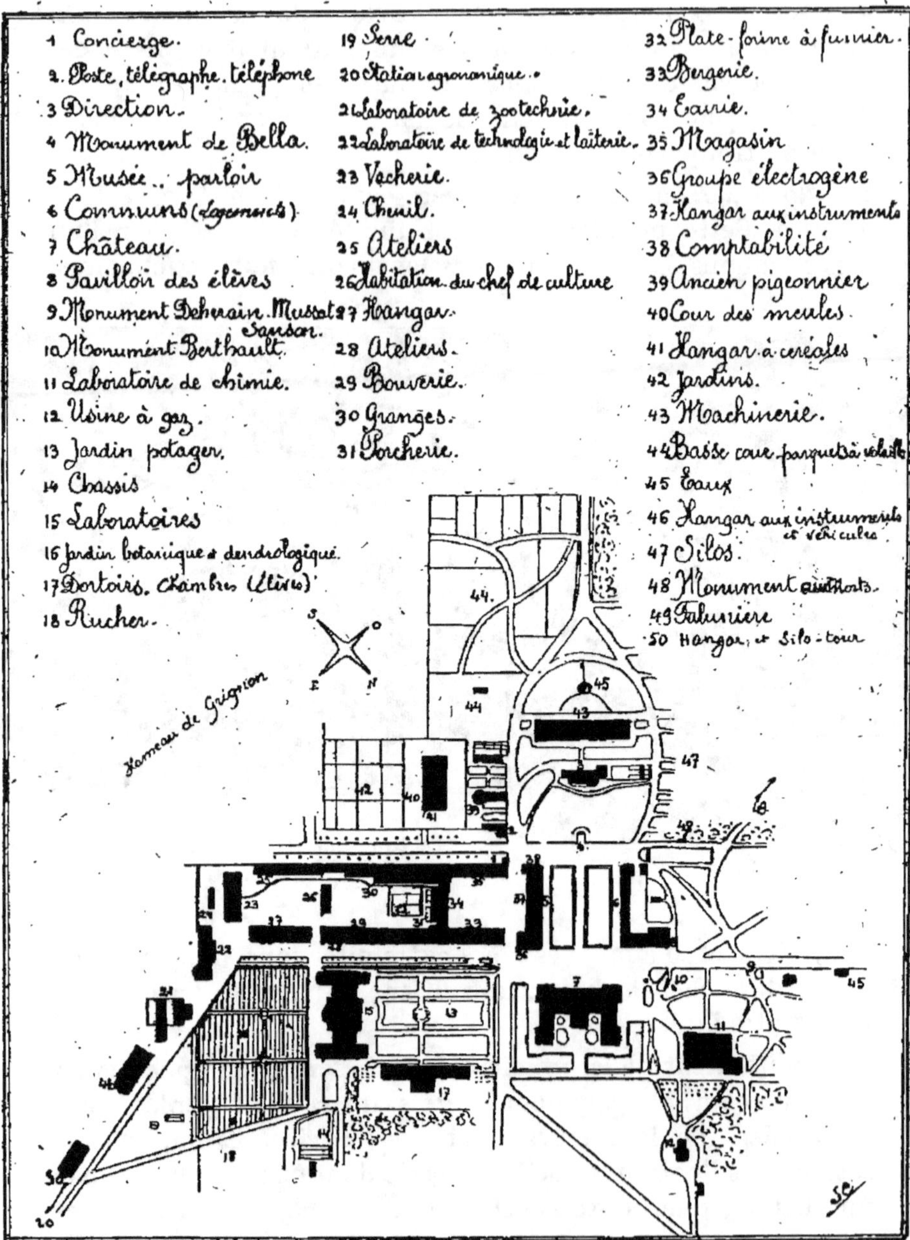

Plan général des bâtiments.

Derrière les divers clos à volailles, se trouvent les dépendances du jardin affectées spécialement à la production fruitière. Quelques plates-bandes sont consacrées à la culture des légumes.

En face des parquets à volailles, on voit un vaste bâtiment parallèle à la Direction qu'il domine légèrement. Il a été construit en 1828, sur les plans de l'ingénieur Polonceau ; jusqu'en 1872, ce bâtiment servit de bergerie, il abrite actuellement une magnifique collection de machines agricoles.

Derrière la machinerie, quelques-uns des éléments du service des eaux. Enfin, en redescendant à l'ouest de la machinerie, on aperçoit, dans le talus à pic surmonté d'arbres, l'entrée d'une série de silos sans voûtes, creusés à même le sable coquillier, le falun, et qui servent à la conservation des pommes de terre.

Visite des cultures et du parc.

Pour visiter le parc de Grignon, nous suivrons au départ la route dite des Divisions qui longe le jardin botanique (1) A peine a-t-on quitté le *jardin botanique* que l'on se trouve en présence d'une assez grande étendue de terres en cultures : ce sont les *divisions* numérotées de 1 à 6.

Après le tournant de la route, se trouvent à droite le *champ des collections du cours d'agriculture* et la *station de recherches de grande culture* ; à côté, et faisant suite, la *station agronomique*. Sur le mur qui limite cette partie du parc, des poiriers en espaliers.

Bientôt, on est au fond de la vallée : la pièce de l'*ancien étang* à gauche et le *potager de Chantepie* à droite. Le Rû de Gally, noir et vaseux, coule dans la direction de l'ouest.

A quelque distance du pont, vers la droite, se trouvent la porte de Chantepie et les bâtiments d'un ancien moulin. L'École possède de ce côté, en dehors des murs, 6 ha. 50 en prairies et cultures. Ici, le coteau incliné vers le midi est assez rapproché, et nous sommes à peu de distance des sources qui envoient leurs eaux dans une ancienne cressonnière située à l'ouest de la pièce des *Aulnettes*.

Un chemin vert bordé d'arbres se dirige vers l'ouest, séparant diverses pièces de culture : à gauche, l'*ancien chantier*, à droite, la *gorge des Noyers*. On arrive à une coupure dans le bois de gauche, vue superbe sur le château, le *grand parterre*, etc.

____

(1) Voir le plan du domaine.

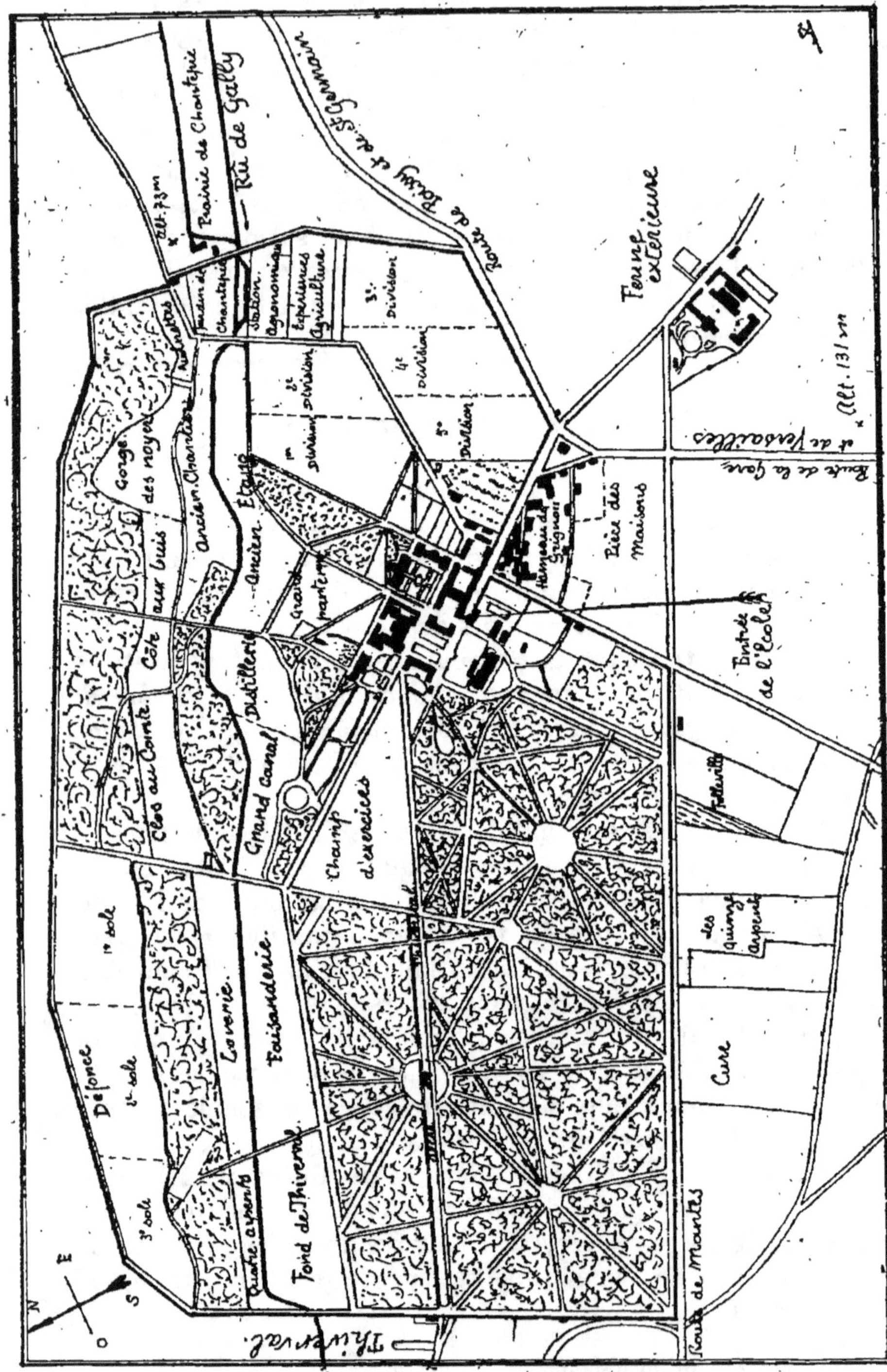

Plan du domaine de l'École.

La *côte aux Buis*, située au-dessous d'un bois en général assez maigre, fait suite à la *gorge des Noyers*. Un chemin venant du fond du vallon coupe perpendiculairement le chemin vert que nous suivons. Engageons-nous vers le nord, laissant le *clos au Comte*, à gauche. Le chemin monte vers la *Défonce*, grand plateau qui limite le domaine au nord-ouest. La *Défonce* est bordée au sud par les bois de la Laverie et au nord par le mur de clôture de la Défonce. Nous jouissons d'un très joli coup d'œil sur l'ensemble du parc et les environs de Grignon.

La promenade nous amène ensuite au-dessous de la Défonce dans les bois de *Laverie*, remplis de lianes, de clématites, de houblons, tout humides de sources. Nous en sortons en nous dirigeant vers Thiverval dont on aperçoit le clocher.

Le ruisseau franchi sur une passerelle, après avoir noté une très jolie plantation de peupliers sur trois lignes au bord du Rû, nous laissons à gauche le *champ de la Faisanderie*, autrefois en prairies arrosées ; longeons à droite le *fond de Thiverval* et passons dans le *bois* dit de la *Faisanderie* ; en obliquant un peu sur la droite, on arrive à la porte de Thiverval.

De cet endroit, on peut contempler quelques instants la belle *allée de Thiverval* au bout de laquelle se dresse le château, et ensuite remonter dans les bois du versant sud le long du mur, jusqu'à la porte-grille qui donne dans le cimetière de Thiverval.

C'est là que l'on voit le tombeau où reposent les deux premiers directeurs de Grignon, Auguste et François Bella, quelques pas plus loin, sont enterrés Dutertre, troisième directeur, et Dubost, professeur.

Un peu au-dessus de l'endroit où nous sommes, une surface importante a été replantée en pins dans le courant de 1908. Les bois s'épaississent à mesure que nous nous rapprochons du centre du domaine vers l'est. Nous voici à l'*allée* transversale des *Tilleuls* ; cette allée qui borde à droite la prairie du *champ d'exercices*, nous ramène à des petits massifs de bois encadrant le *jet d'eau*.

Au nord du jet d'eau, les *champs et prairies de la distillerie*. Par les bois coupés de nombreuses petites allées, on remonte au château.

Pour achever la visite du domaine et des terres cultivées par l'École, il faut passer à côté du *gros orme* et monter d'abord à la *Falunière*. Montant encore, on contourne ensuite le petit parc de la Direction en se dirigeant sur la gauche. On rejoint une grande avenue à peu près perpendiculaire à la machinerie et qui se dirige au sud vers le mur du parc. A droite de cette jolie allée bordée d'épicéas, le grand réservoir des eaux, à gauche les derniers clos à volailles.

Passant la porte qui donne sur la route des Petits-Prés à Mantes, on a devant soi les *vignes de Folleville*. D'autres terres exploitées par l'École se trouvent en allant vers l'ouest : les *Quinze Arpents* et la *Cure* ; une dernière pièce se trouve au contraire sur la gauche à l'angle du mur, entre le parc, la route et le village : la *Pièce des Maisons*.

Nous redescendons à l'École le long du parc.

Au cours de cette énumération un peu aride des différentes parties du domaine, nous n'avons pas voulu distraire le lecteur par la description des sites superbes dont est rempli le parc de Grignon : agréablement vallonné, planté de bois qui laissent entre eux de belles échappées, garni de grands arbres, ce parc, autrefois superbement disposé avec ses pièces d'eau, ses allées, ses ronds-points, son château, n'a rien perdu de son aspect gracieux depuis que l'enseignement agricole en a pris possession.

VII

COMMENT ON ENTRE A GRIGNON

Le Ministère de l'Agriculture publie un programme d'admission aux Écoles nationales d'agriculture qui est délivré par les bureaux du Ministère et sur demande adressée au directeur de l'École.

Grignon reçoit des internes, des externes et des élèves externes libres de nationalité étrangère. Enfin, à toutes les époques, les cours de Grignon ont été suivis par un nombre assez considérable d'auditeurs libres : actuellement on ne peut satisfaire à toutes les demandes.

Le prix de la pension est de 2.800 francs pour les internes, 800 francs pour les externes et 600 francs pour les auditeurs libres. Indépendamment de ces sommes, les élèves doivent verser tous les ans 150 francs destinés à couvrir les frais

Vue de l'entrée de l'allée de Thiverval.

Le bâtiment de l'internat et les grands laboratoires.

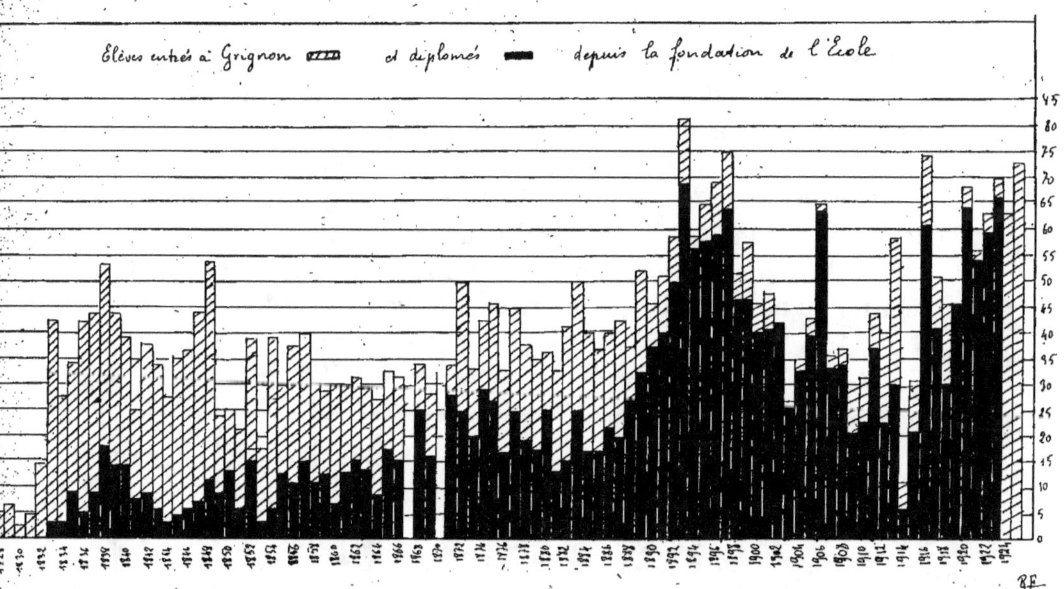

Élèves entrés à Grignon   et diplomés   depuis la fondation de l'École

d'excursions et à remplacer les objets détruits ou détériorés.

L'admission des élèves réguliers a lieu par voie de concours. Les candidats doivent être âgés de dix-sept ans accomplis au 1er avril de l'année du concours.

Les épreuves écrites qui ont lieu à la fin de juin sont au nombre de six ; elles sont éliminatoires. Les épreuves orales ont lieu à la fin de juillet et dans le courant du mois d'août.

Les notes obtenues dans les diverses épreuves sont totalisées et augmentées, s'il y a lieu, d'un certain nombre de points correspondant aux titres des candidats. Le classement est établi par ordre de mérite et les candidats sont affectés aux trois écoles, de Grignon, de Montpellier et de Rennes, en tenant compte de leur classement et des préférences qu'il ont exprimées.

Le nombre des élèves à admettre est fixé tous les ans, à la suite du concours, par arrêté ministériel.

La rentrée a lieu le deuxième lundi d'octobre.

Aux diverses époques de l'histoire de Grignon, le nombre des élèves admis à l'École a beaucoup varié. Les tableaux suivants donnent un certain nombre de renseignements relatifs au nombre d'élèves entrés à Grignon et à leur origine.

A. — *Nombre d'élèves entrés à Grignon*

	Nombre de promotions	France	Algérie et Colonies	Étranger	Renseignements insuffisants	Total	Diplômés
1828-1840..	13	274	2	45	38	359	72
1841-1850..	10	285	9	48	1	343	72
1851-1860..	10	246	1	66	»	313	92
1861-1869..	8	217	3	24	»	244	121
1871-1880..	10	314	7	69	»	390	231
1881-1890..	10	332	10	78	»	420	225
1891-1900..	10	568	9	39	»	616	528
1901-1910..	10	353	9	22	11	395	336
1911-1920..	10	304	7	105	53	453	372
1921-1925..	5	257	5	49	24	325	180
Totaux.	96	3.250	62	545	117	3.874	2.249

B. — *Origine des élèves de Grignon.*

I. — FRANCE.

Ain	25	Report	935
Aisne	142	Loire	25
Allier	85	Loire (Haute-)	4
Alpes (Basses-)	1	Loire-Inférieure	20
Alpes (Hautes-)	2	Loiret	51
Alpes-Maritimes	6	Lot	6
Ardèche	6	Lot-et-Garonne	12
Ardennes	39	Lozère	1
Ariège	8	Maine-et-Loire	13
Aube	28	Manche	18
Aude	15	Marne	39
Aveyron	10	Marne (Haute-)	30
Bouches-du-Rhône	25	Mayenne	20
Calvados	20	Meurthe-et-Moselle	46
Cantal	12	Meuse	26
Charente	19	Morbihan	9
Charente-Inférieure	23	Moselle	9
Cher	57	Nièvre	83
Corrèze	15	Nord	76
Corse	13	Oise	63
Côte-d'Or	57	Orne	20
Côtes-du-Nord	11	Pas-de-Calais	65
Creuse	15	Puy-de-Dôme	33
Dordogne	29	Pyrénées (Basses-)	13
Doubs	13	Pyrénées (Hautes-)	5
Drôme	10	Pyrénées-Orientales	7
Eure	47	Rhin (Bas-)	12
Eure-et-Loir	38	Rhin (Haut-)	14
Finistère	18	Belfort	4
Gard	10	Rhône	44
Garonne (Haute-)	21	Saône (Haute-)	7
Gers	12	Saône-et-Loire	53
Gironde	31	Sarthe	19
Hérault	12	Savoie	10
Ille-et-Vilaine	17	Savoie (Haute-)	7
Indre	52	Seine	672
Indre-et-Loire	27	Seine-Inférieure	63
Isère	21	Seine-et-Marne	92
Jura	12	Seine-et-Oise	156
Landes	10	Sèvres (Deux-)	14
Loir-et-Cher	21	Somme	47
A reporter	935	*A reporter*	2743

Report	2743
Tarn	21
Tarn-et-Garonne	9
Var	8
Vaucluse	4
Vendée	20
Vienne	22
Vienne (Haute-)	25
Vosges	22
Yonne	76
Pour la France	3.150

II. — COLONIES FRANÇAISES ET PAYS DE PROTECTORAT.

Algérie	20	
Tunisie	3	
Sénégal	1	
Réunion	25	
Madagascar	2	
Comores	1	
Antilles	7	
Guyane	1	
Inde	1	
Indo-Chine	1	62

III. — ÉTRANGER.

Europe.

Allemagne	25	
Angleterre	10	
Autriche et Hongrie	11	
Belgique	18	
Bulgarie	2	
Crète	2	
Espagne	30	
Grèce	34	
Italie	11	
Luxembourg	5	
Monaco	1	
Norvège	1	
Pologne	3	
Portugal	10	
Roumanie	43	
Russie	74	280
A reporter		3492

Report		3492
Suède	1	
Suisse	14	
Turquie	41	
Yougo-Slavie	23	79

Afrique.

Açores (Iles)	3	
Égypte	28	
Maurice (Ile)	9	
Natal	1	
Seychelles (Iles)	1	42

Asie.

Afghanistan	1	
Chine	5	
Chypre	1	
Indes portugaises	1	
Palestine	3	
Perse	10	
Syrie	12	
Turquie d'Asie	11	44

Amérique.

Canada	1	
États-Unis	7	
Mexique	5	
Amérique Centrale	4	
Cuba	11	
Argentine (République)	11	
Bolivie	1	
Brésil	24	
Chili	8	
Pérou	8	
Paraguay	2	
Uruguay	3	88

Océanie.

Australie	1	
Philippines	2	
Sumatra	1	4

IV. — RENSEIGNEMENTS INSUFFISANTS

	125
TOTAL	3.874

RÉCAPITULATION

France......................	3150		
Colonies et Protectorats.....	62	3212	
Étranger. Europe..........	359		
Afrique..........	42		
Asie..........	44	537	Ensemble : 3874
Amérique......	88		
Océanie........	4		
Renseignements insuffisants..........	125		

C. — Auditeurs libres.

	Français.	Étrangers.	Totaux
1872-1880......................	78	58	136
1881-1890......................	39	53	92
1890-1900......................	61	42	103
1901-1910......................	72	43	115
1911-1920......................	60	34	94
1921-1925......................	49	11	60
TOTAUX..........	359	241	600

VIII

CE QUE L'ON FAIT A GRIGNON

L'ENSEIGNEMENT.

La durée des études est de deux ans.

L'enseignement est donné dans un certain nombre de cours et de conférences. On complète l'enseignement théorique par des applications variées auxquelles prennent part à tour de rôle tous les élèves répartis en groupes d'importance variable suivant les matières.

Enfin les élèves trouvent un très utile complément d'instruction dans des excursions aux environs ou à Paris. Presque tous les ans, une grande excursion a lieu soit en France soit à l'Étranger.

En dehors des applications au laboratoire, l'enseignement pratique de l'agriculture est donné sous forme de travaux pratiques. Les élèves participent aux services de semaine dans

les diverses branches de l'exploitation. Enfin, les élèves
suivent les travaux de la ferme extérieure ; ici, comme à
la ferme de l'École, toutes facilités leur sont données pour
se tenir au courant des opérations agricoles.

Pendant le cours des études, le travail des élèves est constaté par des examens qui commencent peu de temps après
l'entrée à l'École.

L'arrivée : l'École.

Les diverses notes sont combinées entre elles avec des
coefficients établis suivant l'importance relative de chaque
catégorie d'épreuves, et il en résulte une série de classements
de semestres. Ces classements, combinés à leur tour à l'aide
d'autres coefficients afférant à la première et à la deuxième
année d'études, donnent le classement de sortie. Tous les
Élèves qui ont une moyenne suffisante reçoivent le diplôme
d'*ingénieur agricole*.

Des médailles peuvent être accordées aux premiers classés
et les deux élèves sortis en tête de liste sont proposés pour
un stage de deux ans (1.800 francs par an).

Depuis la fondation de l'École, le diplôme a été délivré à 2.249 élèves.

Les élèves sont libres tous les dimanches et ont la faculté de partir dès le samedi soir. Les grandes vacances commencent vers le 14 juillet et la rentrée en deuxième année a lieu le deuxième lundi d'octobre.

Pendant les grandes vacances, les élèves effectuent un

Le Rû de Gally.

stage dans une exploitation : ils suivent les travaux et présentent à la rentrée un rapport comprenant un journal relatant les opérations effectuées pendant quatre semaines au minimum.

LA VIE A GRIGNON.

Dans le cadre de Grignon, l'élève jouit d'une très grande liberté. Ceux auxquels Grignon ouvre ses portes doivent devenir des chefs; aussi, de tout temps, les Grignonnais ont-ils bénéficié d'un régime large, où ils goûtent déjà de cette existence idéalement belle que procure la carrière d'agriculteur.

En dehors des heures prévues à l'emploi du temps, l'élève est libre. Les salles de travail, le cercle créé en 1854 et administré par les élèves, sous la haute surveillance du directeur, lui permettent d'étudier ses cours. La ferme et les champs donnent l'occasion permanente de faire des observations utiles. Enfin, une salle de jeux, une salle de musique, une Union sportive constituent des diversions.

L'externe habite au hameau de Grignon : hôtels, chambres

Le Jardin anglais en hiver.

chez des habitants du pays, petits chalets. Les repas se prennent fréquemment par groupes organisés en mess. Aux heures de cours, d'applications ou d'examens, l'élève externe descend à l'École.

Quant aux auditeurs libres, ils mènent à peu près la même existence que les externes ; ils sont astreints à suivre les cours pour lesquels ils se sont fait inscrire, mais ils ne passent pas d'examen et ne reçoivent aucun titre à leur départ de l'École.

Internes et externes, nouveaux et anciens, ont entre eux les meilleures relations. A l'arrivée des jeunes « crétins », les « abrutis » (autrefois il y avait des « idiots », troisième année) les accueillent fraternellement ; quelques petites cérémonies traditionnelles se déroulent : chansons, serment (depuis 1894), naguère le saut du Rû, baptême, et au bout de peu de jours les jeunes font partie de la grande famille grignonnaise.

Une revue annuelle montre au public ce que sont les Grignonnais, et le premier bal donné en 1926 a remporté un brillant et légitime succès.

La vie se déroule alors; l' « âme grignonnaise » se fixe, s'affirme au cours des générations; une solide camaraderie, une véritable amitié s'établissent entre tous les élèves. Ces sentiments très vifs se manifestent dans toutes les circonstances de la vie, et notamment avec éclat, chaque année, lors du banquet des anciens.

IX

APRÈS LA SORTIE DE GRIGNON

SITUATIONS OCCUPÉES PAR LES ANCIENS ÉLÈVES.

Le tableau de la page suivante indique les situations occupées par les anciens élèves diplômés depuis la fondation de l'École jusqu'à la promotion 1921 sortie en 1923. Cette statistique a été limitée aux anciens élèves diplômés à cause de l'insuffisance de renseignements pour les autres ; elle est arrêtée à la promotion sortie en 1923, un grand nombre des élèves diplômés en 1924 et 1925 accomplissant leur service militaire.

Il faut retenir de ce tableau que la proportion d'anciens élèves diplômés qui se sont tout à fait éloignés de l'agriculture et des professions en rapport avec l'agriculture est relativement faible, 14,7 % seulement. On voit aussi que 706 élèves diplômés, soit 32,9 %, ont trouvé des débouchés en dehors de l'agriculture proprement dite : l'enseignement agricole en a retenu une proportion importante, mais un nombre assez considérable d'anciens élèves se sont procuré des situations lucratives dans des professions voisines de l'agriculture et auxquelles les ont conduits naturellement les études faites à l'École.

Grignon a surtout exercé une grande influence dans le monde, grâce aux professeurs qu'il a formés et qui ont contribué au développement du progrès agricole par la parole

	France	Colonies et protectorats	Étranger	Totaux	0/0
a) Agriculteurs exploitant pour leur compte...........	759	48	107	914	43,1 ⎱
b) Agriculteurs pour le compte d'autrui...	129	31	37	197	9,3 ⎰ 52,4
c) Administration de l'Agriculture	31	45	44	120	5,7
d) Enseignement agricole	226	10	52	288	13,6
e) Administrations diverses (Crédit foncier, Syndicats agricoles, etc.).....	73	17	3	93	4,2
f) Professions agricoles diverses (chimistes, industries agricoles, commerce de produits agricoles, vétérinaires, etc.)..	176	8	16	200	9,4
g) Professions diverses non agricoles......	242	5	64	311	14,7
Totaux..........	1.636	164	323	2.123	100,0
Pour 100......	77,1	7,7	15,2	»	

et par le livre, grâce aussi aux agriculteurs qui ont propagé les nouvelles méthodes et qui ont été bien souvent placés par leurs concitoyens à la tête des Sociétés diverses d'Agriculture.

Diverses professions agricoles constituent un débouché appréciable. Certains de nos élèves préfèrent même cette voie à celle qui semblerait plus normale de la régie ou de la direction des domaines agricoles. En effet, il existe encore malheureusement des préventions contre les diplômés de l'enseignement agricole ; on ne fait pas non plus aux ingénieurs agricoles à la tête d'un domaine, une situation suffisante, tant au point de vue moral qu'au point de vue pécuniaire ; aussi, après quelques stages, plusieurs tentatives infructueuses, les jeunes gens se rebutent. L'agriculture — industrie à profits limités — ne peut pas comporter aisément les états-majors de la grande industrie, mais il est néanmoins désirable que la situation s'améliore dans cet ordre d'idées, l'intérêt général du pays n'aurait d'ailleurs qu'à y gagner.

Pour toutes ces raisons, et par suite du genre de recrutement actuel de Grignon, il convient de suivre les jeunes à leur sortie de l'École pour les aider à utiliser les connaissances acquises.

QUELQUES ANCIENS ÉLÈVES DE GRIGNON.

Ce chapitre serait incomplet si, avant de passer à l'étude de l'organisation post-scolaire qui a justement pour mission d'aider les jeunes, nous ne signalions les noms d'un certain nombre d'anciens élèves qui ont contribué par l'éclat de leurs travaux à étendre le renom de leur ancienne École.

Grignon a fourni à l'Administration de l'Agriculture en France : Lefebvre de Sainte-Marie, L. Vassilière, Fr. Berthault, directeurs ; Ziélinski, Boitel, Lefour, Heuzé, Malo, Rayé, Le Sénéchal, Randoing, Viet, Battanchon, Magnien, MM. Dybowski, Trouard-Riolle, Guicherd, Cassez, Convergne, Buche, inspecteurs généraux ou inspecteurs ; à l'Institut national agronomique, Risler, directeur ; Heuzé, Lecouteux, Boitel, M. Dybowski, professeurs ; aux Écoles nationales d'Agriculture, François Bella, Lœuilliet, Pichat, Dutertre, Foëx, Philippar, MM. Trouard-Riolle, Jouvet, directeurs ; Chazély, Londet, Péplowski, Roussille, Bouscasse, Mouillefert, Berthault, Duclert, MM. Degrully, Boyer, Zolla, Lambert, Charvet, Julien, Dumont, Parisot, Brétignière, Ray, Rambaud professeurs ; à l'École nationale d'Horticulture de Versailles, Hardy, directeur ; à l'Institut national d'Agronomie coloniale : M. Prudhomme, directeur ; M. Zolla, professeur ; aux anciennes chaires départementales (Directions des Services agricoles), soixante professeurs et une centaine aux chaires spéciales d'agriculture.

Dans l'Afrique du Nord, dans les situations officielles, les Grignonnais ont occupé ou occupent des situations importantes : en Algérie, M. Chervin, sous-directeur de l'Agriculture ; M. Isman, directeur honoraire ; Bonafé, directeur ; Husson, Bastet professeurs à l'Institut agricole de Maison-Carrée ; en Tunisie,

MM. Dybowski, Chervin, Robinet, Jaguenaud, anciens directeurs ; MM. Bœuf, Ray, Cordier, Gagey, professeurs à l'École
coloniale d'Agriculture ; M. Bœuf, directeur de la Station
botanique ; au Maroc, M. Miège, chef des Services de l'Expérimentation, etc. Dans toutes les possessions françaises,
des anciens élèves de Grignon sont présents, administrateurs
ou colons.

A l'Étranger, nombreux sont les anciens élèves qui ont
contribué à créer et à développer l'enseignement agricole dans les divers pays ; en Turquie Eremian, Amassian, Stimardji, Kework, Eram Effendi, Agathon, Stratigopoulos, etc. ; en Grèce : Campo-Casso, Apostopoulos, Michalopoulos, Eliopoulos ; en Roumanie : Racotta, Dariste, Auréliano, Bouesco ; en Belgique : Fouquet, Lejeune, Damseaux ; en Italie : Ottavi ; en République Argentine : Oliveira ; Canada : Perrault, etc.

L'allée des Tilleuls.

L'Agriculture française a vu la prime d'honneur décernée à
Campo-Casso (Constantine), de Torcy (Orne), Dutfoy (Seine-
et-Marne), Briand (Orne), Ziélinski (Loire), Louradour
(Lot), Minangoin, Stoecklin (Haut-Rhin), Carlier (Aisne),
Dorr (Moselle), Pézera, Ract (Savoie), Jolivet (Loiret),
Nanquette (Indre-et-Loire), Trochu (Morbihan), H. Besnard
(Eure), Foucret (Indre), Cortot (Côte-d'Or), Guilbaud (Vendée)
Gaudet (Loire), Verneuil (Charente-Inférieure), Rivière (Cha-
rente), Bricout (Pas-de-Calais), C. Benoist (Seine-et-Oise),
Renaudat (Aube), J. Benoist (Eure-et-Loir), Marteau (Yonne).
Lafite (Marne). Même récompense a été décernée pour les
fermes-écoles et les écoles pratiques d'agriculture à Jolivet

(Loiret), Hérissant (Ille-et-Vilaine), de Villepin (Sarthe), Bouscasse (Charente-Inférieure), Jacquier et Raynaud (Saône-et-Loire), Desriot (Allier), Malpeaux (Pas-de-Calais).

Au Parlement, Grignon a compté ou compte, parmi les députés : Marcel Vacher et M. Capus, qui fut ministre de l'Agriculture ; parmi les sénateurs : MM. Cassez et Donon

A l'Académie d'Agriculture (ancienne Société nationale d'Agriculture) ont été élus membres titulaires ou membres associés nationaux : Fr. Bella, Heuzé, Lecouteux, Marie, Boitel, Hardy, Dutertre, Risler, H. Besnard, Vacher. L. Vassillière, Berthault, Verneuil, MM. Dybowski, Trouard-Riolle, Capus, Brétignière; membres correspondants : Gossin, Beaucantin, Malo, de Puyberneau, Skawinski, P. Tochon, Stoecklin, Fouquet, Jolivet, Trochu, Perrault, Auréliano, Bondy, Fr. Vassillière, G. Foëx, P. Génay, Brouhot, d'Anchald, MM. A. Carré, Ratouis de Limay, Y. Henry, Miège, Degrully. Hérissant, Malpeaux, E. Petit, C. Boyer, E. Godard.

Enfin, Grignon a compté ou compte dans la Légion d'honneur : 1 grand officier, 5 commandeurs, 30 officiers, 180 chevaliers ; dans le Mérite agricole : 30 commandeurs, 170 officiers et plus de 300 chevaliers.

Combien d'autres, occupant des fonctions plus modestes ou que les honneurs ont délaissés, auraient leur place sur cette liste sommaire : à la tête de leurs exploitations ou dans la chaire, ils ont eu une action décisive sur le progrès agricole.

L'ASSOCIATION AMICALE DES ANCIENS ÉLÈVES.

Depuis 1854 il existe une Association amicale des Anciens élèves de Grignon ; cette Association, qui connut des débuts difficiles en raison de la dissémination des élèves sortis alors depuis un quart de siècle, est actuellement en pleine prospérité : les chiffres suivants donneront de suite une idée de son développement.

	Membres			Situation financière		
Années.	A vie.	Titulaires.	Total.	Capital social.	Recettes.	Dépenses.
1860...	2	208	210	2.754,40	108 »	303,40
1870...	22	290	312	8.382 »	2.384 »	1.486,95
1880...	77	330	407	14.832,60	4.429,55	3.793,45
1890...	105	301	406	30.621,60	6.397,20	4.409,20
1900...	164	473	637	62.800,15	8.389,20	4.976.70
1910...	255	675	934	84.757,20	13.650,10	12.501,10
1913...	272	744	1.016	80.233,70	12.933,75	12.739,30
1914...	277	778	1.055	73.764,22	10.581,50	5.800,35
1918...	249	719	968	73.924,02	7.595,65	7.238,05
1920...	349	705	1.054	77.439,21	16.904,25	27.827,44
1925...	416	896	1.312	107.251,88	28.948,04	22.962,85

L'Association reconnue d'utilité publique depuis 1889, a pour but d'établir entre les anciens élèves de Grignon, un centre de relations amicales et de venir en aide à ceux qui auraient besoin d'assistance.

Les ressources de l'Association sont constituées par le revenu du capital social, les cotisations des membres titulaires et des recettes diverses. En dehors des frais de gestion, les dépenses comprennent les secours, d'ailleurs très rarement demandés, puis les frais relatifs au placement des membres de l'Association et enfin à la publication des Bulletins et de l'Annuaire.

Le placement des membres de l'Association a toujours constitué une des principales préoccupations de ceux qui se sont trouvés à la tête de l'Association. Le service spécial, confié d'abord à André Maisonhaute, est sous la direction du trésorier ; on centralise les demandes d'emplois, les offres de situations et l'on essaie de satisfaire les unes et les autres, au mieux des intérêts des parties. Ce service de placement reçoit les offres qui sont adressées au directeur de l'École.

Il est apparu que le placement serait facilité par la rédaction de notices sur les diverses professions agricoles; ces notices, adressées aux familles avec le programme d'admission, renseigneront les candidats sur les débouchés offerts par Grignon.

L'Association publie tous les mois un Bulletin qui comprend les matières suivantes : actes de l'Association, changements d'adresses, distinctions, récompenses et succès, offres et demandes d'emploi, locations et ventes de propriétés, chronique de Grignon, bibliographie. Ce Bulletin a été publié à partir de 1905, remplaçant une feuille mensuelle existant depuis 1897.

Jusqu'en 1924, avait paru un Annuaire renfermant notamment la liste des anciens élèves de Grignon avec les adresses des membres de l'Association. A partir de 1926, un Annuaire commun aux trois Écoles nationales d'Agriculture est publié par les soins de la Fédération des Ingénieurs agricoles.

L'Association a voulu combler une lacune en reprenant les *Annales de Grignon* dont la publication avait cessé en 1855 ; cinq volumes ont été publiés contenant les travaux des membres du corps enseignant de l'École et des anciens élèves. Cette publication a cessé lorsque l'École a décidé de l'assurer aux frais de l'établissement. Enfin, l'Association a publié en 1908, l'*Histoire de Grignon* par MM. L. Risch et Brétignière ; le présent volume en constitue une nouvelle édition mise à jour à l'occasion du Centenaire.

L'Association tient son Assemblée générale ordinaire au début de l'année ; des réunions de province dont l'initiative appartient à Duplessis ont pris naissance à l'occasion des concours agricoles. Depuis, des groupes départementaux ou régionaux d'ingénieurs agricoles se sont constitués, ayant leur siège à Lille, Paris, Châlons-sur-Marne, Nancy, Strasbourg Lyon, Marseille, Toulouse, Clermont-Ferrand, Bordeaux, Caen, Alger, Casablanca, Tunis. Ces groupements sont formés sous l'égide de la Fédération des Ingénieurs agricoles. Créée en 1908, la Fédération étudie les questions qui intéressent les anciens élèves des écoles nationales d'agriculture.

L'Association de Grignon, présidée actuellement par M. Eugène Rouart, a eu comme présidents : Lefour, Buignet, François Bella, Boitel, Malo, Edmond Philippar, Gustave Bonfils, M. Adrien Herbert, Marcel Vacher.

8-128

Vue générale.

L'ENSEIGNEMENT DE GRIGNON EN 1926.

Par M. J. GUICHERD.

Inspecteur général de l'Agriculture,
Président du Conseil d'Administration
de l'École nationale d'Agriculture de Grignon.

I. CONDITIONS D'ADMISSION

Si l'on se reporte au programme officiel des conditions d'admission aux Écoles nationales d'Agriculture, on voit que ces établissements ont pour but de former des agriculteurs instruits, exploitant pour leur compte ou pour le compte d'autrui, des professeurs pour les établissements d'enseignement agricole, des fonctionnaires ou des administrateurs pour les services publics ou les organisations privées qui s'occupent des questions agricoles, des directeurs de stations agronomiques, des chimistes pour les industries agricoles.

L'étude des débouchés qu'offre effectivement un établissement comme Grignon montre que le diplôme d'ingénieur agricole conduit encore à d'autres situations. Les anciens élèves de l'École peuvent prétendre à exercer une profession lucrative dans divers commerces, tels que ceux des produits agricoles, des engrais, des machines ; ils sont aptes à la direction d'établissements préparant des semences sélectionnées ; d'autres abordent la carrière vétérinaire, se destinent au crédit agricole, etc. Il s'agit donc de savoir à quel niveau il est utile de prendre les élèves au moment de leur entrée, le genre d'enseignement qu'il faut leur donner, et de déterminer enfin les conditions dans lesquelles ils sortent, en face des besoins spéciaux des branches énumérées ci-dessus.

Depuis plus de trente ans, le concours d'entrée aux Écoles nationales d'Agriculture a été rendu obligatoire. Il ne suffit plus de posséder un titre quel qu'il soit pour entrer dans ces établissements, il faut faire preuve de connaissances particulières. Deux théories peuvent être envisagées : l'une qui consiste à baser le niveau du concours sur un ensemble de connaissances générales, indépendamment de toute spécialisation, l'autre, qui pourrait avoir la prétention d'orienter déjà le candidat ou de tenir compte de ses aptitudes spéciales. Ces deux tendances se sont heurtées depuis que l'on discute le programme d'admission, et l'on ne peut dire qu'un accord

Laboratoire de Chimie.

soit établi ; en vérité, suivant les époques, on a favorisé l'une ou l'autre de ces tendances.

Puisque l'établissement doit avoir pour principal but de préparer des agriculteurs ou du moins des hommes en relation très étroite avec les professions agricoles, il paraîtrait sage de tenir compte des goûts, des aptitudes particulières, des relations familiales pour aiguiller vers l'École d'Agriculture celui qui a le plus de chance d'y faire des études utiles. Lorsque le concours se passait à Grignon même et que les professeurs étaient chargés d'interroger les candidats, ils pouvaient tenir compte de leurs antécédents et se faire une opinion sur leurs aptitudes agricoles. Aujourd'hui, le concours est étranger à l'établissement ; aucun professeur d'école nationale n'est appelé comme examinateur ou pour donner un avis ; des vœux demandant que le jugement des épreuves soit en partie confié à des professeurs ayant pratiqué l'enseignement

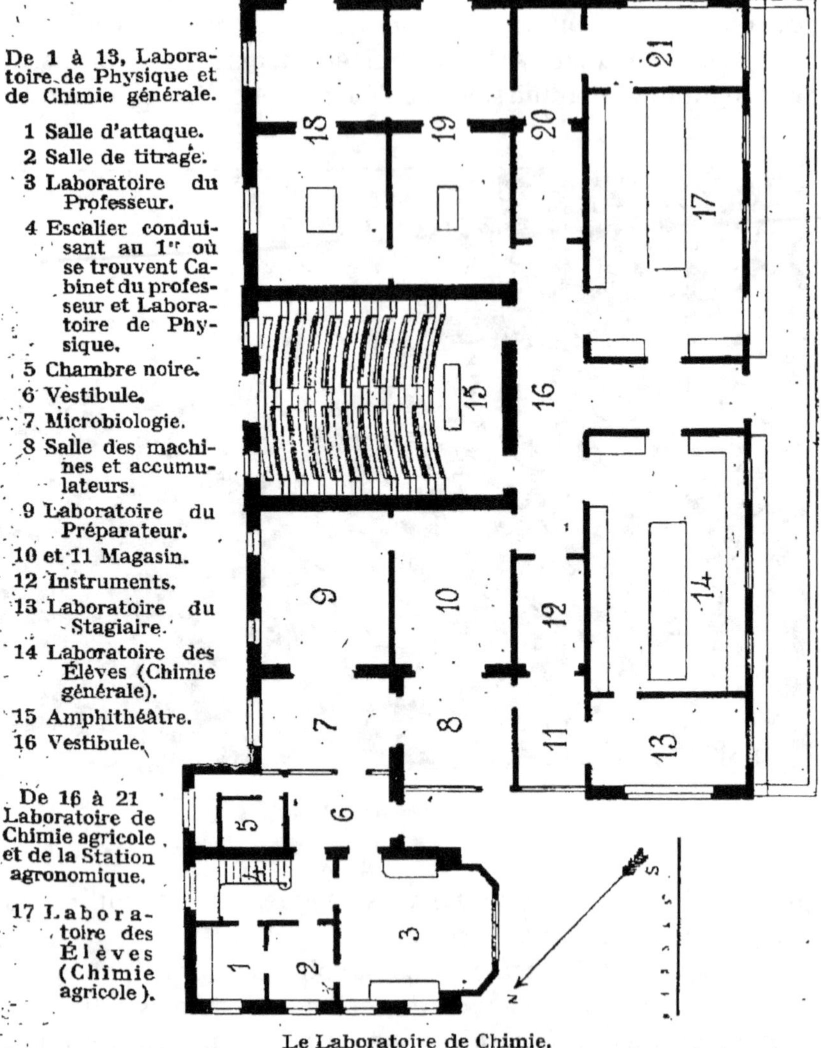

Le Laboratoire de Chimie.

agricole ont été discutés d'ailleurs même au sein du corps enseignant, mais n'ont pas abouti.

Si l'on examine le programme d'admission actuel, on voit que les matières exigées sont des connaissances d'ordre général : mathématiques, physique, chimie, sciences naturelles et composition française ; qu'aucune branche ne jouit d'un coefficient spécial, et même si l'on compare ce programme à celui d'autres établissements, on est frappé du caractère un peu faible de certaines épreuves. *En réalité*, le programme d'entrée correspond pour les mathématiques, au baccalauréat auquel seraient annexées les épreuves supplémentaires que comportent les sciences naturelles dans la partie philoso-

Grands Laboratoires.

phie. Partant de ces bases, le niveau du concours dépend effectivement du nombre des candidats et de leur préparation générale. Grignon étant l'établissement le plus demandé, parmi les trois Écoles nationales, les jeunes gens qui veulent y être admis doivent être reçus dans la première partie de la liste d'admission ; ils doivent donc faire preuve de connaissances développées, et leur préparation est certainement au-dessus, et *très nettement*, du programme d'admission. Cela ne veut pas dire d'ailleurs que le régime actuel donne satisfaction ; des modifications s'imposent : spécialisation de concours par école, facilités plus grandes données pour le choix de l'établissement et enfin relèvement de certaines parties du programme d'admission. On pourrait peut-être s'effrayer de voir admis un relèvement de certaines parties du programme d'admission, le tout est d'équilibrer les matières et de maintenir aux sciences naturelles et à la composition française la place importante qu'elles doivent occuper dans les connaissances lorsqu'il s'agit d'entrer à Grignon. L'agriculture est reliée étroitement à la connaissance des sciences naturelles qui éveillent l'esprit d'observation, et les ingénieurs agricoles sont appelés à occuper une situation importante dans la société par les écrits et par la parole ; ils doivent avoir une culture générale et une connaissance étendue de la langue française.

Le recrutement de Grignon a lieu parmi les milieux suivants : bacheliers, diplômés d'Écoles d'Agriculture pratique ; un certain nombre ont des titres divers. Des statistiques établies depuis quelques années renseignent à cet égard.

Pour les trois dernières années 1922 à 1924, le tableau suivant permet d'avoir un aperçu sur les études faites par les élèves avant leur entrée à Grignon :

	1922	1923	1924
Nombre de candidats aux écoles nationales d'agriculture............	370	375	382
Nombre de candidats admis........	172	180	190
Nombre d'élèves entrés à Grignon..	55	65	65

Les élèves admis à Grignon étaient possesseurs des titres et diplômes suivants :

	1922	1923	1924
Baccalauréats......................	27	35	28
Diplômes d'écoles pratiques d'agriculture.........................	13	9	11
Brevets de l'enseignement primaire.	2	6	10
Élèves non pourvus de diplômes....	13	15	16
Totaux........	55	65	65

Si l'on recherche l'origine familiale des élèves, on obtient pour ces trois dernières promotions les renseignements suivants et nous les plaçons en comparaison avec les résultats numériques obtenus pour un travail analogue fait pour d'autres groupes de trois promotions d'avant et d'après guerre :

Professions des parents des élèves admis à Grignon.	1890 à 1893	1900 à 1903	1910 à 1913	1919 à 1921	1922 à 1924
Agriculteurs	32	33	22	21	24
Industriels	5	8	5	10	16
Commerçants	4	7	12	10	5
Professions libérales	11	8	2	13	14
Fonctionnaires	13	9	23	21	12
Employés divers	2	4	5	14	18
Sans profession ou non indiquées (veuves assez nombreuses)	33	31	31	11	11
TOTAUX	100	100	100	100	100

L'examen attentif de ces tableaux montre que, plus qu'avant guerre, la profession agricole semble attirer nombre de fils d'industriels, d'employés, de fonctionnaires et même de commerçants. Peut-être y a-t-il, dans certains cas, des vocations agricoles qui ne sont pas bien assurées, mais beaucoup s'affermissent pendant le séjour à Grignon, si bien que quelques années après leur passage à l'École on retrouve la proportion suivante d'agriculteurs parmi les élèves sortis :

Sont agriculteurs parmi les élèves diplômés :

De 1890 à 1893	54 %
1900 à 1903	51 %
1910 à 1913	49 %
1919 à 1922	48 %

L'enseignement de l'École de Grignon provoque donc un « retour à la terre » important, puisque à leur entrée à l'École il n'y a que 21 à 33 % d'élèves fils d'agriculteurs, tandis que ceux qui font de l'agriculture pratique après leur sortie représentent une proportion de 48 à 54 %.

Parmi les idées exprimées d'ailleurs à plusieurs reprises, il faut retenir celle qui concerne l'établissement d'une épreuve particulière d'agriculture ; on en a discuté l'opportunité et, peut-être davantage, la mise à exécution ; en fait, si cette épreuve permettait de déterminer les aptitudes réelles des

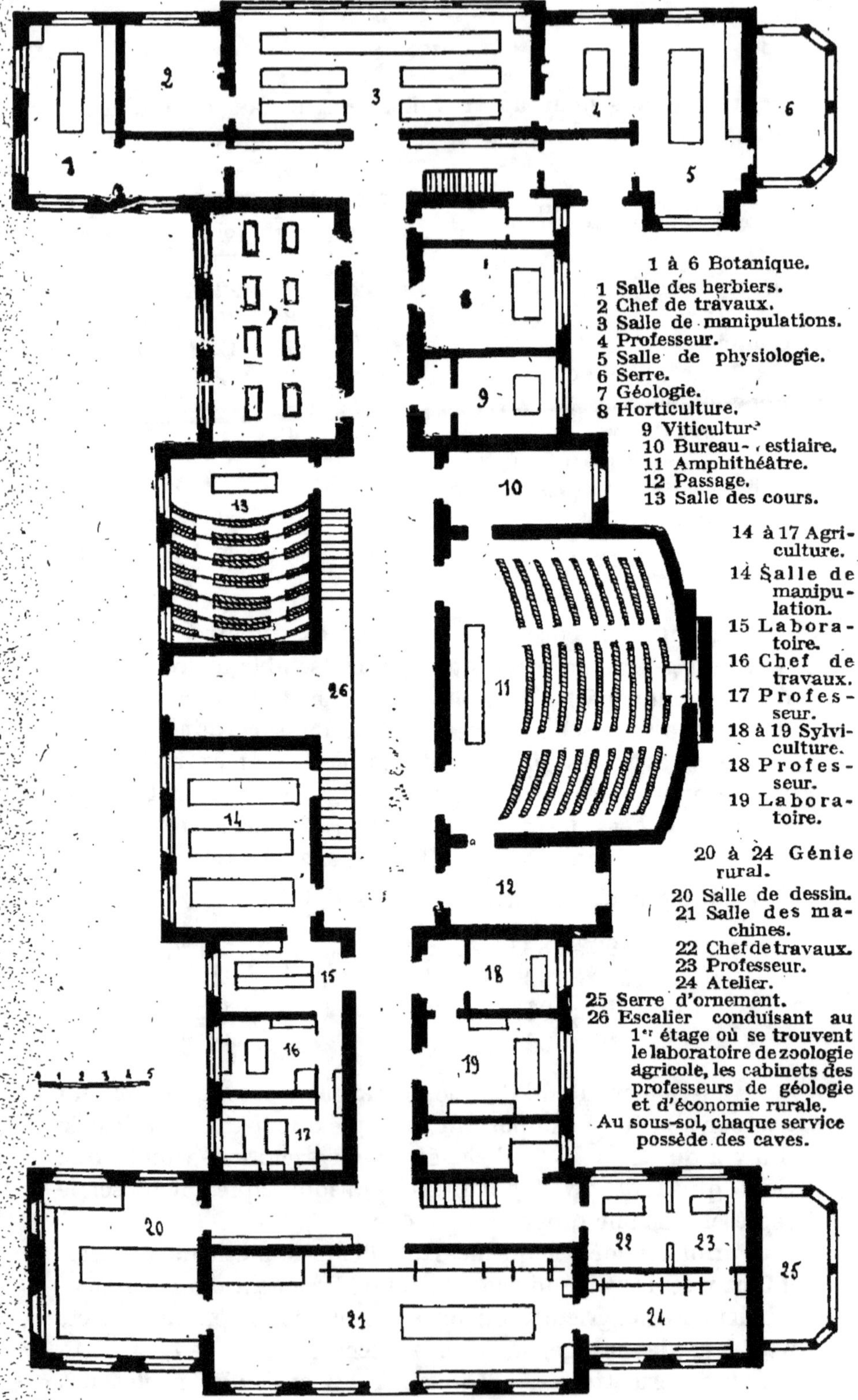

Grands Laboratoires.

candidats pour l'agriculture et leurs connaissances mêmes spéciales du milieu agricole, on pourrait peut-être faire rentrer à Grignon des jeunes gens, des fils d'agriculteurs notamment, qui en sont éloignés actuellement parce que les épreuves du concours d'entrée ne les favorisent en aucune façon. L'essentiel serait de faire de cette épreuve une épreuve complémentaire, ne nuisant en rien aux connaissances générales que doivent présenter les candidats. Peut-être pourrait-on également exiger des candidats un certain nombre de connaissances pratiques ou bien un stage agricole préalable, et se rapprocher ainsi de ce qui existe dans quelques pays étrangers, notamment au Danemark, pour le recrutement des écoles d'agriculture.

II. DURÉE DES ÉTUDES

Les études durent deux ans. Elles sont divisées en quatre semestres : de mi-octobre au 1er mars et du 1er mars au 13 juillet pour chaque année. Le total de la scolarité est de dix-huit mois, desquels il faut déduire les vacances de Pâques, du Jour de l'An, etc. Ce laps de temps est fort court pour la formation d'agriculteurs et la préparation générale aux carrières voisines. Ce régime de deux ans date de 1913 pour Grignon. Il a été l'objet de nombreuses réclamations de la part des intéressés, et malgré la hâte que les élèves peuvent avoir actuellement d'arriver à une situation, il n'est pas douteux que la distribution des matières d'enseignement, en si peu de temps, soit difficile à réaliser. Il ne peut pas exister entre les cours et les applications le temps satisfaisant pour l'étude raisonnée des matières enseignées. La préparation militaire obligatoire diminue encore le temps à consacrer aux études agricoles proprement dites. Le retour à l'ancien régime de cinq semestres (deux ans et demi), ou mieux, l'extension des études sur trois années, devrait être envisagée à condition que le temps supplémentaire ne fût pas pris par de nouveaux cours, mais seulement occupé par des applications, une part très large étant laissée au travail personnel et à l'observation.

Grignon offre à l'élève qui entre des moyens nombreux et variés pour se préparer pratiquement à la carrière agricole. La présence de l'exploitation agricole, on peut même dire

de deux exploitations, si l'on tient compte de la Ferme extérieure, permet aux élèves d'être en contact permanent avec
les réalités agricoles ; rien ne les empêche de voir ce qui se
passe dans l'intérieur de la ferme, ni de circuler dans les champs
pour y suivre les travaux et observer le développement des
récoltes. Il n'est pas douteux que ces dispositions aient été
de tous temps extrêmement favorables à la formation des

Application d'Agriculture.

élèves de l'École. Le bénéfice que leur instruction put retirer
en suivant les travaux de l'exploitation a été porté au maximum, lorsque les emplois du temps, à certaines époques, ont
laissé aux élèves le temps de suivre assidûment avec
attention les diverses opérations et les travaux de cultures.

En raison de cette juxtaposition, service d'enseignement et
service d'exploitation, il est indispensable que la ferme de
l'École présente des caractères particuliers ; dans une large
mesure elle doit s'adapter au milieu et à tous les besoins de l'enseignement pour permettre de mieux raisonner les opérations
et de faire comprendre aux élèves comment s'établit un système de culture. L'autonomie dont jouit l'exploitation avec

son budget spécial, la possibilité d'y réaliser des bénéfices achèvent de donner à la ferme cette physionomie utile. Dans le cadre d'une adaptation préalable au milieu, les différentes cultures, les différentes spéculations animales doivent être constamment une source d'enseignement pour les élèves ; on peut ajouter que l'enseignement à tirer sera parfait si les jeunes gens profitent de leurs observations. C'est ce que l'on a essayé de faire depuis la fondation de Grignon. Aux promenades des débuts de l'École, au cours desquelles Bella entretenait ses disciples de l'opportunité des différents travaux de culture, suivant en cela l'exemple fécond de Mathieu de Dombasle, à Roville, ont succédé les *services* attachant temporairement chacun des élèves à une branche de l'exploitation, les obligeant à faire et à noter des observations. Les séances, plus ou moins développées, présidées par le directeur, où se formulent les conclusions des divers services et leur coordination, complètent cet enseignement pratique, et l'on peut citer de nombreux exemples d'élèves, étrangers aux choses agricoles, qui ont largement bénéficié de cet enseignement.

III. PROGRAMME D'ENSEIGNEMENT

Il ne peut pas suffire de disposer, à côté de l'École, d'un enseignement technique approprié, il faut encore que l'École donne à ses élèves la substance de connaissances approfondies. En fait, de quoi s'agit-il ? Mettre au point les connaissances générales déjà acquises et les orienter en les complétant vers leurs applications agricoles, sans vouloir tout de même « appliquer » trop vite, car cela pourrait avoir lieu au détriment de l'enseignement général dont l'utilité n'est plus discutée. Ensuite, viennent les enseignements d'applications, la partie technique proprement dite qui doit s'appuyer sur les faits et les réalités agricoles et amener les élèves à une large compréhension de leur profession future. En raison de la diversité des origines, notamment en ce qui concerne le pays, en raison des débouchés variés qu'offre un établissement comme Grignon et de la dissémination de ses élèves, l'enseignement doit conserver un caractère général même dans ses parties proprement techniques. Il ne semble donc pas qu'il faille s'arrêter outre mesure à la région dans laquelle se trouve Grignon ; celle-ci doit servir de base de comparaison, mais non de base permanente d'études. Il est évident que la généralisation de l'enseignement technique agricole présente des difficultés qui exigent du corps enseignant des connaissances extrêmement étendues, mais Grignon n'a pu jouer le rôle qu'on lui connaît que parce que justement, à toutes les époques, le corps enseignant a

Application de Botanique.

su s'adapter aux besoins et suivre les modifications consécutives au développement des sciences et celles qu'apportent l'évolution des conditions économiques.

*****

Il est toujours fort difficile dans un établissement scolaire agricole de coordonner et de concilier les exigences d'un enseignement général et celles d'un enseignement technique, ainsi que d'établir un juste équilibre entre l'enseignement oral, les *cours* théoriques et l'enseignement de la *pratique* donné dans les laboratoires, dans les collections, dans la ferme, autour du bétail et à travers les champs.

Diverses parties de l'enseignement de la pratique et certaines portions de l'enseignement technique doivent être abordées dans certains cours avant que d'autres cours d'enseignement général aient pu être faits qui doivent cependant justifier et appuyer les bases de la technique. A vouloir une

Application d'Histoire naturelle.

logique absolue dans la répartition et la succession des leçons, on risquerait de ne pouvoir satisfaire personne et de n'établir aucun horaire, ni aucun programme.

Dans une école comme Grignon, sous peine de perdre un temps précieux pour l'instruction des élèves, le professeur d'agriculture devra parler des terres et des engrais et enseigner leur emploi avant que soient achevées les leçons de chimie et de géologie les concernant ; le chef de pratique agricole devra bien faire suivre aux élèves, dès leur arrivée à l'École, les semailles des blés avant que soit faite à l'amphithéâtre la leçon de botanique sur les graminées, celle sur la germination et celle sur le traitement de la carie ; le chef de pratique devra encore apprendre aux élèves la conduite d'un attelage et à labourer, avant que soit étudié en zootechnie et en génie rural ce qui est relatif aux animaux de trait et à la construction des charrues.

Il faut tenir grand compte dans une École d'Agriculture que bien des travaux de culture et la production des récoltes sont sous la dépendance des saisons et ne se répètent pas au

Vue des Laboratoires et du Grand Amphithéâtre.

cours d'une même année. C'est pourquoi il est nécessaire de procéder presque toujours à une avance légère dans l'enseignement pratique et technique, et des cours comme ceux de l'agriculture, de la zootechnie, doivent prendre l'élève dès son arrivée à l'École.

*
* *

Le programme des cours et les méthodes pédagogiques suivies dans les Écoles nationales ont donné lieu à bien des discussions. La Commission Bonnier, dans son rapport de 1913, sur la réorganisation des Écoles nationales d'Agriculture, proposait de répartir l'enseignement de chaque École entre *dix chaires magistrales* et *trois maîtrises de conférences*.

A Grignon, les dix chaires magistrales étaient indiquées dans l'ordre suivant : 1º agriculture ; 2º génie rural ; 3º zootechnie (comprenant l'hygiène vétérinaire) ; 4º économie et législation rurales ; 5º industrie agricole (technologie, œnologie et microbiologie générale) ; 6º chimie générale et chimie agricole ; 7º mathématiques et physique générale et

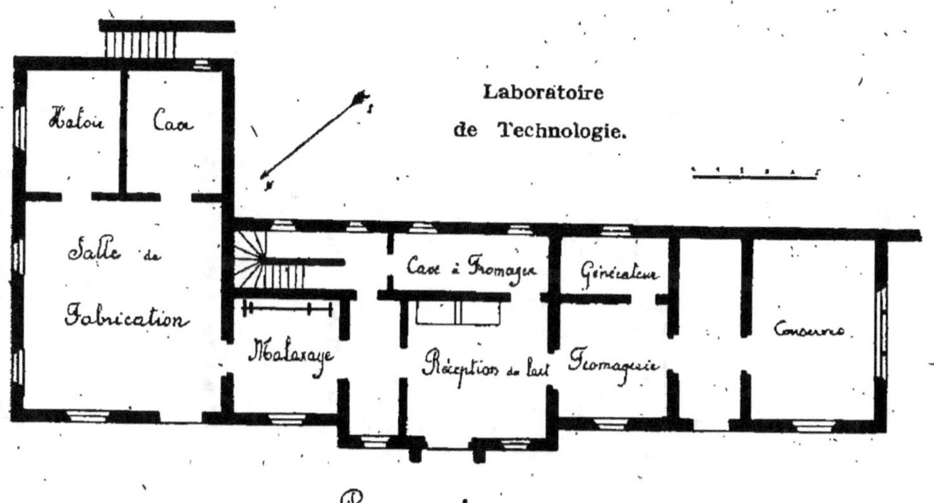

appliquée (comprenant la météorologie et l'électro-dynamique) ; 8º botanique générale et agricole (comprenant la phytopathologie) ; 9º géologie générale et agricole ; 10º zoologie générale et agricole (comprenant l'anatomie et la physiologie comparées, l'entomologie, l'aviculture, la pisciculture, l'apiculture, la sériciculture). Les trois maîtrises de conférences prévues devaient être : 1º l'arboriculture fruitière et l'horticulture potagère et maraîchère ; 2º la sylviculture ; 3º l'hygiène humaine (1).

Le rapport Bonnier insistait sur une coordination minutieuse des programmes : « A moins, est-il dit, qu'un même

______

(1) Pour l'école de Montpellier la Commission Bonnier accordait une onzième chaire magistrale pour la viticulture et une quatrième maîtrise de conférences pour la sériciculture.

sujet soit traité à des points de vue très différents, il y a danger évident à ce qu'il soit exposé dans divers cours par des professeurs qui peuvent avoir des opinions assez opposées sur la même question ou tout au moins sur la manière de la comprendre. » Et ajoutant : « De telles répétitions de sujets, avec d'apparentes contradictions par plusieurs maîtres s'adressant aux mêmes auditeurs, n'entraîneraient que confusion et doute dans l'esprit des élèves. » Disons encore que le rapport Bonnier conseillait « d'éviter l'émiet-

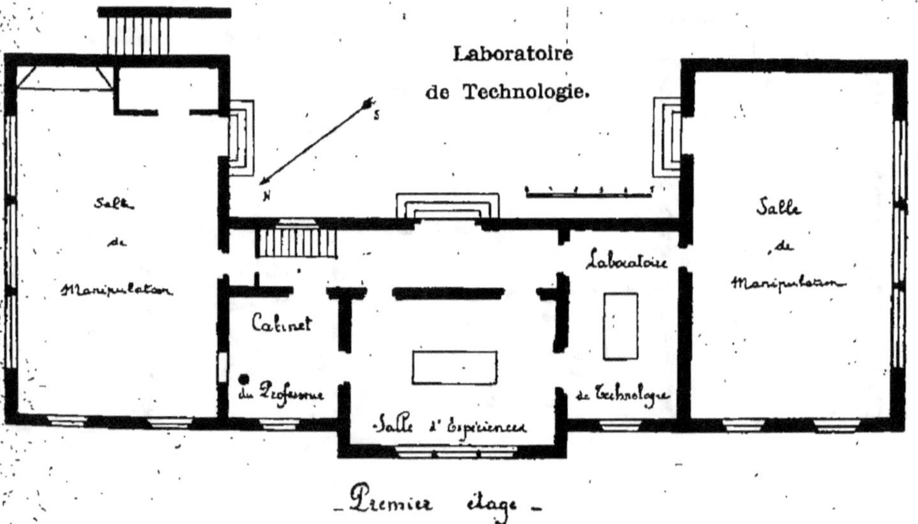

tement des enseignements, plus nuisible qu'utile à l'instruction des élèves » et par suite d'éviter la multiplication des conférences.

A Grignon, le conseil des professeurs s'est toujours efforcé de bien répartir les enseignements entre les diverses chaires et d'éviter leur émiettement, ainsi que les répétitions. D'autre part, plusieurs séances du Conseil de perfectionnement de l'École ont été consacrées à une étude attentive des mêmes questions. En 1924, sur un rapport très documenté de M. l'Inspecteur général Convergne, la répartition suivante du programme d'enseignement s'appliquant à deux années d'études a été proposée par le Conseil de perfectionnement. (Voir le tableau de la page 144.)

MATIÈRES	NOMBRE DE COURS de 1 heure et demie.		NOMBRE D'APPLICATIONS ET EXERCICES PRATIQUES par élève.	
	1re année	2e année	1re année	2e année
Chimie générale.....	35	»	»	»
Analyse chimique...	»	»	70	35
Chimie agricole.....	35	35	»	»
Mathématiques	17	»	»	»
Génie rural.........	35	35	35	35
Topographie, arpentage et dessin.....	»	»	12	»
Électrotechnique ...	»	18	»	»
Météorologie.........	7	»	»	»
Minéralogie et Géologie...............	17	»	9	»
Botanique..........	35	35	35	35
Agriculture.........	35	35	35	35
Arboriculture.......	5	»	5	5
Viticulture.........	»	12	»	6
Sylviculture........	»	12	»	9
Zoologie agricole....	17	»	9	»
Zootechnie (cours)...	35	35	35	35
Zootechnie (conférences)............	35	»	»	»
Apiculture..........	»	»	»	4
Hygiène humaine...	8	»	»	»
Technologie........	17	35	17	35
Économie rurale....	17	35	»	»
Législation agricole.	»	10	»	17
Géographie agricole et agriculture comparée	»	17	»	»
	350	314	262	251

NOTA. — Les élèves pour les applications sont répartis en groupes (1/2, 1/3 ou 1/4 de la promotion); la même application doit donc être répétée plusieurs fois par le personnel enseignant.

En outre, les travaux pratiques agricoles, et ceux d'arboriculture comprennent de nombreux exercices pratiques non compris dans ce tableau.

Ce tableau ne prévoit pas non plus la place demandée actuellement par les exercices de préparation militaire.

Ce tableau doit être complété par celui des *excursions* faites durant l'année scolaire pour parfaire l'enseignement. En 1924-1925 elles ont été au nombre de 18 ainsi réparties :

1re Année :

23 janvier 1925....   Visite du Salon de la Machine agricole et à la Foire des semences.
13 mars 1925......   Visite du Concours général agricole à Paris.
18 mai 1925 ....   Visite au Concours hippique et à la Foire de Paris.

Laboratoires de Zootechnie, de Technologie et Vacherie.

12 et 13 juin 1925.   Excursion dans l'Oise (Agriculture) et, fabriques de machines agricoles de Liancourt.

2e Année :

3 novembre 1924.   Visite à la Féculerie d'Épône.
24 novembre 1924.   Visite à la Sucrerie de Chavenay.
15 décembre 1924 ..   Visite à la Distillerie de Trappes.
13 janvier 1925....   Visite à la ferme de sélection de Montfort-l'Amaury.
23 janvier 1925....   Visite du Salon de la Machine agricole.
24 janvier 1925 ...   Visite des Établissements Vilmorin et de la Foire aux semences.
10 mars 1925......   Excursions dans la Forêt du Bois d'Arcy (balivage).
14 mars 1925......   Visite au Concours général agricole.

23 mars 1925......   Excursion à la Villette et au dépôt central de la Maison Maggi.

13 mai 1925.......   Visite des cultures de la ferme de Trappes.

18 mai 1925.......   Visite du Concours hippique.

25 mai 1925.......   Excursion à la Villette et à la Boulangerie de l'Assistance Publique de Paris.

1er au 9 juin 1925..   *Excursion annuelle* dans le Sud-Ouest et le Midi (Charente, Gironde, Vallée de la Garonne, Pyrénées, Hérault).

27 juin 1925.......   Excursion dans l'Yonne.

La physionomie de l'enseignement apparaît aussi très nettement sur l'*emploi du temps* qui a été suivi par les élèves de Grignon pendant l'année scolaire 1925-1926.

La répartition du temps des élèves dans la journée reste le même pendant toute l'année (avec application de l'heure d'été). Elle est la suivante :

6 heures............   Réveil.

6 h. 1/2 à 7 h. 1/2...   Étude.

7 h. 1/2 à 7 h. 3/4...   Petit déjeuner.

8 h. à 11 h. 1/2.....   Cours, travaux pratiques ou applications.

11 h. 1/2 à 12 h.....   Déjeuner.

12 h. à 13 h........   Récréation.

13 h. à 18 h..........   Cours, applications ou travaux pratiques.

18 h. à 18 h. 1/2.....   Dîner.

18 h. 1/2 à 19 h. 1/2.   Récréation.

19 h. 1/2 à 21 h.....   Étude obligatoire.

21 heures..........   Coucher.

21 h. 1/2...........   Extinction des feux

La répartition des cours et leurs programmes, tels qu'ils sont actuellement suivis à l'École de Grignon, se trouvent annexés au présent volume. Chacun de ces programmes a été établi par les titulaires des chaires ou par les maîtres de conférences, après avis du Conseil des Professeurs (1) et du Conseil

---

(1) *Le Conseil des professeurs*, présidé par le Directeur de l'École, se compose des professeurs et du Directeur des études. Le Conseil désigne un de ses membres pour remplir les fonctions de secrétaire ; il se réunit sur la convocation de son Président. Il propose au Ministre le programme des cours, il étudie les modifications à introduire soit dans le programme des examens d'admission, soit dans le programme des cours et travaux à exécuter par les élèves. Le Conseil délègue, chaque année, deux de ses membres pour faire partie du Conseil de discipline. — A la fin de chaque année, le Conseil arrête la liste du classement des élèves. I déclare, le cas échéant, s'il y a lieu d'accorder des missions d'études (art. 25 du décret du 23 juin 1920.

EMPLOI DU TEMPS (Cours, applications et travaux pratiques). *1er Semestre* (12 octobre 1925 au 28 février 1926.)

JOURS		PREMIÈRE ANNÉE
Lundi.	8 h. - 10 h. 1/4.	Application de botanique.
	8 h. - 10 h.	Travaux pratiques.
	10 h. 1/2 - 11 h. 1/2.	Cours d'horticulture.
	13 h. - 15 h.	Application d'horticulture et travaux pratiques.
	15 h. 1/4 - 16 h. 1/4.	Cours de zootechnie.
	16 h. 1/2 - 18 h.	Cours de botanique.
Mardi.	8 h. - 10 h. 1/4.	Application de botanique.
	8 h. - 10 h.	Application de zootechnie et travaux pratiques.
	10 h. 1/2 - 11 h. 1/2.	Cours de zootechnie.
	13 h. - 14 h. 1/2.	Cours de botanique.
	14 h. 1/5 - 16 h. 1/2.	Instruction militaire.
	17 h. - 18 h.	Cours de génie rural.
Mercredi.	8 h. - 9 h.	Cours de génie rural.
	10 h. 11 h. 1/2.	Cours d'entomologie.
	13 h. - 15 h.	Application de chimie, d'entomologie et travaux pratiques.
	15 h. 1/4 - 16 h. 1/4.	Cours de géologie.
	16 h. 1/2 - 18 h.	Cours de chimie générale.
Jeudi.	8 h. - 10 h.	Application de chimie de génie rural ou zootechnie.
	10 h. 1/4 - 10 h. 1/2.	Cours de chimie générale.
	13 h. - 15 h.	Application de chimie, mathématiques et travaux pratiques.
	15 h. 1/4 - 16 h. 3/4.	Application d'agriculture et de géologie.
	17 h. - 18 h.	Mathématiques.
Vendredi.	8 h. - 9 h. 1/2.	Cours d'agriculture.
	10 h. 1/2 - 11 h. 1/2.	Cours d'économie.
	13 h. - 14 h.	Application d'économie.
	14 h. 1/4 - 16 h. 1/4.	Travaux pratiques.
	15 h. 1/4 - 16 h. 3/4.	Application d'agriculture.
	17 h. - 18 h.	Cours d'économie.
Samedi.	8 h. - 10 h.	Application de botanique ou de zootechnie et travaux pratiques.
	10 h. 1/2 - 11 h. 1/2.	Hygiène humaine.
	14 h. 1/4 - 16 h. 1/4.	Instruction militaire.

1ʳʳ Semestre (12 octobre 1925 au 28 février 1926).

JOURS	DEUXIÈME ANNÉE	
Lundi.	8 h. - 9 h.	Cours de technologie.
	9 h. 1/4 - 10 h. 1/4.	Application de technologie et de zootechnie.
	10 h. 1/2 - 11 h. 1/2.	Cours de botanique.
	13 h. - 15 h.	Application de botanique et de technologie.
	15 h. 1/4 - 16 h. 3/4.	Cours de technologie.
	17 h. - 18 h.	Cours de zootechnie.
Mardi.	8 h. - 9 h.	Cours de zootechnie.
	9 h. 1/4 - 10 h. 1/4.	Application d'économie.
	10 h. 1/2 - 11 h. 1/2.	Cours de botanique.
	13 h. - 14 h.	Application d'horticulture.
	14 h. 1/2 - 15 h. 1/2.	Cours de sylviculture.
	15 h. 3/4 - 16 h. 3/4.	Cours de génie rural.
	17 h. - 18 h.	Cours d'horticulture.
Mercredi.	8 h. - 10 h.	Application de géologie et travaux pratiques.
	9 h. 1/4 - 10 h. 1/4.	Application de génie rural et de zootechnie.
	10 h. 1/2 - 11 h. 1/2.	Cours de génie rural.
	13 h. - 15 h.	Application de chimie et de génie rural.
	14 h. 1/4 - 15 h. 3/4.	Application de technologie.
	16 h. 1/2 - 18 h.	Cours de chimie agricole.
Jeudi.	8 h. à 9 h. 1/2.	Cours de chimie agricole.
	9 h. 1/2 - 11 h. 1/2.	Application de chimie.
	10 h. - 11 h. 1/2.	Application d'agriculture.
	13 h. - 14 h.	Cours de météorologie.
	14 h. 1/2 - 16 h. 1/2.	Instruction militaire.
	17 h. - 18 h.	Cours de géologie.
Vendredi.	8 h. - 9 h. 1/2.	Application d'agriculture, de viticulture et travaux pratiques.
	8 h. - 10 h.	
	10 h. - 11 h. 1/2.	Cours d'agriculture.
	13 h. 15 h.	Application d'agriculture.
	15 h. 1/4 - 16 h. 1/4.	Cours de viticulture.
	16 h. 1/2 - 18 h.	Application de sylviculture.
Samedi.	8 h. - 9 h. 1/2.	Cours d'agriculture.
	10 h. - 11 h. 1/2.	Cours d'économie.
	14 h. 1/4 - 16 h. 1/4.	Instruction militaire.

2e Semestre (1er mars au 11 juillet 1926).

JOURS	PREMIÈRE ANNÉE	
Lundi.	8 h. - 10 h. 1/4.	Application de botanique, de zootechnie et travaux pratiques.
	8 h. - 11 h. 1/2.	Herborisation (à partir d'avril).
	13 h. - 14 h. 1/2.	Cours de sylviculture.
	15 h. - 16 h.	Cours de zootechnie.
	16 h. 1/2 - 18 h.	Cours de botanique.
Mardi.	8 h. - 9 h.	Cours de botanique.
	9 h. 1/4 - 10 h. 1/4	Cours de technologie.
	10 h. 1/2 - 11 h. 1/2.	Cours de zootechnie.
	13 h. - 14 h. 1/4.	Application de technologie, de zootechnie et d'horticulture.
	14 h. 3/4 - 15 h. 3/4.	Cours de génie rural.
	16 h. - 18 h.	Application de botanique, de génie rural et travaux pratiques.
Mercredi.	8 h. - 10 h.	Application de chimie et travaux pratiques.
	8 h. - 10 h. 1/4.	Application d'apiculture et de zootechnie.
	10 h. 1/2 - 11 h. 1/2	Cours de génie rural.
	13 h. - 15 h.	Application de chimie, d'entomologie et travaux pratiques.
	15 h. - 15 h. 3/4.	Cours d'entomologie.
	17 h. - 18 h.	Cours d'horticulture.
Jeudi.	8 h. - 10 h. 1/4.	Application de botanique.
	8 h. - 10 h.	Application de chimie et travaux pratiques.
	10 h. 1/2 - 11 h. 1/2.	Application d'économie.
	13 h. - 14 h. 1/4.	Cours de chimie générale.
	14 h. 1/2 - 16 h. 1/2.	Instruction militaire.
	16 h. 1/2 - 18 h.	Application de géologie et d'agriculture.
Vendredi.	8 h. - 9 h. 1/2.	Cours d'agriculture.
	10 h. 1/2 - 11 h. 1/2.	Cours d'économie.
	13 h. - 14 h. 1/2.	Application d'agriculture.
	14 h. 40 - 16 h.	Instruction militaire.
	17 h. - 18 h.	Cours d'économie.
Samedi.	8 h. - 9 h. 1/2.	Cours d'agriculture.
	10 h. 1/2 - 11 h. 12.	Cours de viticulture.
	14 h. 1/4 - 16 h. 1/2.	Instruction militaire.

2ᵉ Semestre (1ᵉʳ Mars au 11 juillet).

JOURS	DEUXIÈME ANNÉE	
Lundi.	8 h. - 9 h. 1/2.	Cours de technologie.
	9 h. 3/4 - 11 h. 1/2.	Application de technologie.
	10 h. 1/2 - 11 h. 1/2.	Application de zootechnie.
	13 h. - 14 h.	Cours de technologie.
	14 h. 1/4 - 16 h. 1/4.	Application de technologie. d'horticulture et travaux pratiques.
	17 h. - 18 h.	Cours de zootechnie.
Mardi.	8 h. - 9 h. 1/2.	Cours de zootechnie.
	10 h. - 11 h. 1/2.	Cours de botannique ou application de sylviculture et travaux pratiques.
	13 h. - 15 h.	Application de botanique et travaux pratiques.
	15 h. - 16 1/2.	Instruction militaire.
	17 h. - 18 h.	Cours de génie rural.
Mercredi.	8 h. - 9 h.	Cours de génie rural.
	9 h. 1/2 - 11 h. 1/2.	Application de chimie.
	9 h. 1/4 - 11 h. 1/2.	Application d'apiculture ou de zootechnie.
	13 h. - 15 h.	Application de chimie.
	14 h. - 16 h.	Application de génie rural.
	16 h. 1/2 - 18 h.	Cours de chimie agricole.
Jeudi.	8 h. - 9 h. 1/2.	Cours de chimie agricole.
	10 h. 1/2 - 11 h. 1/2.	Cours d'électrotechnie.
	14 h. 1/4 - 16 h. 1/2.	Instruction militaire (cavalerie à Saint-Cyr).
	16 h. 1/2 - 18 h.	Application de sylviculture ou viticulture.
Vendredi.	8 h. - 9 h. 1/2.	Application de technologie et de viticulture.
	10 h. - 11 h. 1/2.	Cours d'agriculture.
	13 h. - 14 h.	Économie commerciale.
	14 h. 1/2 - 18 h.	Application d'agriculture.
Samedi.	8 h. à 9 h. 1/2.	Cours de viticulture.
	10 h. - 11 h. 1/2.	Cours d'économie.
	14 h. 1/4 - 16 h. 1/2.	Instruction militaire.

de Perfectionnement de l'École (1). La coordination de ces programmes n'est pas parfaite ; elle est susceptible d'amélioration, et d'ailleurs l'application des programmes dépend beaucoup du tempérament des professeurs qui doivent les adapter au niveau d'instruction des élèves, en exerçant un incessant contrôle sur le travail de ceux-ci. La Commission Bonnier donnait sur ce point les conseils suivants : « Dans

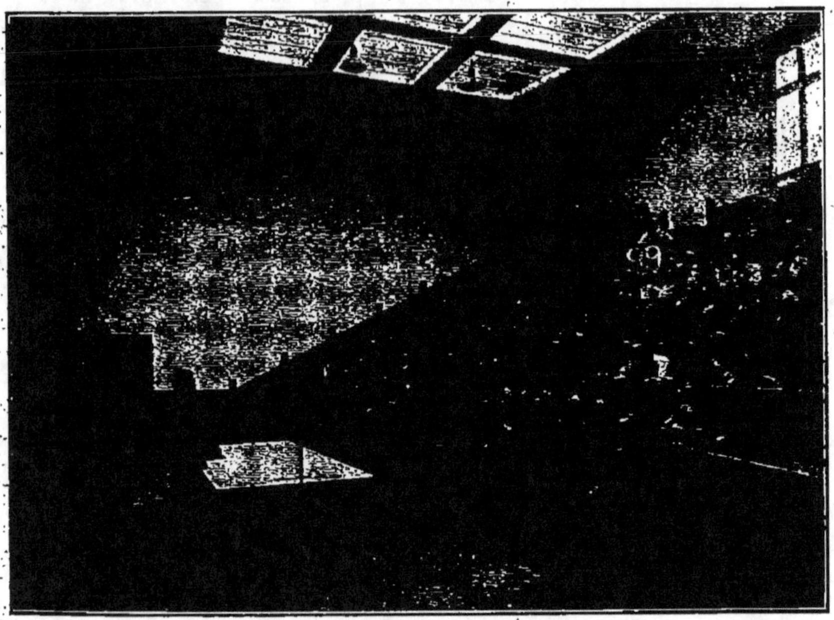

Séance générale sur les services de cultures.

nos écoles, il y a toujours, parmi les élèves, de ces esprits d'élite ou encore de ces travailleurs assidus pour lesquels tout contrôle du travail serait presque inutile ; mais il faut bien avouer que ce sont là des exceptions ; en fait, la plupart des élèves, même les bons, quoique l'on puisse dire ou faire,

---

(1) *Le Conseil de perfectionnement*, dont les attributions sont fixées par l'art. 24 du décret du 23 juin 1920, est ainsi composé (arrêté du 18 déc. 1920): *a)* les inspecteurs généraux de l'agriculture, membres de la Commission d'inspection : MM. Guicherd, Leroux et Convergne ; *b)* le Président de l'Association amicale des anciens élèves (M. Rouart); *c)* le Directeur de l'École (M. Jouvet); *d)* des membres élus ; trois professeurs élus par le Conseil des professeurs (MM. Brétignière, Dechambre, Zolla); *e)* des membres nommés par le Ministre (notabilités agricoles ou scientifiques (MM. Lindet, Ringelmann, Donon, Corbière, Capus, Cassez), Le Conseil est présidé par l'Inspecteur Général de l'agriculture désigné par M. le Ministre de l'agriculture (M. Guicherd).

étudient presque toujours exclusivement ce qui peut leur
être demandé aux interrogations et aux examens pratiques ;
ce qui n'est ni noté, ni coté, tout ce qui ne compte pas sur le
classement se trouve forcément négligé ou plutôt complètement laissé de côté. Il faut éviter l'abandon de quelque
fraction que ce soit de l'enseignement, puisque toute partie
des cours ou exercices pratiques doit être utile, toutes les

La Préparation militaire supérieure.

leçons ou conférences, tous les exercices pratiques, ne fût-ce
que l'exécution d'un simple croquis ou le compte rendu d'une
excursion, tous les travaux des élèves, tels qu'une collection
faite par eux, un levé de plan, une préparation chimique, etc.,
ainsi que l'examen et la correction des cahiers de cours et des
cahiers d'exercices pratiques, tout sera noté, coté, entrera
en ligne de compte pour le classement. »

C'est pour atteindre ce but qu'un nouveau *règlement
intérieur* (sensiblement le même pour les trois Écoles nationales) a été approuvé par M. le Ministre de l'Agriculture,
le 29 novembre 1924. Ce règlement envisage la discipline et
l'enseignement, les examens, les notations pour l'obtention

du diplôme d'ingénieur agricole. Il soumet les élèves pendant
le cours des études à des *examens pàrticuliers théoriques et
pratiques* passés devant les répétiteurs et chefs de travaux,
un par semestre sur chacune des matières enseignées au cours
du semestre ; des *examens généraux théoriques* et des *examens
généraux pratiques* à la fin de chaque semestre, comportant

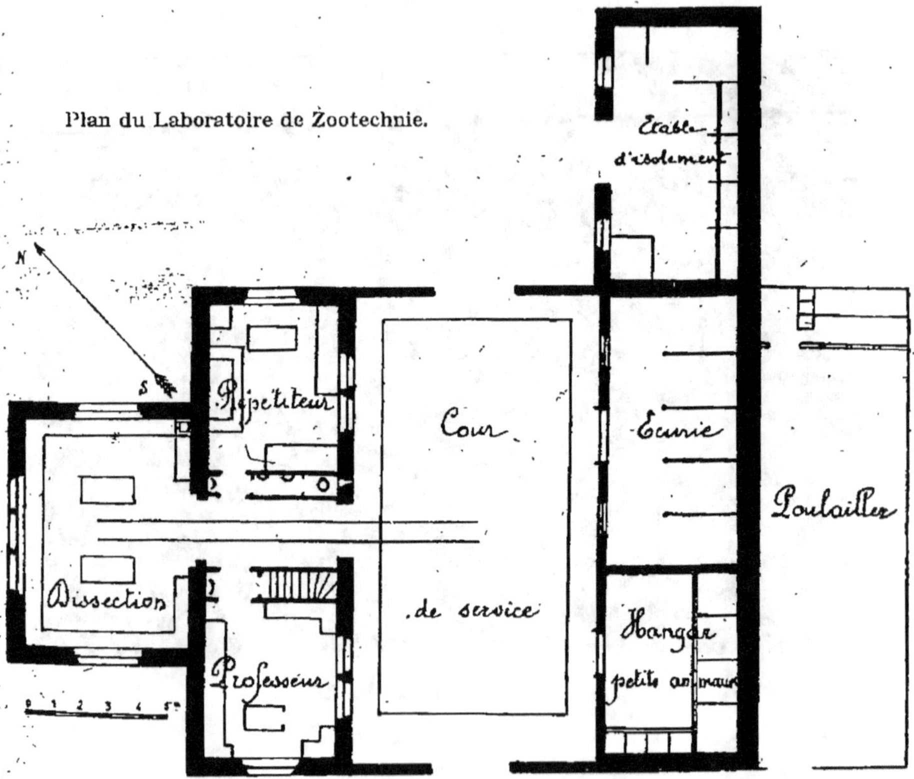

des épreuves écrites ou orales ou des épreuves orales seulement
au choix du professeur ; les travaux de culture comportent
en outre, chaque semestre, un examen particulier pratique,
dont le chef de pratique agricole a la charge, et un examen
général pratique que fait passer le professeur d'agriculture.
Les services de semaine donnent lieu à des notes, dont la
moyenne a la même valeur que celle d'un examen particulier ;
toutefois, la note de service général donnée par le directeur
sera comptée en fin d'année comme celle d'un examen général
pratique.

Les élèves admis en deuxième année d'études sont astreints à rédiger pendant les vacances un rapport d'agriculture dressé suivant le plan donné par le professeur d'agriculture et une étude sur une autre matière d'enseignement exécutée d'après les données du professeur intéressé ; la note moyenne des travaux de vacances est comptée en fin d'année pour une

Laboratoire de Zootechnie.

valeur égale à celle d'un examen général. La note d'instruction militaire est retenue pour les élèves y prenant part comme note d'examen particulier.

A la fin de chaque semestre d'études, il est établi un classement semestriel résultant des notes obtenues par les élèves au cours des diverses épreuves du semestre. Les diverses notes sont combinées de la manière suivante : 1º la moyenne des notes des examens particuliers, théoriques et pratiques, est affectée du coefficient 2,5 ; 2º celle des examens généraux théoriques du coefficient 4 ; 3º celle des examens généraux pratiques du coefficient 3 ; 4º la note de conduite et assiduité du coefficient 0,5. La somme de ces quatre produits divisée par 10 donne la note moyenne du classement semestriel. Le classement de fin d'année est celui de la moyenne des deux notes obtenues dans les deux classements semestriels de l'année.

Pour le classement de fin d'études, qui règle le classement de sortie des élèves, la note moyenne de première année est affectée du coefficient 4, celle de deuxième année du coefficient 6. La somme de ces deux produits divisée par 10 établit le classement définitif de fin d'études. La note minima pour

Excursion en Italie.

l'obtention du diplôme conférant le titre d'ingénieur agricole est fixée à 13 (sur 20).

Des médailles peuvent être accordées aux premiers classés. Les deux premiers sont proposés pour un stage rétribué de deux années, et enfin sont attribuées des récompenses spéciales : prix d'agriculture, de zootechnie, de génie rural ; prix de rapport de vacances.

Depuis la fondation de l'École, le diplôme d'ingénieur agricole a été délivré à 2.249 élèves.

GRANDES EXCURSIONS.

Tout enseignement complet ne peut pas se limiter aux cours, conférences et exercices pratiques de l'École. Il est bon que les élèves voient au dehors ce qui se passe et prennent contact avec les réalités. Les visites, les excursions, sont très utiles à ce sujet. Si l'on considère les excursions de l'année 1924-1925, on a une idée de la variété qu'elles présentent. Nous avons donné précédemment le tableau des excursions diverses faites au cours de cette année scolaire ; de ce tableau, on peut retenir la grande excursion, dont l'intérêt considérable n'a jamais échappé au corps enseignant ni aux élèves.

Depuis 1889, les excursionnistes ont visité la Tunisie (1889),

Excursion en Algérie.

l'Allemagne (1901), l'Italie et la Corse (1903), la Bretagne (1906), l'Angleterre, déjà visitée en 1893 (1908), la région du Nord (1909), l'Algérie et la Tunisie (1910), l'Angleterre (1911), le Sud-Ouest (1913), la Tunisie (1914), le Danemark (1923), le Sud-Ouest (1925) ; l'excursion de 1926 aura lieu en Belgique et dans la région du Nord.

Ces excursions sont effectuées à l'aide des ressources suivantes : versements obligatoires ou facultatifs des élèves dans une caisse d'excursion (alimentée également par des dons et des prêts remboursables) ; contributions du budget de l'École, de l'Association des Anciens Élèves.

Dans le même cadre se placent aussi les stages de vacances effectués entre la première et la deuxième année. Ce stage a lieu dans une ferme, au choix des élèves prévenus dès leur

entrée à l'École par le professeur d'agriculture. Ils utilisent
leurs relations pour chercher ce stage, et malgré l'origine
citadine de beaucoup d'élèves, très peu ont recours à leur
professeur pour être aidés. Suivant les cas, les élèves restent
de deux à trois mois dans une ferme ; un minimum d'un mois
est exigé et un journal de stage sert de contrôle. Le stage de
vacances permet de développer les connaissances pratiques,

Excursion à Wagnonville (Nord).

de faire des observations ; celles-ci sont consignées dans un
rapport. Il a paru intéressant de donner à ce rapport une
envergure plus grande en suivant un programme approprié
pour que l'élève fasse une étude documentée de la ferme et de
la région. Le rapport, examiné au moment où le professeur
d'agriculture traite de l'agriculture comparée, constitue une
sorte d'application de cet enseignement, qui forme la synthèse
du cours d'agriculture.

Débouchés pour les élèves.

Les ingénieurs agricoles sortant de Grignon trouvent
devant eux des débouchés divers. La plupart du temps,

des compléments d'études théoriques ou pratiques sont nécessaires pour permettre aux intéressés de se placer utilement. Ceux qui se destinent à la culture doivent effectuer des stages d'une durée plus ou moins longue, suivant les antécédents (une à trois années). Ces stages se trouvent assez facilement, même au pair. D'autres ingénieurs agri-

La Galerie des machines.

coles se dirigent vers l'enseignement ; la *Section d'Application de l'Enseignement agricole* est ouverte à ceux qui ont obtenu une moyenne supérieure à 15 et qui sont classés dans la première moitié de leur promotion. Ceux-là peuvent prendre part au concours qui a lieu tous les ans et qui porte particulièrement sur la constatation de leurs aptitudes pédagogiques. Actuellement, huit à dix places sont réservées chaque année dans la section de l'enseignement agricole ; la moitié des places est attribuée aux ingénieurs agricoles.

Dans des conditions analogues, un certain nombre d'élèves se dirigent vers l'Institut d'Agronomie coloniale de Nogent ; l'importance du débouché est à peu près du même ordre.

Les diplômés peuvent également s'orienter vers les Sections de la Mutualité et de la Coopération agricoles, de Chimie, de Technologie fonctionnant à l'Institut national Agronomique ; vers la Section de Génie rural (Station d'Essais de Machines). En dehors de ces débouchés variés, les anciens élèves de Grignon abordent des professions diverses : semences,

La bibliothèque.

production et commerce, machines agricoles, etc., en commençant par les emplois de débutants.

On ne peut songer à procéder, pendant le cours des études, à une spécialisation prématurée, l'ensemble des connaissances doit être le même pour tous les élèves, et ce n'est qu'après la deuxième année et le service militaire accompli qu'il est possible aux anciens élèves de se spécialiser utilement.

Alors, ceux qui savent faire preuve *de ténacité et de patience, de bon sens et de travail* parviennent toujours à des situations où ils font honneur à l'enseignement reçu à Grignon.

L'EXPLOITATION DE L'ÉCOLE DE GRIGNON

par M. F. JOUVET
Directeur de l'École nationale d'Agriculture de Grignon.

L'exploitation de l'École de Grignon comprend 322 hectares, dont 292 hectares entourés de murs et 30 hectares situés en dehors du parc.

Ces 322 hectares comprennent :

Terres labourables.	134 hectares.
Prairies	16 —
Bois.	132 —
Jardins, parterres, cours, chemins, allées.	40 —
TOTAL. . .	322 hectares.

Le domaine est traversé de l'est à l'ouest par le Rû de Gally, qui coule au fond du thalweg, tandis que les deux versants nord et sud comprennent des pentes assez fortes, atteignant jusqu'à 10 à 15 %. Ces pentes, jointes à la nature du sol argilo-calcaire plus ou moins pierreux, rendent la culture très pénible et très onéreuse.

En examinant le plan du domaine de l'École, on voit que les parcelles en culture sont très disséminées et sont, en général, séparées les unes des autres par des bois, des bosquets ; ce qui rend la surveillance des travaux très difficile et cause de grandes pertes de temps pour les attelages et le personnel pour aller de l'une à l'autre.

Les pièces de terres, les prairies et les jardins de l'École représentent actuellement les surfaces suivantes :

"

1° — *Terres arables (intra-muros).*

	Hectares.		Hectares.
Station agronomique. .	1	Grand champ de la Faisanderie.	6,60
Collections et champs d'expériences du cours d'agriculture.	2,80	Fond de Thiverval. . .	5,08
		Quatre arpents	2,25
1re Division	4,76	Champ de la Laverie .	5,25
2e Division	5	Défonce 1re Sole	6
3e Division	5	Défonce 2e Sole	6
4e Division	5	Défonce 3e Sole	6
5e Division	5	Clos au Comte.	4,65
Ancien Étang	5	Côte aux Buis	3,30
Champ de la distillerie.	3,36	Ancien chantier et ancienne pépinière. . . .	2,50
Petit champ de la Faisanderie.	0,40	Gorge des Noyers . . .	3,64
		Aulnettes	0,80

2° — *Terres arables (extra-muros).*

Pièce des maisons. . .	7,14	La pièce du moulin de Chantepie.	2
Champ de Folleville . .	6	La pièce de Chantepie .	2
Les Quinze arpents . .	5,80	La prairie de Chantepie	5,20
La Cure	7,18		

Prairies et Pâturages.

Champ d'excercices . .	8	Verger de la Monchère.	0,63
Grand parterre	2,40	Labyrinthe	0,50
Prairie de la Distillerie	2,20	Pré de Chantepie . . .	0,70
Allée de Thiverval. . .	3,30	Jardin anglais, Parterres divers.	3,30
Verger de la 6e division.	4,50		

Jardins — Vigne.

Jardin potager.	0,65	Jardin dendrologique .	1
Jardin de Chantepie . .	1,90	Rucher	0,80
Potager-Verger de la Monchère.	1,32	Jardins divers du personnel.	0,40
Cour des Meules	0,30		
Jardin Botanique . . .	0,70	Vigne	0,80

Au point de vue géologique, presque toutes les terres du parc appartiennent au calcaire grossier. Des bancs de pierres calcaires, qui ont été exploités autrefois pour la construction des murs de clôture et des bâtiments, affleurent sur de nombreux points, notamment aux 3e, 4e et 5e Divisions et à la Défonce, où ils constituent de sérieux obstacles pour les labours.

D'une façon générale, les terres des pentes du parc (3e, 4e, 5e Divisions, Gorge des Noyers, Côte aux Buis, Clos au Comte, Laverie, Défonce) sont argilo-calcaires ou calcaires, plus ou moins pierreuses, difficiles à travailler, très perméables et craignent la sécheresse. Les céréales y souffrent du déchaussement pendant l'hiver, et l'échaudage y est également à craindre pendant l'été. Il n'y a que les parcelles situées au bas des pentes, telles que l'Étang, la 1re et la 2e *Division*, la *Faisanderie* et le *Fonds de Thiverval*, qui sont peu pierreuses et dont la profondeur du sol est suffisante pour permettre l'exécution normale des travaux de culture, qui restent cependant assez pénibles par suite de la nature argilo-calcaire du sol.

Ce sont les parcelles de terre *extra muros* qui constituent les meilleurs champs de l'École. Leur surface est peu inclinée et plusieurs d'entre elles (la Pièce des Maisons, Folleville, les Quinze-Arpents, la Cure) comprennent une étendue importante de diluvium des plateaux qui est très propice à la culture.

Enfin, les trois parcelles de Chantepie, partie argilo-calcaire et partie formée d'alluvions, sont également de bonnes terres.

Le tableau de la page 164, indique la composition d'un certain nombre de ces parcelles.

Au point de vue chimique, les terres de l'École sont donc, en général, riches en azote, de richesse moyenne en acide phosphorique (sauf la 2e Division qui est pauvre et la Laverie qui est très riche), de richesse moyenne ou assez riches en potasse (2e Division, Pièce des Maisons et Cure) et bien pourvues de chaux, d'autant plus que le sous-sol est le plus souvent très calcaire, même sous le diluvium des plateaux.

SYSTÈME DE CULTURE ET ASSOLEMENT.

De 1891, date du retour de la ferme à l'École, jusqu'en 1902, l'exploitation de l'École était sous la direction financière de l'Administration des Domaines. Avec ce régime,

ANALYSE PHYSICO-CHIMIQUE DES TERRES DE L'ÉCOLE
COMPOSITION POUR 1.000

PIÈCES DE TERRES	CAILLOUX ET GRAVIERS	TERRE fine	ANALYSE PHYSIQUE					ANALYSE CHIMIQUE			
			SABLE grossier	SABLE fin	ARGILE	HUMUS	CALCAIRE fin	AZOTE total	ACIDE phosphorique	POTASSE	CHAUX
(1) 15 Arpents...	30	970	240,5	631,7	46,9	7,1	15,6	1,916	1,016	2,169	12,49
(1) Défonce......	300	700	244,1	290,7	22,4	2,8	128,8	1,864	0,968	2,088	121,87
(1) Laverie......	120	880	228,8	281,4	61,6	3,6	294,8	2,304	2,742	1,790	215,83
(2) Champ de la Station agronomique.........	»	1000	143	679	120	15	42	2,05	1,39	2,12	44,74
(2) 1º Division...	38	962	156	676	105	14	47	1,95	1,14	1,99	45,80
(1) 2º Division...	»	»	181	761	11,6	8,2	37,9	1,33	0,456	3,04	22
(1) Pièce des Maisons..........	»	»	235	708,7	5,4	10,9	38,8	1,82	0,972	2,85	26,71
(1) Cure.........	»	»	140,6	764,3	48,9	9,7	36,5	1,61	0,95	2,87	21,33
(1) Faisanderie...	»	»	148	748,7	10,3	9,8	83	1,64	1,65	2,17	56,11

(1) Analyse de MM. Henri Mamelle, Ponscarme et Barjaud. (2) Analyse de M. J. Dumont.

les recettes de la ferme étaient versées au Ministère des Finances, tandis que les dépenses incombaient au Ministère de l'Agriculture.

Il est facile de comprendre qu'avec une pareille organisation, il était impossible de faire de l'agriculture progressive et que la situation du directeur de l'École, M. Philippar, et du chef de culture, M. Herbert, était particulièrement difficile.

En 1902, l'autonomie financière fut enfin accordée à l'exploitation de l'École. Celle-ci put alors être dirigée d'une façon rationnelle par le nouveau directeur, M. Trouard-Riolle, et M. Cartier, qui a succédé à M. Herbert comme chef de culture.

La nature du sol, la dispersion et la pente de la plupart des parcelles d'une part, et d'autre part, les besoins de l'École et de l'enseignement ont fait orienter les cultures vers la production du bétail.

En effet, les terres calcaires sont plus propices aux légumineuses fourragères (sainfoin, minette, luzerne, vesce, pois) qu'aux céréales, d'autant plus qu'elles permettent d'économiser les fumures azotées dans ces sols qui *brûlent* les fumiers très rapidement. On utilise ainsi la merveilleuse propriété des légumineuses pour fixer dans le sol une quantité importante d'azote de l'air. Cela permet aussi d'entretenir un nombreux bétail, et de produire, en même temps que de la viande, du lait et de la laine, une grande quantité de fumier pour la fumure des plantes sarclées et des céréales concentrées sur des surfaces assez restreintes.

De plus, la culture des céréales est impossible sur les pièces de l'*Étang* (5 hectares) et de la *Prairie de Chantepie* (5 ha. 20), formées par les alluvions du Ru de Gally qui y déverse chaque année, au moment des grandes pluies, les eaux d'égouts de la ville de Versailles. Il n'y a que les fourrages verts (maïs-fourrage et mélanges fourragers), les betteraves fourragères et les choux fourragers, qui puissent utiliser la richesse exceptionnelle de ces terres, la *verse* et les *rouilles* y prohibant les céréales. L'alimentation du bétail se trouve donc facilitée, même en année de sécheresse, par ces cultures fourragères à grands rendements.

Les conséquences de cette évolution, en vue de la production fourragère, ressortent très nettement du tableau suivant, indiquant les surfaces occupées par les principales cultures, ainsi que les animaux existant aux mêmes dates :

CULTURES	SURFACES CULTIVÉES EN		
	1902	1912	1922
	Hectares	Hectares	Hectares
Blé	24,40	18,59	28
Seigle	6	»	»
Orge	6,18	10,60	10
Avoines	26,85	24,82	15,26
Total des Céréales	63,43	54,01	53,20
Fourrages verts	7,20	16,80	24,60
Prairies artificielles	29,37	24,24	23,10
Prairies et pâturages	11,95	19,48	22,23
Total des fourrages verts et des prairies	48,52	60,52	69,93
Pois gris	6,16	4	4,80
Haricots	1	»	»
Pommes de terre	6,65	5,17	8,20
Betteraves à sucre	»	»	0,80
Betteraves fourragères	7,14	8,30	7
Carottes	0,70	»	0,25
Navette	2	»	»

ESPÈCES D'ANIMAUX	NOMBRE D'ANIMAUX		
Chevaux de trait	8	6	9
Bœufs de travail et à l'engrais (1)	16	16	18
Vaches, taureaux, génisses, veaux	32	30	59
Brebis, béliers, antenaises, et agnelles	503	451	316
Truies, verrats et porcs d'élevage	67	75	148

(1) 4 bœufs à l'engrais en 1922.

La guerre de 1914-1918 fit malheureusement rétrograder, ici comme ailleurs, la situation agricole de l'exploitation de l'École.

En effet, neuf chevaux sur dix et six bœufs sur dix-huit furent réquisitionnés pour l'armée dès le début de la guerre, puis les meilleures vaches, les troupeaux d'ovins de races pures, des truies et des verrats ayant été envoyés, pour plus de sûreté, à l'École de Rennes.

Après un séjour de neuf mois en Bretagne, une partie des vaches et des ovins revint à Grignon (tous les porcs avaient été abattus), mais le personnel de l'École étant mobilisé, les réquisitions de fourrages et de céréales continuant, bétail et cultures souffrirent beaucoup de la guerre, malgré l'activité et le dévouement du directeur et des quelques personnes restées avec lui à l'École et à l'exploitation.

*
* *

A notre arrivée à l'École, au 1er novembre 1919, la situation de l'exploitation était loin d'être encourageante. Le centre de rééducation des mutilés occupait une partie des locaux de la ferme et des cours, les chemins étaient défoncés, tandis que la plupart des champs étaient envahis par les mauvaises herbes et n'avaient reçu que de maigres fumures depuis plusieurs années.

Aidé de M. Cartier, chef de culture, dont le dévouement et l'activité sont au-dessus de tout éloge, nous avons repris le programme des améliorations à réaliser au double point de vue de l'augmentation de la production du domaine et de l'enseignement à donner aux élèves et aux nombreux visiteurs qui viennent chaque année à Grignon. D'accord avec M. Brétignière, le dévoué professeur d'agriculture de l'École, nous avons remplacé progressivement l'ancien assolement triennal par un assolement de six ans, comprenant, en général :

1re Année : cultures sarclées ou fourrages verts ;
2e   —   blé ou céréale de printemps ;
3e   —   luzerne et sainfoin ;
4e   —   —
5e   —   blé ;
6e   —   escourgeon et avoine d'hiver ou de printemps.

Pour que la luzerne et le sainfoin ne reviennent que tous les dix ans sur les mêmes parcelles, ils sont remplacés, dans une rotation sur deux, par de la minette, du trèfle, des mélanges de vesce et de pois pour fourrages verts.

FUMURES.

La production du bétail étant très importante à l'École, avec le régime de la stabulation permanente pour les vaches laitières, les porcs et les agneaux, l'exploitation dispose chaque année de 1.150 à 1.200 tonnes d'un excellent fumier. Cet engrais est absolument indispensable dans les terrains de l'École, généralement très calcaires, pierreux, craignant la sécheresse, où les matières organiques disparaissent rapidement.

Les fumures usitées à l'École sont de 50 à 60 tonnes de fumier par hectare pour les betteraves et les pommes de terre et de 40 à 45 tonnes pour les fourrages verts (mélange de vesce, pois et avoine). Ces fumures sont complétées par des superphosphates, de la sylvinite riche et des engrais azotés (sulfate d'ammoniaque et nitrate de soude, selon les terrains et les cultures).

D'après des centaines d'expériences faites depuis cinquante ans à l'École, par Dehérain, Berthault, MM. Brétignière et Cartier, à doses d'azote égales, les excédents de récoltes les plus élevés sont obtenus avec les nitrates de soude et de chaux. Dans les terres de Grignon, l'effet des engrais ammoniacaux est d'environ les neuf dixièmes de celui des nitrates. Les nouveaux engrais azotés, tels que l'urée et le chlorhydrate d'ammoniaque, ont également donné de bons résultats en 1924.

Enfin, le purin est utilisé sur les prairies et les pâturages pendant l'hiver.

Les quantités d'engrais employés annuellement à l'École sont en moyenne les suivantes :

Fumier de ferme.	1.200.000	kilogrammes.
Superphosphate minéral 14-16 %. .	50.000	—
Sylvinite riche.	50.000	—
Nitrate de soude ou de chaux . . .	7.000	—
Sulfate d'ammoniaque	2.000	—

CÉRÉALES.

Les surfaces cultivées en céréales comprennent, chaque année, environ :

Blé.	26 hectares.
Orge d'hiver.	5 —
Orge de printemps	6 —
Avoine d'hiver.	3 —
Avoine de printemps	12 —
TOTAL. . . .	52 hectares.

Le seigle et le sarrasin ne sont cultivés qu'accidentellement, le premier gelant assez souvent au moment de la floraison et le second mûrissant difficilement.

Comme blés d'automne, les principales variétés cultivées actuellement sont : *Hâtif Inversable, Vilmorin 23, Paix, Wilson* et *Goldendrop.* Ce dernier est semé à l'École depuis plus de quarante ans. C'est la variété qui résiste le mieux au déchaussement dans les terrains calcaires et dont le tallage remarquable regarnit les vides causés par les gelées. Malheureusement, il craint la verse ; il ne convient donc que dans les terres les moins riches.

Le blé *Bon Fermier,* qui a donné d'excellents résultats à Grignon pendant vingt ans, a dû être abandonné par suite de son extrême sensibilité aux *rouilles.*

Comme blé de printemps, c'est la variété *Aurore* qui est cultivée sur une petite surface, à titre de précaution, pour avoir de la semence en cas de destruction des blés d'automne par les gelées d'hiver.

En ce qui concerne l'escourgeon d'hiver, c'est la variété de l'*île de Ré* qui nous donne les meilleurs résultats par sa précocité et son rendement.

Les *orges de printemps,* cultivées à Grignon, sont l'*orge Chevalier,* l'*orge Primus* et l'*orge de Moravie.* Ces deux dernières variétés sont plus précoces que l'orge Chevalier et elles résistent un peu mieux à la verse.

Quant aux *avoines,* nous cultivons l'*avoine grise d'hiver,* qui est quelquefois endommagée par les gelées, et comme avoines de printemps, les avoines : *grise de Houdan, Von Lochow, Kirsche, Ligowo* et *Couronne.* Ce sont les trois premières variétés qui donnent les meilleurs résultats et qui occupent la plus grande surface.

Les engrais complémentaires employés pour les céréales varient naturellement avec la richesse du sol, les cultures et les fumures antérieures. En général, elles reçoivent avant le semis : 300 kilogrammes de superphosphate minéral à 14-16 % d'acide phosphorique et autant de sylvinite riche à 20-22 % de potasse. Des engrais azotés : nitrate de soude, sulfate d'ammoniaque, nitrate de chaux, sulfo-nitrate, sont employés en couverture, à la dose de 100 à 200 kilogrammes de nitrate de soude par hectare, selon les besoins, ou une dose équivalente d'azote des autres engrais.

Au printemps, après les hersages, croskillages et roulages des céréales, suivant l'état du sol, il y a lieu parfois de lutter contre les *coquelicots*, les *bleuets* et les *sanves*. Contre les deux premières plantes adventices, nous employons une solution d'acide sulfurique à 10 % (procédé Rabaté), et contre la troisième nous utilisons une dissolution de sulfate de cuivre à 3 % ou une dissolution de sel dénaturé à 20 % (procédé Roy). Dans les deux cas, il faut 1.000 à 1.200 litres de liquide par hectare, et *le beau temps est nécessaire pour que le traitement soit efficace.*

Les rendements moyens obtenus par hectare sont indiqués plus loin avec ceux des autres cultures (voir page 177).

PLANTES SARCLÉES.

Afin de favoriser le développement des plantes à racines pivotantes (betteraves, luzerne, sainfoin, trèfle), dans toutes les parcelles où le sous-sol le permet, nous opérons, *avant la culture des betteraves*, un labour profond de 0 m. 28 à 0 m. 30, suivi d'un fouillage de 0 m. 08 à 0 m. 10 de profondeur, soit au total 0 m. 38 à 0 m. 40 de terre remuée.

Ce travail s'effectue avec un gros brabant double, muni de fortes griffes fouilleuses, tiré par un tracteur à chenilles Renault ou par huit bœufs. Son prix de revient est actuellement de 600 à 700 francs par hectare, au lieu de 450 à 500 francs pour un labour profond ordinaire, mais le supplément de dépenses est largement couvert par l'excédent de récolte de betteraves (7.000 à 10.000 kilogrammes par hectare), que nous obtenons la première année, sans compter l'augmentation des récoltes ultérieures.

Par ce labour profond, on enterre 50.000 à 60.000 kilogrammes de fumier par hectare, et l'on complète la fumure par 600 kilogrammes de superphosphate minéral à 14-16 % et 600 kilogrammes de sylvinite riche. Avant le semis de betteraves, on ajoute 250 kilogrammes de sulfate d'ammoniaque et 100 kilogrammes de nitrate de soude, et aussitôt après le démariage, on répand encore 150 kilogrammes de nitrate, que l'on enterre par un binage.

Les variétés de betteraves cultivées pour l'alimentation du bétail sont : géante blanche demi-sucrière, rose demi-sucrière, géante de Vauriac et jaune Tankard. Comme variétés sucrières : Desprez, Vilmorin, Kühn, Klein-Wanzleben, à titre de comparaison pour l'enseignement.

Le semis a lieu à 0 m. 42 entre les lignes, et les betteraves sont espacées d'environ 0 m. 30 sur les lignes pour les betteraves fourragères et de 0 m. 25 pour les betteraves à sucre. Les façons culturales sont aussi soignées que possible.

Les *pommes de terre* sont cultivées chaque année sur 6 à 7 hectares ; elles occupent généralement les terres les moins profondes et les plus calcaires de la sole des cultures sarclées. La fumure des parcelles qui leur sont destinées est la même que pour les betteraves, et la plantation a lieu à la charrue toutes les deux bandes, soit à 0 m. 60 environ entre les lignes et à 0 m. 50 sur les lignes.

La pomme de terre préférant les terres creuses, soulevées, le labour de plantation a généralement 0 m. 22 à 0 m. 24 de profondeur. Les tubercules de semence sont enfoncés à la main à mi-hauteur de la bande de terre qui vient d'être retournée, soit à 0 m. 10 ou 0 m. 12 de profondeur.

Par le labour de plantation, on place donc au fond de la raie, c'est-à-dire sous les semences de pommes de terre, une couche de terre meuble, mélangée de fumier et d'engrais minéraux, qui est très propice au développement des tubercules. On achève ensuite l'ameublissement superficiel du sol par un ou deux hersages effectués avant la levée. Ensuite, on donne un binage et un buttage.

Les principales variétés de pommes de terre cultivées à l'École sont : Saucisse rouge, Industrie, Fluke géante, Étoile du Nord, Wohltmann, Ferdinand Heine, Kerr's Pink.

C'est l'*Industrie* qui paraît la mieux adaptée aux terres calcaires de Grignon ; depuis six ans qu'elle y est cultivée, sans renouvellement de la semence, elle continue à donner de bonnes récoltes, Au point de vue « des maladies de dégénérescence, » son état sanitaire s'y est beaucoup amélioré, tandis que la *Fluke* et la *Saucisse rouge* ont périclité sérieusement, étant placées dans les mêmes conditions.

PRAIRIES ARTIFICIELLES.

A Grignon, les prairies artificielles fournissent les ressources de fourrages secs les plus grandes pour la nourriture du bétail pendant l'hiver.

La luzerne, le sainfoin, la minette et le trèfle sont cultivés dans ce but, sur 22 à 25 hectares, mais ce sont les deux premières plantes qui sont de beaucoup les plus importantes pour les terrains argilo-calcaires de l'École. On peut même dire que le trèfle vient plutôt mal à Grignon, par suite du sous-sol trop calcaire de la plupart des parcelles. C'est pourquoi il n'y couvre qu'une faible surface.

Par contre, la luzerne et le sainfoin y donnent de bonnes ou d'assez bonnes récoltes, selon les pièces de terre et le degré d'humidité du printemps.

D'une façon générale, on sème en mélange, dans une céréale de printemps, un tiers à un quart de sainfoin et deux tiers à trois quarts de luzerne, suivant que la terre est plus ou moins calcaire. La semence de sainfoin, répandue la première, est enterrée par un hersage énergique, tandis que la luzerne, qui est semée ensuite, est enfouie par un léger hersage ou par un roulage, selon l'état du terrain.

Avec ce mélange luzerne-sainfoin, la récolte est ordinairement meilleure que si ces légumineuses étaient semées seules. La première année, c'est le sainfoin qui se développe le plus, tandis que la deuxième année la luzerne donne davantage.

Des engrais phosphatés et potassiques sont répandus pendant l'hiver sur ces cultures, et au printemps l'on donne un ou deux hersages énergiques (ou même un scarifiage et un hersage la deuxième année), suivis d'un crosskillage ou d'un roulage.

Quant au trèfle et à la minette, ils ne couvrent que 3 ou 4 hectares, et encore ils sont le plus souvent associés au sainfoin.

Habituellement, le mélange minette-sainfoin est consommé en vert par les vaches et les moutons. C'est un excellent fourrage vert à tous points de vue, mais le rendement est peu élevé.

FOURRAGES VERTS. ENSILAGE.

La production des fourrages verts joue un très grand rôle dans l'exploitation de l'École. La surface des prairies et des pâturages est en effet trop restreinte pour entretenir le bétail bovin pendant l'été ; elle est juste suffisante pour l'alimentation de quinze à dix-huit génisses de six mois à deux ans, tandis que vingt-huit à trente vaches et une douzaine de bœufs de travail doivent être nourris à l'étable avec des fourrages verts.

Les vesces d'hiver et de printemps, les pois gris, semés en mélange avec l'avoine, le trèfle incarnat, la minette, le maïs, le moha, les choux fourragers sont les principales plantes cultivées dans ce but.

Dans l'ancien étang et la prairie de Chantepie, formés par les alluvions du Ru de Gally, les maïs blanc des Landes, jaune gros et Caragua donnent des rendements énormes, s'élevant parfois jusqu'à 140.000 et 150.000 kilogrammes par hectare.

Pour en permettre l'utilisation, surtout en cas de gelée précoce en septembre, nous avons fait installer un silo métallique de 10 mètres de haut, d'un volume de 110 mètres cubes.

A défaut de maïs, on y conserve tout autre fourrage d'arrière-saison, qui ne peut être utilisé immédiatement pour l'alimentation du bétail (regains divers, moutarde blanche, moha, vesce).

A côté de ce silo métallique, nous ensilons chaque année, en fosse, environ 80.000 à 100.000 kilogrammes de fourrages grossiers (orties, anthrisques, grande berce, composées et graminées diverses, etc.) qui croissent sur les bords du Rû de Gally et sur les chemins, qui sont en grande partie impropres à la consommation du bétail à l'état vert et qui ne peuvent être fanés. Cet ensilage a lieu en mai-juin, dans une fosse de

2 m. 50 de large et de 1 mètre de profondeur, creusée en sol perméable. Chaque jour, ou tous les deux jours, on met une nouvelle couche de fourrage de 0 m. 30 à 0 m. 40 d'épaisseur, que l'*on tasse fortement, surtout sur les bords*. Le tas est élevé au-dessus du sol, en forme de toit arrondi, et lorsque la hauteur totale atteint environ 2 m. 50, on couvre le tout de 0 m. 20 à 0 m. 25 de terre. On a soin, pendant la fermentation du fourrage, de boucher les fissures qui se forment dans la couverture de terre.

L'herbe peut être mouillée ou ressuyée pour la confection du silo ; si la maturité de celle-ci est un peu avancée et si elle est entassée par le beau temps, il est nécessaire de l'arroser avec de l'eau pour favoriser le tassement et chasser l'air.

Dans l'ensilage en fosse, la perte de fourrage varie généralement de 0 m. 10 à 0 m. 20 d'épaisseur sur le pourtour du tas.

Le fourrage ensilé obtenu est ordinairement de couleur brun verdâtre, ayant une odeur alcoolique, lactique et parfois butyrique. Il est consommé chaque hiver par quinze à vingt génisses, à raison de 15 kilogrammes par tête et par jour en moyenne. On ajoute à cette ration environ 3 kilogrammes de foin, ou 5 à 6 kilogrammes de menue paille ou de paille de pois et 30 à 40 grammes de sel dénaturé.

PRAIRIES ET PATURAGES.

Les prairies et les pâturages de l'École sont en général situés sur des terrains calcaires très perméables, peu profonds, craignant la sécheresse. Ce n'est donc que pendant les années pluvieuses qu'ils donnent de bonnes récoltes. Les grandes lignes d'arbres plantés le long des avenues nuisent également à leur production.

Les prairies de l'École reçoivent chaque année, pendant l'hiver, une fumure minérale d'environ 300 kilogrammes de superphosphate et autant de sylvinite riche. On y répand également du purin lorsque cela est possible.

Enfin, des hersages effectués avec une herse souple complètent les façons d'entretien. La flore des prairies de Grignon est en général très riche en légumineuses : trèfle violet, trèfle blanc, très filiforme, minette, lotier corniculé, dont le développement est favorisé par les engrais phosphatés et potassiques. Les principales graminées sont celles des terrains calcaires : pâturin des prés, ray-grass anglais, avoine élevée, avoine jaunâtre, brome des prés, dactyle pelotonné, brome doux, fétuque des prés, fétuque ovine, fétuque durette et quelques plantes diverses.

VIGNOBLE.

Le climat de Grignon étant peu favorable à la vigne, l'École ne possède plus qu'un petit vignoble de 1 hectare, à Folleville, afin de permettre aux élèves de suivre les travaux viticoles, de voir les principaux modes de taille, les maladies et les insectes qui attaquent la vigne.

Comme vigne greffée, ce vignoble comprend surtout du Gamay hâtif des Vosges, du Portugais bleu, du Gamay d'Argenteuil et du Pinot teinturier, c'est-à-dire des cépages précoces ou de première époque de maturité.

Une collection importante de porte-greffes et de producteurs directs américains y est également plantée en vue d'en étudier les qualités et les défauts sous notre climat assez pluvieux.

VERGER A CIDRE.

Le verger est planté dans l'ancienne 6e Division, d'une surface de 4 hectares, qui a été engazonnée en 1911. Il comprend les principales variétés de pommes à cidre de Normandie. Les arbres sont encore jeunes, mais ils ont néanmoins donné une forte récolte en 1925, soit environ 20.000 kilogrammes de pommes qui ont été vendues ou utilisées à l'École pour la fabrication du cidre.

JARDINS POTAGERS ET FRUITIERS.

En outre du jardin potager-fruitier compris entre le château et les grands laboratoires, l'École possède un potager de 1 ha. 90 à « Chantepie », près du Ru de Gally, et un jardin potager-fruitier de 1 ha. 32 à « La Monchère ».

Comme le verger, ces jardins sont placés sous la direction

de M. Goumy, chef de culture horticole, qui apporte.un grand dévouement pour en tirer le meilleur parti et donner aux élèves un enseignement très profitable. Ils comprennent notamment les principales - variétés de pommiers, poiriers, pruniers, cerisiers, pêchers, abricotiers, cultivés en espalier ou en plein vent.

Des cultures de groseilliers à grappes, cassissiers, framboisiers complètent les collections d'études arbustives de l'École. Les fruits de ces arbres et arbustes constituent des ressources précieuses pour la nourriture des élèves et pour la fabrication des confitures, gelées et marmelades.

Les jardins potagers et les cultures sous châssis fournissent également de grandes quantités de légumes, qui sont consommés à l'École ou vendus au dehors.

Bois.

L'École possède environ 132 hectares de bois occupant des terrains très variés. Dans les parties crayeuses ou très calcaires, ce sont le hêtre et le pin noir qui donnent incontestablement les meilleurs résultats, tandis que le chêne, l'orme, le frêne, le charme, les érables, l'acacia dominent dans les parties argilo-siliceuses ou argilo-calcaires. Enfin, le châtaignier couvre presque à lui seul quelques hectares sur le diluvium des plateaux, dépourvu de calcaire, montrant ainsi nettement ses préférences calcifuges.

Chaque année, environ 6 hectares de taillis sous futaie sont exploités à vingt ans, après balivage sous la direction du professeur de sylviculture de l'École et en présence des élèves, ce qui permet à ces derniers de se familiariser avec le travail forestier.

D'autre part, une dizaine d'hectares de futaie, situés à peu de distance des bâtiments de l'École, forment un cadre de verdure et d'ombrages merveilleux pour les élèves pendant la belle saison, sans compter les nombreuses essences forestières françaises et exotiques, disséminées dans le « Jardin anglais », plantées sous la direction de Mouillefert, ancien professeur de sylviculture à l'École, de 1870 à 1903, qui avait un véritable culte pour les arbres du parc.

RENDEMENTS MOYENS, PAR HECTARE, DES PRINCIPALES CULTURES DE 1921 à 1925

NATURE DES CULTURES	SUPERFICIE MOYENNE CULTIVÉE ANNUELLEMENT	RENDEMENTS MOYENS PAR HECTARE									
		1921 (1)		1922		1923 (2)		1924		1925 (2)	
		GRAIN	PAILLE	GRAIN	PAILLE	GRAIN	PAILLE	GRAIN	PAILLE	GRAIN	PAILLE
	Hectares	Kg.	Kg.	Kg.	Kg.	Kg.	Kg.	Kg.	Kg.	Kg.	Kg.
Blé	26	2.514	3.465	3.210	5.107	2.520	4.470	2.954	5.605	2.530	4.767
Orge..........................	11	2.947	3.401	2.649	2.974	1.860	3.550	2.658	3.478	2.590	4.041
Avoine..........................	15	1.698	2.629	2.733	3.481	2.400	3.300	2.391	3.626	2.027	3.390
Pois	4	3.081	»	2.347	3.250	1.312	3.353	2.075	4.290	1.563	2.990
Prairies naturelles fauchées (1re Coupe)..................	8	kg. 1.696		kg. 2.899		kg. 3.628		kg. 3.137		kg. 5.350	
Pâturages..................	14	»		»		»		»		»	
Prairies artificielles (Luzerne et Sainfoin)......................	25	5.250		4.839		3.375		4.920		8.971	
Fourrages verts..................	25	23.213		25.644		21.200		24.600		29.681	
Pommes de terre..................	7	15.050		26.178		17.209		18.291		18.810	
Betteraves à sucre..................	1	35.720		48.616		30.853		35.408		46.224	
Betteraves fourragères..................	7	65.284		99.171		62.997		92.076		93.360	
Carottes	0.30	»		66.400		»		66.600		50.000	
Vigne..................	1.50	hectolitres 9.55		hectolitres 14.50		hectolitres 15		hectolitres 20		hectolitres 10	
Verger à cidre..................	4	4.50		5		5.50		6		25	

(1) Année de sécheresse. — (2) Année de verse pour les céréales par suite d'orages.

BÉTAIL.

Comme nous l'avons indiqué en parlant des cultures, la production du bétail joue un grand rôle à l'École de Grignon. Celui-ci permet d'obtenir des produits de grande valeur par rapport à la fertilité des terres du domaine et, de plus, il sert à l'instruction générale des élèves.

Le cheptel-bétail de l'École comprend des bœufs et des

La seconde cour de ferme.

chevaux de trait, la vacherie, la bergerie, la porcherie, le chenil et la basse-cour.

ÉCURIE.

L'écurie est installée dans l'ancienne remise à voitures du château. Deux chevaux sont logés dans chaque stalle, et les stalles sont séparées les unes des autres par des murs qui supportent un grenier à grains. Les râteliers sont en fer et les mangeoires en fonte. Le sol est pavé.

Neuf chevaux de trait appartenant aux races percheronne, bretonne et ardennaise, ou leurs métis, sont employés à l'École. Leur ration habituelle se compose de 10 kilogrammes de foin et de 7 kg. 500 d'avoine, plus de la paille à volonté.

En plus des travaux de la ferme, et concurremment avec un camion automobile, les chevaux effectuent de nombreux transports pour l'École (charbon, bois, pierre, sable, matériel), ce qui est parfois très gênant pour la culture. (L'exploitation utilise, d'autre part, un tracteur Renault à chenilles pour les divers travaux de culture.)

BOUVERIE.

La bouverie compte habituellement dix à quatorze bœufs. Elle a été aménagée dans un ancien bâtiment. Son installation est simple et pratique, avec râtelier et mangeoire. Le bas du râtelier est fixé à 0 m. 40 du mur, tandis que le fond est cimenté et incliné vers l'avant, afin que les graines de foin glissent facilement dans la mangeoire. Celle-ci est en ciment. L'emplacement des animaux et le couloir de service sont pavés, avec joints de ciment, et les pentes sont suffisantes pour assurer l'écoulement des urines.

Les bœufs appartiennent aux races charollaise, parthenaise et de salers, afin de familiariser les élèves de l'École avec ces animaux qui sont très réputés comme moteurs dans les régions de grande culture. Ils sont achetés à l'âge de trois ou quatre ans, puis réformés et engraissés à six ou sept ans.

Leur alimentation varie avec la saison : en hiver, ils reçoivent en moyenne 10 kilogrammes de foin, 60 kilogrammes de betteraves mélangées avec 6 ou 8 kilogrammes de menue paille ou de paille hachée ou avec une partie du foin, selon les disponibilités, et 1 kg. 500 à 2 kilogrammes de tourteaux d'arachides.

De mai à novembre, ce sont les fourrages verts (trèfle incarnat, vesces d'hiver et de printemps, pois et maïs-fourrage) qui forment la base de l'alimentation. On y ajoute plus ou moins de tourteaux, selon les travaux effectués par les bœufs et la richesse des fourrages consommés.

VACHERIE.

La vacherie de l'École est une étable double, avec cornadis, à couloir central pour l'enlèvement des fumiers, et un couloir d'alimentation de chaque côté.

Des wagonnets servent à distribuer les fourrages dans de vastes mangeoires en ciment. Des abreuvoirs, également

en ciment, permettent aux animaux de boire à volonté ;
l'alimentation et la vidange de ces abreuvoirs se font par un
jeu de robinets.

Il y a, en général, à la vacherie, vingt-six à vingt-huit
vaches, une vingtaine de génisses de un à deux ans, un ou
deux taureaux et des veaux.

A côté de la race normande qui forme la majorité des

La vacherie.

animaux, il y a trois vaches hollandaises, deux flamandes,
deux schwitz, deux tachetées de l'Est, une bretonne et une
jersiaise, afin de permettre aux élèves de l'École de se familiariser avec ces races laitières.

Les vaches sont soumises au régime de la stabulation
permanente, tandis que les génisses sont élevées au pâturage
jusqu'au vélage. Pendant l'hiver, tout en restant en liberté,
ces dernières peuvent s'abriter sous un hangar où elles
reçoivent leur nourriture qui se compose surtout de fourrage
ensilé et d'un peu de foin ou de menue paille.

En ce qui concerne les vaches, elles reçoivent des fourrages
verts de mai à novembre, avec un complément de tourteaux

d'arachides, de farine d'orge et de son, variable avec la quantité de lait produite par chacune d'elles, de façon qu'elles soient toujours maintenues en bon état. Pendant l'hiver, elles consomment environ 45 à 50 kilogrammes de betteraves mélangées avec 5 à 6 kilogrammes de menue paille ou de paille hachée, 1 kilogramme à 1 kg. 500 de tourteaux d'arachides, 0 kg. 500 de farine d'orge et de son, 4 à 5 kilogrammes de foin ou de regain, 40 à 50 grammes de sel dénaturé et un peu de paille.

Le contrôle laitier s'effectue chaque quinzaine au double point de vue de la quantité de lait et de la richesse en matière grasse.

La production moyenne annuelle, par vache, varie de 3.400 à 3.500 litres de lait pour les vaches des différentes races, ce qui représente une production totale de 90.000 à 100.000 litres de lait par an, et il faut environ 23 litres de lait pour faire 1 kilogramme de beurre.

Le lait écrémé est utilisé pour la nourriture des veaux d'élevage et des porcelets.

BERGERIE.

La bergerie de Grignon est un modèle devenu classique. Elle se compose de deux parties : la première, de 86 mètres de long, sur 6 mètres de large, plafonnée à 3 m. 50 de haut, peut être entièrement close en fermant les portes et les fenêtres ; la deuxième, de même longueur et de 4 m. 70 de large, parallèle à la première, est formée par un appentis ouvert, dont les murs extérieurs n'ont que 1 m. 65 de hauteur. Ces deux parties communiquent entre elles par de nombreuses portes pleines dans le bas, à claire-voie et glissières dans le haut, de façon à permettre d'aérer la partie fermée s'il y a lieu.

Les différents groupes d'animaux sont séparés par des râteliers spéciaux, simples ou doubles, que l'on peut déplacer et élever à volonté, car ils sont suspendus par des chaînes.

Les portes d'accès intérieures et extérieures sont rétrécies à la base (1 m. 50 de large dans le haut et 0 m. 65 dans le bas) de façon que les brebis en état de gestation ne puissent se presser au passage. Pour cela, les pieds droits des portes sont en courbes concaves au lieu d'être verticaux.

Les cases pour béliers ont 2 m. 25 de côté.

Le troupeau d'ovins de Grignon comprend environ :

120 animaux de race de Grignon (ancien Dishley mérinos) ;

60 animaux de race Southdown ;

12 animaux de race Dishley ;

40 brebis de race berrichonne ;

20 animaux de races diverses (Bizets, Larzac, Solognots, Oxfordown, etc.) ;

La bergerie, côté nord.

50 à 90 agneaux de ces différentes races, selon l'époque de l'année.

Le groupement d'ovins de races aussi nombreuses ne se justifie que par la nécessité de l'enseignement pour les élèves de l'École.

RACE DE GRIGNON.

L'ancien Dishley mérinos de Grignon a fait l'objet d'une étude détaillée, par M. Dechambre, professeur à l'École de Grignon et à l'École vétérinaire d'Alfort, qui a paru dans le tome VIII des *Annales de Grignon*, de 1923-1924. Nous ne pouvons mieux faire que de reproduire cette étude :

Le court travail qui suit n'est pas la monographie détaillée d'une race ovine, d'ailleurs connue et appréciée, mais seulement un bref exposé historique destiné à rappeler comment elle a pris naissance et quels sont les éléments qui ont servi à sa formation.

ORIGINES. — CARACTÈRES ZOOTECHNIQUES GÉNÉRAUX.

Au début du XIXe siècle, la production ovine française se trouvait en pleine période d'évolution. L'arrivée en France des mérinos espagnols, leur installation à Rambouillet, la renommée vite acquise par ce troupeau et son extension dans de nombreuses contrées, avaient déterminé les éleveurs à transformer leurs anciennes races et à multiplier le mouton à laine fine. Pendant ce temps, les éleveurs anglais développaient chez eux les races à viande, en poussant, à l'exemple de Bakewell, leurs animaux vers la précocité. Les producteurs français se rendirent bientôt compte des avantages économiques que confère cette faculté de développement hâtif. Le mérite de l'avoir mis en évidence revient à Yvart, inspecteur général des bergeries de l'État, qui se montra partisan d'un croisement judicieux avec les races anglaises, pour obtenir rapidement de la viande de bonne qualité, par la production de jeunes moutons précoces.

Deux méthodes conduisent à ce résultat : la sélection dans les races les plus disposées à l'engraissement ou le croisement avec des races déjà perfectionnées.

Dès 1824, l'*Ecole vétérinaire d'Alfort* fait l'achat d'un bélier et d'une brebis *dishley* (1) en même temps que d'une brebis southdown. Il s'agissait d'essais à entreprendre en vue de conserver la race pure de Dishley et de croiser ces animaux avec des brebis southdown, flandrines, artésiennes, beauceronnes et mérinos. C'est Auguste Yvart qui est appelé à conduire ces expériences, préludant ainsi à sa carrière de « grand moutonnier ». L'année suivante, l'École reçoit deux béliers et dix-neuf brebis à longue laine, achetés chez M. Wollaston, propriétaire à Dieppe (2).

Les essais se poursuivent activement, mais les spécialistes se rendent compte que les résultats pourraient être de beaucoup supérieurs en employant comme géniteurs les béliers si hautement perfectionnés par les éleveurs anglais.

Yvart entreprit alors de constituer une race de moutons qui pût associer la production de la viande à celle de la laine.

---

(1) *Dishley* (Dishley Grange) est le nom de la ferme exploitée par Bakewel au XVIIIe siècle dans le comté de Leicester.
(2) Railliet et Moulé. *Histoire de l'École d'Alfort.*

Son but était d'obtenir un animal mixte, réunissant dans la meilleure mesure possible, la qualité lainière, la précocité, la bonne conformation. C'est ainsi qu'il conçut le croisement du *mérinos de Rambouillet* et du mouton anglais alors le plus en vogue, le *New-Leicester* ou *Dishley*. On sait que le nom de *New-Leicester* était donné aux moutons améliorés à la suite des travaux de Bakewell, par opposition aux moutons de l'ancienne race, ou *Old Leicester*. Comme il a été dit plus haut, le nom de Dishley est celui de la ferme même exploitée par Bakewell.

En 1832, Auguste Yvart se rend en Angleterre pour y acheter des animaux de la race New-Leicester. A dater de 1834, il procède au croisement des béliers de choix ainsi obtenus, avec de fortes brebis mérinos choisies en Beauce, chez l'un des meilleurs éleveurs de la race, et à Rambouillet. Les opérations ont lieu à la *bergerie de l'Ecole vétérinaire d'Alfort*, où Yvart — inspecteur général des écoles vétérinaires en même temps que des bergeries de l'État — conduisait, déjà depuis une dizaine d'années, les expériences de croisement du Dishley avec quelques races ovines françaises que j'ai mentionnées ci-dessus. Les opérations marchèrent assez vite, car c'est en 1840 que paraît la première annonce de la vente de béliers à Alfort.

« Les métis Dishley-mérinos de demi-sang, écrit Yvart, prirent un embonpoint de beaucoup supérieur à celui que demandent nos bouchers et que recherchent les consommateurs français. La toison était fort abondante ; mais la laine était dure et sèche et ne convenait nullement aux fabricants qui emploient les laines de mérinos.

« Ces défauts de la toison m'engagèrent à la modifier par l'emploi du sang du *mérinos Mauchamp*, dont la laine a, par sa grande douceur, de l'analogie avec le duvet de Cachemire. Seulement, comme la toison du Mauchamp est lâche et ouverte, et qu'il importait de ne pas communiquer ce défaut à la nouvelle race, la préférence fut donnée à un bélier Mauchamp-Rambouillet, qui avait une laine douce et, de plus, une toison tassée.

« Accouplé avec des brebis Dishley-mérinos de demi-sang, ce bélier donna des métis possédant un quart seulement de sang Dishley et trois quarts de sang de mérinos de Rambouillet et de Mauchamp ; en sorte qu'on peut les désigner sous le nom de *Dishley-mérinos-Mauchamp* pour rappeler leur origine. » Les proportions de sang chez ces premiers métis sont exactement les suivantes : un quart Dishley, demi-Rambouillet et un quart Mauchamp.

Le nom de *race d'Alfort* fut très vite attribué à ces animaux si appréciés pour leur laine, leur poids, leur engraissement rapide. Ils deviennent l'objet de ventes annuelles célèbres, qui attirent à Alfort des éleveurs de toutes les parties de la France.

En 1841, le troupeau quitte le domaine d'Alfort, où les ressources alimentaires et les conditions climatériques ne lui convenaient guère. Il est transporté à la ferme de Montcavrel (Pas-de-Calais), près de Montreuil-sur-Mer et, quelques années plus tard, à la bergerie du Haut-Tingry, près de Boulogne (1).

Les ventes annuelles ont lieu à ces établissements, et aussi, en avril ou en mai, à l'École vétérinaire d'Alfort, où les animaux sont expédiés quelque temps avant la vente. Il restait constamment à Alfort un petit troupeau composé de Dishley-Mauchamp. Il est transféré, en août 1860, à la bergerie du Haut-Tingry ; l'École ne conserva qu'un petit « troupeau d'études », qui fut maintenu jusqu'en septembre 1870, puis réformé après 1872. Chaque année, à l'occasion de ces ventes, Yvart publiait des articles destinés à faire connaître les aptitudes de la nouvelle race ; c'est ainsi qu'en 1846, il s'exprimait comme suit :

« Si la race Dishley ne peut convenir dans son état de pureté à nos cultivateurs, il n'en est pas de même des métis que donnent ses béliers avec des brebis de race française et de race mérinos. Les métis anglo-français supportent beaucoup mieux les conditions de notre agriculture ; ils s'engraissent dans un âge moins avancé que nos races françaises, en moins de temps et à moins de frais. Ils sont donc particulièrement convenables dans les exploitations où le parcours est assez peu fatigant, les pâtures assez abondantes et la culture assez avancée pour permettre aux cultivateurs de se livrer à l'engraissement. »

En 1879, la bergerie du Haut-Tingry est supprimée ; le troupeau Dishley-mérinos est envoyé à l'*Ecole nationale d'Agriculture de Grignon*, où il est entretenu depuis cette époque. Il y acquit une particulière renommée sous l'influence de Dutertre, neveu d'Yvart, dressé à l'école du « grand mouton-

___

(1) Création d'une École de Bergers à Haut-Tingry. — Un arrêté ministériel du 14 janvier 1869 décide « qu'il sera créé à la bergerie impériale du Haut-Tingry une Ecole de bergers. L. Dutertre, directeur de la Bergerie, sous-inspecteur de l'Agriculture, Elève des Ecoles d'Alfort et de Grignon, est nommé directeur de cette nouvelle école, à laquelle seront attachés un chef berger, un chef de pratique et un instituteur ayant pour mission d'enseigner la lecture, l'écriture, le calcul et la comptabilité des bergeries.

« La durée de l'apprentissage sera de deux ans. Tous les élèves coucheront dans les bergeries, et à leur sortie de l'Ecole ils recevront un certificat et une somme de 300 francs, représentant le salaire qu'ils auraient pu gagner s'ils avaient été attachés comme bergers à une exploitation agricole ordinaire ».

Le *Journal Officiel* insiste ensuite sur les avantages qui pourraient résulter pour l'agriculture de la création de cette nouvelle école.

'nier de France » et qui, ancien directeur du Haut-Tingry, eut la charge du troupeau comme directeur de Grignon de 1871 à 1882. Depuis près de quarante-cinq ans, les Dishley-mérinos d'Yvart se perpétuent à la bergerie de Grignon, où les ventes annuelles continuent à réunir de nombreux éleveurs venus de divers points du territoire, pour se disputer les meilleurs sujets.

RACE OVINE DE GRIGNON
(DISHLEY-MÉRINOS)

Poids des béliers vendus et résultat des ventes de béliers de 1872 à 1926.

ANNÉES	DATES des VENTES	Poids des Béliers			Prix de Vente			NOMBRE d'animaux VENDUS
		maximum	minimum	moyen	maximum	minimum	moyen	
1872	29 avril....	99	80	90	745	194	350	15 (1)
1873	3 mai.....	100	81	92	1.113	300	610	12 (1)
1874	23 avril....	106	80	97	740	215	520	13 (1)
1875	26 avril....	»	»	»	966	420	549	12 (1)
	31 mai.....	128	91	104	960	378	534	10 (2)
1876	31 mai.....	»	»	»	»	»	»	(3)
1877	12 mai.....	»	»	»	1.648	»	781	11 (4)
	29 mai.....	114	90	101	861	388	525	10 (2)
1878	27 avril....	»	»	»	1.155	462	795	10 (4)
	21 mai.....	»	»	»	777	220	514	10 (2)
1879	28 avril....	»	»	»	1.155	346	601	10 (4)
1880	28 juin	»	»	»	1.186	220	443	10 (4)
1881	9 mai.....	»	»	»	396	231	262	5 (4)
1882	24 avril....	»	»	»	1.060	262	526	15 (4)
1883	7 mai.....	»	»	»	1.365	231	581	12 (4)
1884	6 mai.....	99	74	93,3	756	220	452	15 (4)
1885	4 mai.....	94	80	90,1	703	220	323	13 (4)
1886	3 mai.....	100	79	90,1	903	262	543	15 (4)
1887	9 mai.....	101	77	91,1	556	315	441	16 (4)
1888	30 mai.....	»	»	»	1.470	220	616	9 (4)
1889	20 avril....	95	»	89	1.155	220	507	17 (4)
1890	28 avril....	94	»	87	1.165	462	660	12 (4)
1891	27 avril....	92	71	80,5	1.107	241	648	17 (4)
1892	25 avril....	105	81	95	1.260	325	628	17 (4)
1893	24 avril....	100	81	83	1.155	220	494	15 (4)
1894	30 avril....	100	85	91	1.102	262	467	16 (4)
1895	27 juin	106	83	92	1.417	367	708	18 (4)
1896	27 avril....	108	76	90,3	1.186	220	571	18 (4)
1897	3 mai.....	100	71	86	745	220	354	35 (4)
1898	2 mai.....	97	»	82	2.047	273	634	14 (4)
1899	. ...	»	»	»	»	»	»	(5)
1900	30 avril....	91	76	84	661	220	383	13 (4)
1901	20 mai.....	92	80	84	1.039	220	430	13 (4)
1902	5 mai.....	102	78	91,2	1.210	231	488	10 (4)
1903	5 mai.....	102	80	93	1.518	220	618	16 (4)
1904	28 avril....	106	79	89,7	1.188	231	457	17 (4)
1905	2 mai.....	95	84	86,6	1.045	264	451	16 (4)

ANNÉES	DATES des VENTES	Poids des Béliers			Prix de Vente			NOMBRE d'animaux VENDUS
		maximum	minimum	moyen	maximum	minimum	moyen	
1906	8 mai.......	108	84	94,8	1.111	330	548	15 (4)
1907	30 avril....	102	87	94,6	1.133	225	447	17 (4)
1908	7 mai.....	119	79	94,9	2.310	231	491	17 (4)
1909	6 mai.....	103	81	89,8	902	275	425	17 (4)
1910	12 mai.....	103	82	94,3	467	231	346	17 (4)
1911	9 mai.....	100	83	92,6	660	24	400	13 (4)
1912	30 avril....	102	84	89,6	550	253	338	15 (4)
1913	6 mai.....	105	80	90,1	407	225	293	10 (4)
1914	12 mai.....	106	90	97,9	661	231	313	11 (4)
1915	18 mai.....	90	76	81,3	308	225	243	14 (4)
1916	» ...	»	»	»	»	»	»	(3)
1917	» ...	»	»	»	»	»	»	(3)
1918	11 mai et 1er juin...	82	52	72,6	1.100	230	531	17 (4)
1919	17 mai.....	96	62	75	2.782	451	779	18 (4)
1920	11 mai.....	96	77	87,2	5.885	1.034	2.393	8 (6)
1921	10 mai.....	102	85	94	1.485	770	919	14 (7)
1922	9 mai.....	109	88	99,4	2.310	1.012	1.446	16 (8)
1923	8 mai.....	107	82	91,9	5.005	1.155	2.001	11 (9)
1924	6 mai....	109	89	98,5	2.365	1.100	1.519	16
1925	28 avril....	110	89	98,3	1.402	1.320	1.361	10
1926	27 avril....	102	75	84	2.585	1.375	1.967	11 »

(1) Béliers provenant du Haut-Tingry vendus à Grignon. — (2) Vente à Haut-Tingry. — (3) Pas de vente. — (4) Vente à Grignon. — (5) Pas de vente (fièvre aphteuse). (6) Valeur de la laine : 25 fr. le kilogr. — (7) Valeur de la laine : 3 fr. le kilogr. — (8) Valeur de la laine : 5 fr. 50 le kilogr. — (9) Valeur de la laine : 10 fr. 50 le kilogramme.

En même temps que la race s'affirmait dans les bergeries nationales, plusieurs éleveurs constituaient des troupeaux pour leur propre compte, en partant de reproducteurs achetés aux ventes publiques de l'État. Suivant leur destination particulière, les troupeaux diffèrent un peu les uns des autres, mais ils répondent tous à la formule générale qui a orienté la formation de la race à Alfort et son perfectionnement depuis l'origine : faire de la viande en peu de temps et obtenir des toisons abondantes et de finesse moyenne.

MENSURATIONS

Dishley-mérinos (béliers).

	Jeunes.	Vieux.
Tour de poitrine........	1 m. 12	1 m. 15
Tour du canon.........	0 m. 095	0 m. 085
Longueur totale	0 m. 99	1 m 125

Dishley-mérinos (béliers).

	Jeunes.	Vieux.
Longueur de tronc	0 m. 675	0 m. 72
Hauteur au garrot	0 m. 755	0 m. 77
Vide sous-sternal.	0 m. 37	0 m. 355
Largeur arrière (gigot)	0 m. 30	0 m. 305
Poids, tondu	84 kgr.	92 kgr.
Poids de la toison.	4 kgr. 800	5 kgr. 500
Age.	15 mois.	5 ans.

Brebis.

	Dishley-mérinos.
Tour de poitrine	0 m. 91
Tour du canon.	0 m. 08
Largeur avant	0 m. 27
Largeur derrière	0 m. 28
Longueur totale	1 m. 15
Longueur du tronc.	0 m. 66
Hauteur au garrot.	0 m. 59
Vide sous-sternal.	0 m. 27
Poids, tondue	62 kgr.
Age	2 ans.

PORTRAIT-TYPE DE LA RACE DE GRIGNON.

Race lourde et précoce, apte à la production de la viande et de la laine.

Tête forte, large au niveau du crâne, sans cornes, orbites en saillie ; face de longueur moyenne, lèvres et nez un peu épais. Profil droit ou très légèrement busqué chez le bélier ; chanfrein curviligne.

Oreilles horizontales ou légèrement dressées, jamais tombantes, couvertes de poils fins et courts.

Nuque large.

Encolure courte, ample et arrondie, bien fondue avec les épaules, sans gorge, sans fanon, sans plis ni cravates.

Tronc ample et long.

Poitrine ouverte et descendue; sternum proéminent et épais ; *côte* ronde ; *dessus* (dos et rein) droit et large ; *croupe* horizontale et longue ; *queue* attachée haut. *Cuisses* musclées, *gigot* descendu et bien développé tant dans sa partie interne que dans la région de la fesse. *Ventre* légèrement arrondi, jamais tombant. *Flanc* court.

Membres courts, bien d'aplomb, jamais long-jointés (ou abattus) ; les postérieurs avec un jarret fort, mais bien vertical (ou droit), jamais fermé, ni la pointe renvoyée en haut, ni clos, ni trop ouvert.

Toison étendue, couvrant le haut de la tête jusqu'à une ligne passant par les orbites ou légèrement au-dessus, garnissant les ganaches et le bord postérieur des joues, s'arrêtant au membre antérieur à quelques centimètres au-dessus du

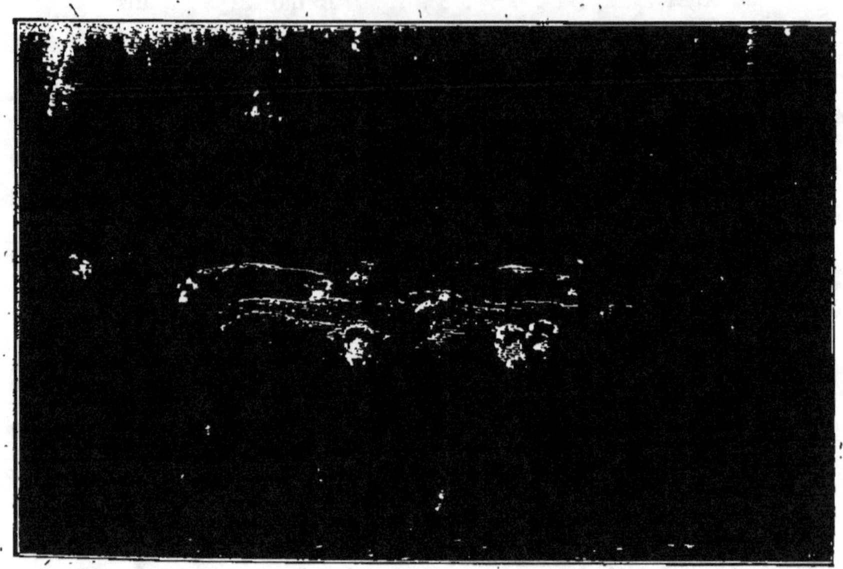

Béliers de la race de Grignon.

genou, revêtant la poitrine et le ventre, laissant ou non les testicules à découvert, descendant au membre postérieur jusqu'au jarret en recouvrant les parties supérieures et latérales de celui-ci et le haut du tendon, en arrière.

L'*aspect général* est celui d'une toison assez courte (12 à 14 centimètres), en mèches régulières, fermées et tassées, élastique sous la pression de la main, ne bouclant jamais à l'extrémité et jamais humide au toucher.

Laine souple, onctueuse, pourvue d'un suint abondant, de couleur jaunâtre, fine, d'un diamètre compris ordinairement entre 30 et 40 μ ou $\frac{m}{m}$.

Durant la première année, les jeunes peuvent avoir une laine courte envahissant les joues et le chanfrein, ainsi que les membres postérieurs ; les jeunes béliers ont les testicules couverts.

Robe blanche : tête et membres couverts de poils fins, de coloration blanc argenté, sans reflets ni taches roussâtres, brunâtres ou autres. Les taches noires, même de petite étendue, sur le corps et les membres, ne sont pas tolérées.

La présence de taches de pigmentation noire aux lèvres, au bout du nez, aux paupières et autres muqueuses et aux oreilles n'est pas une cause de disqualification ; cependant, l'absence de toute trace de pigmentation brune sur les muqueuses et les oreilles est désirable.

CAUSES DE DISQUALIFICATION.

Présence de cornes.

Toison envahissant complètement la face ou le membre postérieur, ou, *a fortiori*, ces deux régions chez les adultes.

Toison laissant la tête complètement nue.

Toison ouverte, en mèches pointues, vrillées à l'extrémité, à brin gros, dur, sec et cassant.

Oreilles minces et transparentes, entièrement dégarnies de poils.

CARACTÈRES A RECHERCHER.

Chez le bélier : la nuque large, le dos droit et épais, les membres écartés, surtout les postérieurs, et bien d'aplomb ; les testicules réguliers et peu descendus, le sillon médian des bourses peu marqué, la tête bien portée, l'allure éveillée.

Chez la brebis : la face longue, les lèvres épaisses, les membres fins, surtout les antérieurs, la peau souple et élastique, la mamelle globuleuse et régulière, les hanches écartées, la croupe longue. » P. D.

Depuis 1878, le nombre des béliers Dishley mérinos vendus à Grignon, pour la reproduction, a été de sept cent six. Ce sont les éleveurs de la Brie, de la Beauce et de l'Ile-de-France qui ont été les principaux acquéreurs de ces animaux. D'autres sont allés en Champagne, en Normandie, dans le Berri et dans presque toute la France.

En voici la répartition :

	Nombre de béliers.		Nombre de béliers.
Seine-et-Marne	115	Somme	24
Eure-et-Loir	88	Aube	21
Seine-et-Oise	78	Marne	17
Aisne	63	Loiret	15
Oise	63	Cher	57
Eure	40	Autres départements	95
Seine-Inférieure	30		

Le rôle de ces béliers et de leurs descendants a été très important pour la création de la nouvelle race ovine de l'Ile-de-France, car nous trouvons sur le registre des ventes des béliers de Grignon les noms de la plupart des propriétaires des départements énumérés précédemment, qui se sont illustrés depuis quarante-cinq ans dans l'élevage des moutons Dishley-mérinos.

Race Southdown. — Le troupeau Soutdown de l'École est antérieur à 1870. En 1873, la vente aux enchères des béliers de l'École comprenait déjà une dizaine d'animaux de cette race. Depuis cette époque, ce troupeau a été entretenu avec soin par l'achat de béliers d'élite chez les principaux éleveurs de Southdown.

S'il n'a pas pris plus d'importance à Grignon, c'est que les efforts de l'École se sont surtout portés vers le Dishley-mérinos, qui était plus demandé et se vendait à des prix plus élevés.

Pendant la guerre, le nombre des brebis Southdown avait été très réduit. Actuellement, il augmente peu à peu chaque année.

Le tableau suivant indique les prix de vente des béliers Southdown, âgés de quatorze à quinze mois, vendus aux enchères à l'École depuis 1873 :

Années.	Poids moyen des béliers.	Prix de vente moyen.	Nombre de béliers vendus.
	Kilogr.	Francs	
1873	»	258	11
1874	»	266	10
1875	»	258	16
1877	»	326	12
1878	»	320	14
1879	»	255	11
1880	»	300	7
1881	»	270	14
1882	»	338	15
1883	»	326	15
1884	»	317	16
1885	»	323	14
1886	»	342	16
1887	»	276	15
1888	»	334	15
1889	»	272	13
1890	»	441	14
1891	71	283	16
1892	85	280	18
1893	78	359	8
1894	76	261	15
1895	80	341	11
1898	»	405	5
1900	75	241	4
1901	65	266	3
1902	83	341	5
1903	76	242	5
1904	74	269	6
1906	85	225	2

Années.	Poids moyen des béliers.	Prix de vente moyen.	Nombre de béliers vendus.
—	—	—	—
	Kilogr.	Francs.	
1908	81	284	8
1909	75	312	5
1910	82	255	5
1911	74	261	4
1912	72	237	8
1913	70	287	5
1914	84	389	9
1915	72	229	3
1918	58	290	3
1919	63	346	2
1920	71	734	3
1921	79	825	3
1922	83	833	5
1923	68	1198	6
1924	78	1166	7
1925	73	1210	8
1926	74	1854	7

Race Dishley. — La race Dishley a joué un rôle assez important en France, depuis plus de cinquante ans, au point de vue de l'amélioration de la production de la viande chez les ovins. De nombreux béliers importés d'Angleterre, ou élevés en France, ont été utilisés pour amplifier la taille et perfectionner les formes de nos races de moutons françaises.

Autrefois, les béliers de race Dishley étaient très demandés à l'École de Grignon, tandis que depuis vingt à vingt-cinq ans, ils le sont beaucoup moins, la préférence des éleveurs étant en faveur du Dishley-mérinos.

Le tableau suivant indique le nombre de béliers de race Dishley, vendus à l'École depuis 1873 :

Années.	Poids moyen des béliers vendus.	Prix moyen des béliers.	Nombre de béliers vendus.
—	—	—	—
	Kilogr.	Francs.	
1872	90	473	10
1873	89	579	10
1874	91	500	11
1875	»	389	10
1877	97	736	10
1878	»	648	10
1879	»	363	10
1880	»	276	14
1881	»	292	10
1882	»	395	11
1883	»	357	15
1884	81	448	10
1885	80	273	12
1886	86	370	8
1887	82	330	7
1888	»	308	12

Années.	Poids moyen des béliers.	Prix de vente moyen.	Nombre de béliers vendus.
	Kilogr.	Francs.	
1889	»	303	7
1890	»	330	9
1891	76	279	5
1892	83	501	8
1893	80	290	15
1894	83	476	10
1895	81	532	11
1896	77	307	14
1897	76	396	11
1898	»	511	10
1900	86	374	3
1901	79	306	5
1902	89	200	5
1903	88	286	5
1904	88	273	3
1906	95	317	3
1907	93	267	3
1908	85	302	5
1909	82	257	4
1910	97	235	2
1912	76	242	2
1913	93	254	3
1914	94	303	3
1915	82	229	3
1918	68	304	3
1923	82	924	1
1924	80	800	2
1925	77	760	3
1926	75	1000	2

Comme les béliers Dishley-mérinos, les béliers Dishley ont surtout été vendus aux éleveurs de la Brie, de la Beauce, de l'Ile-de-France et du Berri, et sur le littoral de la Manche.

Production des animaux de boucherie. — A côté des animaux de races pures dont nous venons de parler, l'École de Grignon possède un troupeau formé de quarante brebis berrichonnes et de vingt brebis appartenant à des races diverses (Oxfordown, Solognote, Larzac, Bizets).

Ces brebis sont utilisées pour la production des agneaux de boucherie en les faisant couvrir par un bélier Southdown. Les jeunes agneaux provenant du croisement Southdown-berrichon sont particulièrement appréciés par suite de leurs beaux gigots arrondis et de la qualité de leur viande. Après avoir été nourris copieusement et engraissés, ces agneaux sont vendus à l'âge de quatre mois et demi à cinq mois ; ils pèsent alors de 35 à 40 kilogrammes vifs. Des croisements Oxfordown-berrichon ont été également expérimentés, mais les agneaux ont été moins appréciés par la boucherie, leur squelette était trop grossier.

PORCHERIE

La porcherie de l'École peut contenir environ cent cinquante animaux. Elle comprend quatre bâtiments construits en appentis, adossés à l'écurie, aux granges et aux

Vue extérieure de la porcherie d'élevage.

magasins dans la deuxième cour de ferme. Ces bâtiments comportent des loges de 2 mètres de côté, donnant, d'une part, sur un couloir d'alimentation intérieur de 1 m. 20 de large, et, d'autre part, dans la cour de ferme ou dans de petites cours fermées par des grilles où les porcs peuvent se promener.

Les auges en fonte, placées dans la cloison du couloir intérieur, sont munies de portes qui permettent de les isoler à volonté des animaux pour ne pas être gêné pendant la distribution des aliments.

Les loges destinées aux truies au moment de la mise-bas sont munies de tringles en fer, fixées à 0 m. 20 des cloisons et à 0 m. 25 de haut pour la protection des petits porcelets qui pourraient être écrasés par les mères.

L'effectif de la porcherie varie, en général, de cent vingt-cinq à cent cinquante porcs, dont vingt-cinq truies appartenant aux races Berkshire, Yorkshire-Large-White, Craonnaise et Limousine.

Depuis plus de cinquante ans, l'École s'efforce de n'avoir que des reproducteurs d'élite, aussi des jeunes porcelets, mâles et femelles, sont vendus dans toute la France et même à l'Étranger. Les porcs qui ne sont pas vendus comme reproducteurs sont élevés, puis engraissés et livrés à l'économat de l'École ou aux charcutiers.

En 1925, soixante-neuf porcelets, mâles et femelles, ont été vendus 52.836 francs pour la reproduction, et quatre-vingt-neuf porcs gras, d'une valeur de 63.810 francs, ont été vendus pour être abattus.

Les principaux aliments utilisés pour l'alimentation des porcs sont, suivant les saisons et les cours : les pommes de terre, le manioc, la farine basse de riz, la farine d'orge, le son, les tourteaux d'arachides, les résidus de la laiterie et de l'économat.

CHIENS DE BERGER.

L'École élève depuis longtemps le chien de berger de Beauce, bas rouge. Avant la guerre, des reproducteurs d'élite avaient été sélectionnés. Malheureusement, ils ont disparu quand on a conduit le troupeau de moutons de Grignon à l'École de Rennes, en 1914.

Depuis 1919, l'élevage du chien de berger de Beauce avait été reconstitué avec de beaux animaux, mais un cas de rage s'étant produit à l'École en 1924, il a fallu abattre presque tous les chiens. Il faut donc reconstituer à nouveau cet élevage.

BASSE-COUR.

La basse-cour comprend des poules, des oies, des canards et des lapins.

Les poules sont installées près du jardin-verger de la Monchère. Des parquets distincts sont réservés aux lots de races pures : Houdan, Faverolles, Bresse, Bourbonnaise, Leghorn, Wyandotte, etc., tandis qu'une centaine de *poules communes* sont groupées dans un grand clos engazonné.

Le poulailler étant exposé au nord-est est peu favorable aux poules, d'autant plus que le sol des parquets est argilo-calcaire et humide. En période pluvieuse et froide, au printemps, la mortalité des jeunes poussins est beaucoup à craindre.

Les clos aux canards et aux oies sont situés derrière la *Machinerie*. Des bassins en ciment, alimentés par de l'eau courante, permettent à ces animaux de vivre dans de bonnes conditions.

L'élevage porte sur le *canard de Rouen*, le *canard coureur indien* et l'*oie de Toulouse*.

C'est la production des jeunes canetons, pour être consommés à trois mois environ, qui est la plus avantageuse.

Enfin, l'École élève également un certain nombre de lapins de races diverses pour la consommation des élèves et du personnel.

LE CENTRE NATIONAL D'EXPÉRIMENTATION AGRICOLE

Par M. L. BRÉTIGNIÈRE.

I. — ORGANISATION GÉNÉRALE

Au mois d'août 1919, M. Félix Laurent, directeur de l'Agriculture, saisissait les représentants de l'Association amicale des Anciens Élèves d'un projet relatif à l'application de la loi du 6 janvier 1919 sur l'intensification de la production agricole. D'après ce projet, le domaine de la ferme extérieure de Grignon allait devenir le siège d'un Centre national d'expérimentation agricole, l'exploitation devant en être confiée à une Société civile constituée par les anciens élèves de Grignon ; la Société passant, d'une part, un bail à ferme avec l'État, d'autre part, une convention avec l'Office régional agricole de la région du Nord, une subvention forfaitaire était allouée à la Société pour la couvrir des dépenses d'expérimentation, un programme d'essais étant arrêté annuellement par une Commission d'Organisation et de Contrôle. Un directeur et des chefs de culture devaient assurer l'exécution du programme arrêté, les produits restant la propriété de la Société.

Le principe de la constitution d'une Société fut accepté par le Conseil d'administration de l'Association des Anciens Élèves, le 20 août 1919 ; les modalités discutées en septembre et octobre. La Société était définitivement constituée le 5 novembre, un bail d'une durée de dix-huit ans avait été signé le 15 septembre, et à la même date une convention passée avec l'Office régional agricole du Nord.

Le Conseil d'administration de la Société civile, présidé par M. E. Rouart, choisissait M. Émile Petit, ancien agriculteur, en qualité d'administrateur délégué. M. Petit proposait à l'agrément du ministre de l'Agriculture M. E. Watier, ancien élève, au titre de directeur de la ferme extérieure, et désignait M. L. Brétignière, professeur d'agriculture à l'École, en qualité de conseil technique de la Société civile.

La Société fut constituée au capital de 150.000 francs, en parts de 100 francs, mais dès décembre 1919, l'administrateur délégué proposait de porter le capital à 300.000 francs. Ce capital fut rapidement souscrit et deux cent quarante anciens élèves ou membres de l'Association devinrent porteurs de parts, dont l'intérêt était garanti par l'État à 6 % net. Ces moyens financiers se trouvaient d'ailleurs insuffisants pour satisfaire aux besoins de l'exploitation ; un emprunt de 100.000 francs remboursable en cinq ans fut souscrit au Crédit Agricole, et enfin un crédit en banque fut ouvert au Crédit Foncier d'Algérie et de Tunisie par les soins de M. E. Philippar.

Du début de l'exploitation à la fin de 1923, la subvention de l'État servit au remboursement des dépenses résultant des frais d'expérimentation, à la constitution du capital d'exploitation, à la remise en état des terres ; à partir du 1er janvier 1924, le montant de la subvention a été basé sur les frais d'expérimentation, sur les diminutions de production résultant des essais. La subvention annuelle a varié ainsi de 95.000 à 100.000 francs.

La Commission d'Expérimentation et de Contrôle, présidée en premier lieu par M. Leroux, inspecteur général de l'Agriculture, a maintenant à sa tête M. Félix Laurent, directeur honoraire de l'Agriculture, inspecteur général de l'Agriculture, chargé des centres nationaux d'expérimentation. Cette Commission comprend un certain nombre d'agriculteurs de la région du Nord, les professeurs d'agriculture et de chimie agricole de l'Institut national Agronomique et de Grignon, le directeur de Grignon, les représentants de la Société civile. La Commission se réunit au minimum deux fois par an, à Paris ou à Grignon, règle les programmes des essais, examine les récoltes, discute les résultats, prend connaissance des rapports. M. Ducomet, professeur de botanique a collaboré aux travaux de la Commission à dater de 1921 et établi sur la ferme extérieure une partie de ses essais relatifs à la pomme de terre.

Afin de mieux suivre les essais, indépendamment des stagiaires, un chef de travaux a été désigné, M. Bonneau, en 1923, M. Jumel, de 1924 à 1926.

Les bâtiments de la ferme extérieure, construits par J. Maisonhaute en 1868, avaient subi très peu de réparations lors de la reprise de la ferme par l'État ; il fut entendu que l'on restaurerait les constructions et qu'un programme général

Habitation du Directeur et réfectoire.

d'aménagement serait exécuté de manière à satisfaire aux besoins de l'exploitation et du centre d'expérimentation. Après des réparations urgentes, notamment à l'habitation du directeur, des logements ouvriers furent aménagés, puis on construisit un bâtiment pour l'étude des semences et les services du centre d'expérimentation, des hangars à récoltes, la forge, des hangars à petit matériel, l'habitation du chef de culture, des logements divers. Toutes ces améliorations, et celles qui suivront, sont réalisées à l'aide des crédits provenant des fonds prélevés sur le pari mutuel ; les programmes de travaux sont arrêtés par le Conseil d'administration de l'École, le centre d'expérimentation établi sur une propriété de l'État étant considéré à ce titre comme une annexe de l'École nationale d'Agriculture.

Le courant électrique a été amené à la ferme par une ligne spéciale branchée sur le réseau de la Société Coopérative de la région Versailles-Ouest, à laquelle la ferme extérieure a adhéré. Le Service du Génie rural, subventionné par les Offices Agricoles, a fait une installation spéciale en vue de déterminer les conditions de la consommation du courant dans les divers appareils de la ferme ; une ligne pour le travail dans les champs est en voie de réalisation.

II. — EXPLOITATION PROPREMENT DITE

La ferme extérieure de Grignon est située sur un plateau à l'altitude de 131 mètres ; les terres sont généralement

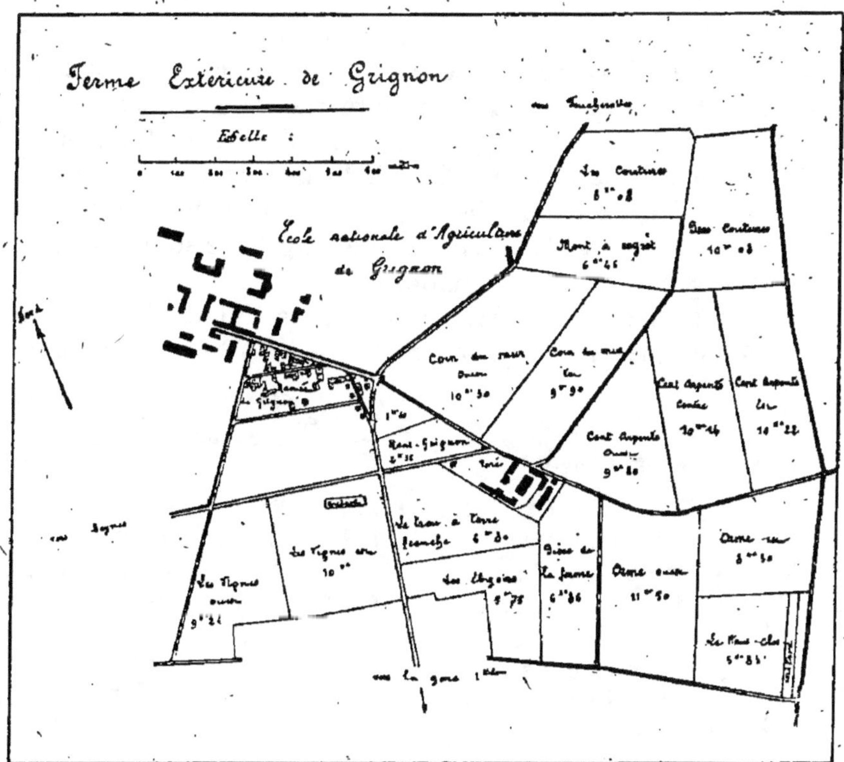

assemblées, sauf 8 hectares environ, dans les parties sud vers la ligne du chemin de fer ; des échanges ont été effectués, des locations supplémentaires passées avec des particuliers, des parcelles achetées par la Société, afin de réduire les enclaves.

Les terres appartenant à l'État représentent 146 ha. 45, les autres 4 ha. 32, au total 150 ha. 77, dont 148 ha. 12 en terres labourables, suivant les désignations ci-après :

1° Coin du Mur Est.....	9.90	13° Les Ebizoirs...........	5.75
2° Coin du Mur Ouest...	10.30	14° Le trou à terre franche	6.80
3° Monte à regret........	6.46	15° Les Vignes Est	10
4° Les Coutures	8.08	16° Les Vignes Ouest	9.24
5° Les Prés Coutures	10.08	17° a) Le Haut Grignon Sud. 2.55	
6° Les Cent Arpents Ouest..............	9.80	b) Le Haut Grignon Nord 1.41	
7° Les Cent Arpents Centre.............	10.14	c) La Sous-Masse.... 3.02	8.86
8° Les Cent Arpents Est................	10.22	d) Le Pont-Cailloux... 1.64	
9° Pièce de l'Orme Est..	8.30	e) La Croix Bagot..... 0.24	
10° Le Haut Clos........	5.83	Soit un total en terres labourables de.....	148.12
11° Pièce de l'Orme Ouest	11.50		
12° Pièce de la Ferme.....	6.86		

La plus grande partie des terres est formée par le limon des plateaux argilo-siliceux à éléments plus ou moins grossiers suivant les points, l'épaisseur de cette couche dépasse deux mètres vers le milieu du plateau ; insensiblement l'épaisseur du limon diminue dans la direction de l'Ouest et surtout du Nord et du Sud, une terre argilo-calcaire apparaît, reposant sur le calcaire grossier, certaines parties des bordures sont nettement pierreuses et très peu profondes.

Des analyses, effectuées par M. Aurousseau, chef de travaux de Chimie agricole à l'École, ont donné les résultats suivants :

	Limon des plateaux.		Premières pentes (Calcaire grossier).	
A) *Analyse physique :*	%	%	%	%
Sable siliceux	22.15	20.25	19.65	25.75
Sable calcaire	1.25	7.50	0.75	10.85
Terre — Sable fin..........	57.50	36.75	61.75	33.50
Argile.............	14.74	25.80	16.20	21.75
fine — Humus	1.035	1.28	1.195	1.32
Calcaire dans les éléments fins........	1.22	0.375	7.65	6.11
Cailloux	»	»	30	33
B) *Analyse chimique :*	‰	‰	‰	‰
Azote....................	1.89	2.03	2.17	2.52
Acide phosphorique........	1.17	0.88	1.84	2.63
Potasse.................	2.54	2.32	2.86	3.62
Chaux en carbonate........	27.50	13.75	160.2	178.25

Après étude de la situation, du genre de cultures à entreprendre, un assolement de quatorze ans a été adopté (primitivement on s'était arrêté à douze ans) : 1re année, plantes sarclées (betteraves ou pommes de terre) ; 2e année, blé ; 3e année, avoine ; 4e année, luzerne ; 5e année, luzerne ; 6e année, blé ; 7e année, plantes sarclées (betteraves ou pommes de terre) ; 8e année, blé ; 9e année, avoine ; 10e année,

Grange, hangar (supprimé), logements (supprimés), bâtiments de sélection (1925).

sainfoin ou autres légumineuses fourragères ; 11e année, blé ; 12e année, avoine ou orge ; 13e année, légumineuses récoltées en grains, betteraves ou carottes à graines; 14e année, blé.

Pour une période de quatorze ans, on a ainsi : 5 blés, 3 avoines, 2 luzernes, 1 autre légumineuse fourragère, 2 plantes sarclées ordinaires (betteraves et pommes de terre), 1 légumineuse à grains (de préférence le pois), soit 8 soles de céréales, 3 soles de prairies artificielles et 3 soles de plantes sarclées.

Cet assolement général est appliqué suivant les circonstances à toutes les pièces se trouvant sur le plateau ; toutefois, une pièce de 12 hectares (Orme-Ouest) a été réservée pour des études sur les assolements ; enfin, les pièces éloignées, en terre de qualité moins bonne, sont soumises à une culture moins coûteuse, comportant céréales, fourrages ou engrais verts enfouis et jachère.

Dans sa première séance tenue à Grignon le 31 octobre 1919, la Commission d'Expérimentation, ayant visité le domaine, avait émis l'avis que la première année fût particulièrement consacrée à la remise en état des terres, l'abondance des mauvaises herbes et notamment du chiendent rendant impossible l'établissement d'un programme d'expériences. A cette occasion, la Commission manifesta le désir que des constatations fussent faites au sujet de la destruction des mauvaises plantes.

En fait, la jachère s'étendit à 69 hectares pour la campagne agricole 1919-1920 ; les années suivantes, il fut nécessaire de recourir à la même méthode pour des terres qui, la première année, avaient été ensemencées en avoine ou en fourrages divers, et l'on doit reconnaître qu'il eût été nécessaire de soumettre intégralement au même régime de 20 à 25 hectares, dont le nettoiement a été vraiment difficile.

Cette jachère de la première année a entraîné des avances importantes et déterminé des manques de récoltes, dont la répercussion a été sensible les premières années ; mais, à tous égards, rien n'est à regretter ; un fermier ordinaire eût dû seulement répartir la remise en état sur quatre ou cinq années.

Les rendements constatés pour les principales récoltes sont de :

	1920 1921	1921 1922	1922 1923	1923 1924	1924 1925	Moyennes de 1920-21 à 1924-25
Blé..............	34 q.40	35 q.80	29 q.50	31 q.60	31 q.50	32 q. 66
Avoine	18 q.95	35 q.50	34 q.30	31 q 20	30 q.60	30 q. 11
Pommes de terre...	8 t.	15 t.	16 t.	18 t.	8 t.9	13 t. 2
Better. fourragères	66 t.	80 t	78 t.	54 t.	88 t.2	73 t. 2
Betteraves à sucre	33 t.	37 t.	35 q.5	29 t.	20 t.5	31 t.
Pois pour semence	»	24 q.	15 q.30	20 q 50	22 q.5	20 q. 6
Luzerne	30 q.	»	67 q.	56 q.	57 q.5	55 q.

Les moyennes font apparaître des résultats intéressants pour le blé, l'avoine et la betterave fourragère, assez satisfaisants pour la betterave à sucre et les pois pour semence, nettement désavantageux pour la pomme de terre.

La répartition des cultures a été la suivante depuis 1920-1921 (en hectares) :

	1920 1921	1921 1922	1922 1923	1923 1924	1924 1925	1925 1926
Céréales :						
Blé	52.21	43.77	55.83	56.42	43.10	55.94
Avoine	18.08	38.00	20.10	26.21	37.68	33.20
Orge...............	»	5.57	1.88	8.08	7.77	»
	70.29	87.34	77 81	90.71	88.55	89.14
Plantes sarclées :						
Pommes de terre ...	10.26	6.08	7	7.47	4	4.80
Betteraves fourragères...............	2	2	2	1.83	2	2.50
Betteraves à sucre..	10.30	10.22	10.14	11.56	12.58	12.24
Cultures pour graines	9.80	18.38	7.80	9	8.30	7.30
	32.36	36.68	26.94	29.86	26.88	26.84
Fourrages :						
Luzerne	29.49	16.86	19.90	20.20	20.52	21.72
Minette, trèfle incarnat, vesces et pois.	12 69	5.83	22.06	7.35	8.12	9.01
	42.18	22.69	41.96	27.55	28.64	30.73
Jachères	1.88	»	»	»	3.05	1.41
	146.71	146.71	146.71	148.12	148.12	148.12

Pour l'exécution des travaux, la ferme extérieure dispose :

1º De neuf chevaux et de huit bœufs de travail de race charollaise ;

2º D'un tracteur agricole et d'un camion Peugeot de 22 CV pour les transports.

La première année, en raison de l'insuffisance des fourrages et de l'importance des façons à effectuer, deux tracteurs avaient été achetés : Filtz et Scemia ; le premier fut utilisé pendant trois campagnes, le second a subi de nombreuses réparations, il est partiellement remplacé par un Fordson de 22 CV.

Les chevaux sont répartis en trois attelées : deux de trois et une de deux chevaux ; un cheval pour le service de la cour. Les bœufs forment deux attelées ; au mois d'août, deux paires de remplacement sont achetées et après les ensemencements d'automne, les quatre bœufs ayant fait vingt-sept à vingt-neuf mois de service sont mis à l'engraissement.

Indépendamment des animaux de travail, l'exploitation possède deux ou trois vaches pour la production du lait nécessaire au personnel de la ferme ; un effectif de trente porcs est entretenu, achetés à trois mois, engraissés et vendus ou livrés à la consommation sur place. Ces porcs utilisent les déchets de pommes de terre, de l'orge, etc.

Plusieurs opérations sur le bétail ont été entreprises au cours de l'hiver : bovins de Normandie en pension, bœufs normands, charollais ou manceaux à l'engrais ; le résultat n'a pas été très lucratif, mais on a trouvé là un moyen de tirer parti de pailles et de fourrages de faible valeur marchande et d'accroître la production du fumier.

Les surfaces à fumer représentent en moyenne de 30 à 35 hectares ; la production du fumier, même avec l'appoint fourni par les animaux engraissés pendant l'hiver, est absolument insuffisante ; aussi, dès la première année, a-t-on passé des marchés de gadoues broyées et triées, qui ont porté sur 500 à 1.000 tonnes par an ; les gadoues reçues de mars à juin sont mises en tas au bord des champs à fumer et transportées sur place aussitôt après la moisson. Ainsi ont été réalisées des fumures organiques de 40 tonnes à l'hectare.

Le personnel permanent de l'exploitation comprend en moyenne : 1 commis de culture, 1 mécanicien chargé de la conduite du tracteur et du camion, employé le reste du temps à la forge, 3 charretiers, 2 bouviers, 1 garçon de cour, 1 jardinier, 5 journaliers, 5 femmes employées à la journée, 1 porchère, 1 basse-courière, 1 cuisinière, soit au total 22 personnes. Au moment des binages et des gros travaux, 2 ou 3 tâcherons supplémentaires complètent l'effectif, hommes et femmes de journée travaillant également à tâche lorsque les circonstances s'y prêtent.

Des dispositions ont été prises pour que des logements convenables soient mis à la disposition du personnel ; on a recherché la main-d'œuvre stable sous forme de ménages auxquels l'habitation, le chauffage, l'éclairage, les pommes de terre et des facilités d'approvisionnement sont accordés. Il reste toutefois une moyenne de quatorze personnes à nourrir. La main-d'œuvre comprend des ouvriers du pays, des Bretons, des Polonais.

La comptabilité de la ferme extérieure comprend, d'une part, la comptabilité de l'exploitation proprement dite; d'autre part la comptabilité de l'expérimentation. Pour la comptabilité de l'exploitation, on trouve un livre-journal, un livre de caisse à colonnes servant au dépouillement du journal par grandes catégories de recettes et de dépenses, un livre de comptes à régler avec acheteurs et fournisseurs ; pour le travail, un livre de la main-d'œuvre et des attelages sur lequel le commis de culture inscrit chaque jour les travaux effectués par les employés de toutes catégories, par les chevaux, les bœufs, etc. Ce livre sert à établir la répartition du travail par pièces et par comptes divers (charrois, travaux d'intérieur, chemins, etc.); un carnet de paie est tenu pour les règlements ; enfin, sur un livre des magasins, sont enregistrés les mouvements de produits.

Indépendamment de cette comptabilité journalière, tous les ans, au 31 décembre, un inventaire est dressé en vue de la présentation du bilan aux membres de la Société civile. Jusqu'au 31 décembre 1923, ce sont les résultats donnés par l'inventaire qui ont servi à déterminer le montant de la subvention de l'Office régional du Nord. Depuis, le compte d'expérimentation est soldé en fin d'année ; il comprend les frais de direction, de surveillance des essais, la rémunération et l'entretien des stagiaires, les dépenses supplémentaires résultant de l'emploi de main-d'œuvre diverse et d'attelages, d'achats de semences, d'engrais, de produits divers, de matériel et enfin les moins-values de récoltes résultant des essais.

Au 31 Décembre 1925, le Bilan s'établissait de la façon suivante :

a) — ACTIF.

1º Espèces en caisse . . . . Fr. 19.836, 93

2º Animaux de trait :
- 8 chevaux . . . . . . Fr. 26.100
- 4 paires de bœufs 38.000

3º Harnachement 6.320

4º Équipages dont 1 camion . . 32.275

5º Instruments de culture . . . 52.500

6º Instruments d'intérieur de ferme et mobilier . . . . 23.198   Fr. 178.393 »

7º Animaux de rente :
- 2 vaches laitières 4.700
- 4 bœufs et 2 vaches à l'engrais 19.000
- 28 porcs 12.170
- Volailles et lapins . . . . 1.520   Fr. 37.390 »

8º Denrées et marchandises en magasins . . . . 211.439 »

9º Avances aux cultures 114.315, 50

10º Participations . . . . 501 »

11º Acquisition de parcelles 6.974, 60

12º Débiteurs divers 48.817, 67

TOTAL . . . Fr. 617.667, 70

b) — PASSIF.

1 Capital d'exploitation . . . . Fr. 300.000 »

2º Créditeurs divers 9.508, 50

3º Crédit Agricole . . . . 40.000 »

4º Crédit Foncier d'Algérie 77.687, 32

5º Intérêts . . . . 23.000 »

6º Report à l'Exercice suivant 167.471, 88

TOTAL . . . Fr. 617.667, 70

Il résulte de ce bilan que le capital d'exploitation (1º à 9º) s'élève à un total de 561.374 fr. 43, soit par hectare 3.774 fr. 45.

Grâce à la comptabilité, des notions intéressantes ont été dégagées par M. Watier pour les deux Exercices 1924 et 1925 : les principales indications sont résumées ci-après :

	1924	1925
	Fr.	Fr.
Frais généraux : moyenne par hectare.	764,13	769,45
Prix de revient de la journée de nourriture (y compris salaires et nourriture cuisinière, aide et jardinier)...........	10,17	11,05
Coût moyen d'une journée d'ouvrier au mois	20,45	22,54
Coût moyen d'une journée d'ouvrier à la journée............................	23,77	23, ⁂
Coût moyen d'une journée de femme..	13,17	12,76
Chevaux, nombre de journées de travail	275	255
Prix de revient de la journée de travail.	14,445	16,10
Bœufs, nombre de journées de travail.	252	248
Prix de revient de la journée de travail.	10,73	11,58
Prix de revient de la tonne de fumier transportée et épandue..............	42,60	36,81
Frais de culture à l'hectare :		
Blé après betteraves à sucre...........	2.430,13	2.816,14
Blé après pommes de terre............	2.524,05	2.724,85
Blé après luzerne.....................	2.094,36	2.268,18
Blé après pois........................		2.898
Escourgeon	⁂	1.836,80
Avoine après blé.....................	1.974,87	2.092
Betteraves à sucre....................	4.165,46	4.436
Pommes de terre.....................	⁂	5.174,50
Pois de semence.....................	⁂	3.412,26
Luzerne.............................	⁂	1.229,30

III. — L'EXPÉRIMENTATION

Six séries de rapports ont déjà été présentées à la Commission de Contrôle et d'Expérimentation par MM. Brétignière, Ducomet, Verchère et Jumel. Ces rapports ont été publiés par les soins de l'Office régional agricole du Nord. En voici les conclusions générales :

Destruction des mauvaises herbes.

En 1920, des *essais de destruction de mauvaises herbes sur terrain nu* furent tentés avec l'acide sulfurique : 1.000 litres par hectare à 15 % d'acide à 65° ne produisirent aucun effet utile sur le chiendent, ni sur les chardons. La cianamide à 1.000 kilogrammes par hectare, le crude ammoniac à 4.000 kilogrammes ne donnèrent aucun résultat. Les plantes étouffantes : vesces, pois, topinambours, furent insuffisantes.

La *jachère* montra sa supériorité incontestable, favorisée d'ailleurs par l'été très sec de 1920 ; partant d'un labour de

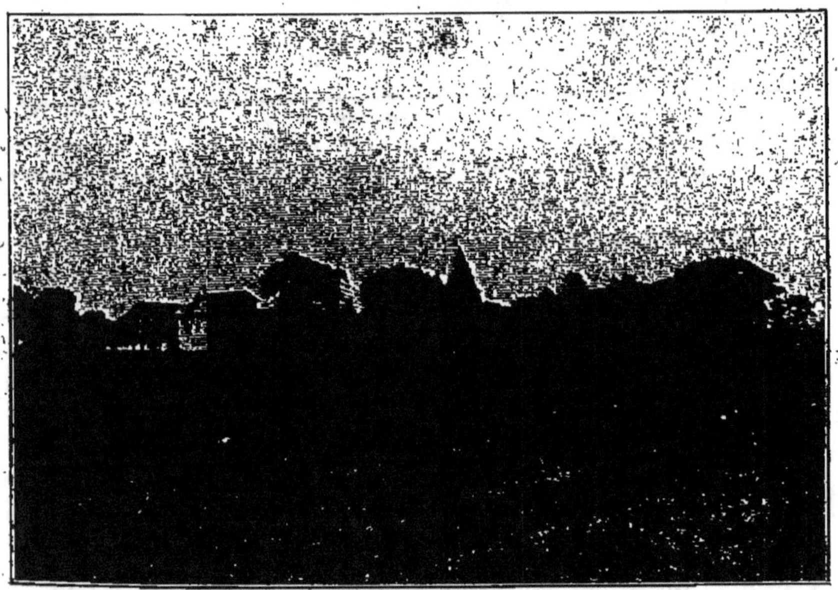

Parc, bâtiment de sélection des semences, grange.

fin d'hiver, cette jachère comporta des façons superficielles au scarificateur, au cultivateur, à la herse, plus tard au pulvériseur, fort apprécié pour la destruction des chardons ; un second labour fut nécessaire vers le milieu de l'été. Partout, on obtint la dessiccation et l'émiettement du chiendent, sans que l'on fût obligé de le ramasser. La dépense résultant des frais de culture fut estimée à 636 francs par hectare.

En 1924, dans une culture de blé, la production a été améliorée par un traitement à la nitroperchlorine à 2 % et 500 litres par hectare ; avec 1.000 litres, l'herbe est détruite, on diminue la production de la paille, sans influer sur le grain ; à 1.500 litres à 2 % ou 1.000 litres à 3 et 4 %, le rendement est déprimé. L'acide sulfurique a une action brutale et, avec un emploi tardif en terre superficielle, provoque une réduction du rendement.

En 1925, un traitement sur blé, effectué seulement le 18 avril, donne lieu aux observations suivantes : le traitement à l'acide sulfurique est efficace contre les mauvaises herbes ; il retarde légèrement la végétation du blé, le grain est moins abondant ; la nitroperchlorine à 2 % et la nitrocuprine à 4 % ont la même action que l'acide sulfurique ; à 2 et à 3 %, la nitrocuprine a été sans effet sur les mauvaises herbes.

Amendements calcaires.

La terre de limon du plateau de Grignon, de nature argilo-siliceuse, manque de chaux. Des essais ont été disposés à l'automne 1921, en vue d'examiner l'influence de diverses substances apportant la chaux : chaux, calcaire moulu, écumes de défécation ; on a appliqué 2.000 kilogrammes de chaux pure par hectare. Les cultures suivantes ont été effectuées : blé, en 1922 ; avoine, en 1923 ; betteraves, en 1924 ; avoine, en 1925.

Les résultats rapportés à 100 pour la parcelle témoin donnent :

	BLÉ 1922		AVOINE 1923		BETT.-RAVES 1924	BLÉ 1925		Moyennes générales
	Paille	Grain	Paille	Grain		Paille	Grain	
Calcaire moulu......	94	90	106	104	95	98	98	97
Écumes de défécation............	99	103	99	107	108	101	94	103
Chaux	114	108	118	111	109	112	88	109
Témoin	100	100	100	100	100	100	100	100

D'une manière générale, la chaux est plus avantageuse, le calcaire moulu employé n'était pas assez pulvérisé ; l'influence est plus sensible sur les pailles que sur les grains et, en 1925, le développement exagéré de la paille dans la parcelle ayant reçu de la chaux a amené une grave perturbation dans la production du grain. Au point de vue économique, la chaux a été payée par les excédents de récoltes obtenus la première année ; le produit des années suivantes constitue un bénéfice net.

Engrais organiques.

L'exploitation possédant un bétail peu nombreux, la production du fumier est insuffisante, et il est nécessaire d'acheter des gadoues. On s'est arrêté, en principe, aux gadoues broyées et triées ; accidentellement sont entrées des gadoues brutes, des boues d'eaux d'égout ; enfin, des moutons sont parqués en compensation de leur parcours sur les chaumes.

Ces fumures représentaient, fin 1922, les quantités suivantes en poids brut et en éléments fertilisants :

PAR HECTARE	FUMIER DE FERME	GADOUES BRUTES	GADOUES TRIÉES	BOUES D'ÉGOUT	PARCAGE par mq
Poids brut...	40.000 kg.	40.000 kg.	40.000 kg.	40.000 kg.	1 anim.1/2 18 heuers
Azote	200 —	180 —	200 —	252 —	270 —
Acide phosphorique...	120 —	236 —	160 —	112 —	112 —
Potasse......	200 —	208 —	252 —	256 –	369 —

Les cultures suivantes ont été prélevées : betteraves en 1923, blé en 1924, avoine en 1925. La parcelle traitée au fumier de ferme étant ramenée à 100, les résultats obtenus s'inscrivent ainsi :

BETTERAVES 1923

	1re série			2e série		Moyennes	
	POIDS brut	SUCRE à l'ha.		POIDS brut	SUCRE à l'ha.	POIDS brut	SUCRE à l'ha.
Fumier	100	100	Fumier........	100	100	100	100
Gadoues broyées	107	102	Gadoues broyées........	103	101	105	101
Boues d'égout..	118	112	Gadoues brutes........	91	84	—	—
Parcage.........	118	93	Parcage........	107	87	112	90

| | Blé 1924. | | Avoine 1925. | | Moyenne des céréales. | |
	Paille.	Grain.	Paille.	Grain.	Paille.	Grain.
Fumier	100	100	100	100	100	100
Gadoues broyées	83	92	107	90	95	91
Boues d'égout........	85	100	101	95	93	97
Parcage.............	106	107	90	92	98	99
Gadoues brutes	79	87	96	87	87	87

Ces résultats sont très intéressants pour l'organisation des fumures de l'exploitation : le fumier a besoin d'être complété par des engrais à action plus rapide, en vue de la première culture ; l'effet des gadoues broyées s'atténue très rapidement ; le parcage intensif ne prolonge pas son action après la deuxième année.

Travail du sol.

On a expérimenté sur betteraves le travail du sol par les procédés ordinaires, comparé au travail exclusif ou partiel à l'aide du motoculteur Somua. En 1921, on a obtenu un excédent de poids brut de 15 %, par reprise au printemps d'un labour d'hiver. En 1922, l'excédent a encore été de 13 %, mais la préparation faite exclusivement au motoculteur (façons d'hiver et façons de printemps) a laissé un déficit de 5 %. L'application du procédé devait être généralisée au printemps 1923, des difficultés d'ordre financier l'ont empêché.

Par contre, il convient de mentionner des insuccès répétés dans la culture des céréales, soit par travail exclusif au motoculteur, sur blé et sur avoine, soit par simple reprise, au printemps, des terres labourées avant l'hiver pour l'avoine ; en 1922, en particulier, on a constaté sur l'avoine une diminution de rendement, malgré un tassement énergique exercé dans les lignes de semis.

Développement du blé.

Dès 1921, des prélèvements de plantes ont été effectués dans les champs de blé pour suivre la formation de la matière sèche et rechercher ultérieurement, grâce à l'analyse, les besoins de la plante en éléments fertilisants.

Ces prélèvements portent sur des surfaces de 0,50 à 1 mètre

carré, et l'on détermine pour chaque époque la constitution des cultures, le nombre de plantes, talles, épis; les plantes sont portés à l'étuve après séparation des racines au collet ; lors des derniers prélèvements, on classe les diverses parties de la plante en tige, rachis, balles et grain.

Il a été possible de se rendre compte de l'allure de la végétation, très variable d'une année à l'autre, variable également

La grange. Culture de blé (1921).

dans les divers champs suivant la nature du sol, la culture précédente et la variété.

La moyenne générale montre que dans les champs de Grignon les cultures de blé sont constituées, de l'épiation à la maturité, par 189 pieds au mètre carré, portant 622 talles et 382 épis ; le tallage pour 100 pieds est de 506 ; 63 % des tiges donnent des épis, 100 pieds portent 202 épis.

Des semailles à avril, puis de mois en mois jusqu'à juillet, la croissance est très variable : le maximum moyen a atteint 1.800 grammes de matière sèche par mètre carré en 1921, de 900 à 1.300 grammes les autres années.

Il a paru intéressant de chercher à établir un rapport entre le développement du blé et les circonstances météorologiques. De ces données qui se réfèrent à Grignon, il résulte que les conditions favorables à la végétation du blé sont :

Des semailles à fin mars, température douce, faible quantité de pluie ;

En avril, température élevée, quantité d'eau modérée ;

En mai, température modérée, faible quantité d'eau (avant la floraison) ;

En juin, température élevée, quantité suffisante d'eau (après la floraison) ;

En juillet, température modérée, quantité d'eau modérée (maturation).

La même étude est poursuivie depuis 1922 sur diverses variétés cultivées, en comparaison, dans le même champ ; les observations moyennes n'ont pas encore été dégagées, mais il existe des différences considérables d'une variété à l'autre, qui se traduisent par des besoins très inégaux. Dans le même ordre d'idées apparaissent des écarts considérables dans la composition des plantes suivant les années ; les travaux en cours permettront sans doute de dégager des renseignements utiles, d'ordre pratique, au point de vue de la fertilisation des terres.

Variétés de blé.

De nombreuses variétés ont été essayées depuis 1921, les rendements ont oscillé entre 25 et 45 quintaux suivant les variétés et les années.

Des observations générales se dégagent des essais. Parmi les blés cultivés sur des étendues importantes :

Vilmorin 23 est actuellement la meilleure variété par l'ensemble de ses aptitudes : facile d'adaptation, tallage important, paille un peu faible, résistance suffisante aux rouilles, atteint par le piétin ;

Paix se placerait ensuite à la ferme extérieure : possibilité de semis plus tardifs, poids élevé des grains, bonne résistance à la verse, assez bonne aux rouilles, exigences développées, paraîtrait mieux adapté aux terres argilo-calcaires qu'aux terres de limon ;

Wilhelmine a toujours fourni des rendements élevés, mais les grains sont petits et les risques d'échaudage subsistent

quoique ce blé se soit certainement adapté au milieu ; la
compacité des épis facilite la germination avant la rentrée
dans les années pluvieuses (1925), la paille est un peu longue ;

Hâtif Inversable a donné plus de satisfaction au début,
demande des semis relativement hâtifs, résiste à la verse,
atteint par le piétin, est très sensible à la rouille jaune, ce qui
a provoqué la réduction des rendements depuis deux ans.

Variétés de blé (1925).

D'autres variétés sont intéressantes : Wilson, rustique,
résistant bien à la rouille jaune, assez bien au piétin, un peu
tardif ;

Oscar Benoist, tenue moyenne pour la rouille jaune,
verse facile, à semer plutôt clair, compensation par le beau
développement des épis et des grains ;

Bon Fermier, très sensible à la rouille jaune, au piétin,
n'est pas adapté aux fortes fumures et reste le blé des terres
moyennes ;

Trésor a une paille longue, est sensible à la rouille jaune,
mêmes caractéristiques agricoles que le précédent ;

Cuirassier, Chevalier, très résistants à la rouille jaune, sont trop tardifs ; à ce titre risquent l'échaudage et occasionnellement la rouille noire; sans quoi, ce sont des blés à possibilités développées ;

New Standard de Webb se caractérise à peu près de la même manière, avec moins de résistance à la verse.

Diverses variétés sont à l'étude, provenant des cultures de MM. C. Benoist, J. Benoist, Schribaux, de la Station de

Vue de l'ouest de la ferme (1924).

Sélection de Montfort-l'Amaury ; elles voisinent avec des types allemands, anglais et danois. Pour les milieux à rendements élevés, il est nécessaire de posséder des variétés pouvant utiliser au maximum les ressources du milieu ; à Grignon, le climat et la nature du sol rendent cette recherche nécessaire parmi le groupe des blés relativement hâtifs ; l'écueil paraît être une résistance suffisante à la rouille jaune.

Sélection des blés.

La méthode généalogique a été appliquée à la préparation des semences de blé, à partir de l'année 1921 : dès la première année, sur les variétés Hâtif Inversable, Bon Fermier, Wilhelmine ; en 1922, sur Paix ; en 1924, sur Trésor ; en 1925, sur Vilmorin 23.

Le développement systématique des travaux a porté, depuis le début, sur 295 familles, dont 195 pour les quatre premières variétés. Sur ces 195 familles, 22 restent en observation ou en multiplication. La présentation pour l'année 1925-1926 est la suivante :

33.390 pieds repiqués, 112 a. 90 en première multiplication pour quatorze familles, 5 ha. 72 en deuxième multiplication pour six familles, 13 ha. 50 en troisième et quatrième multiplication pour trois familles (Hâtif Inversable, 7 hectares ; Bon Fermier, 5 hectares ; Wilhelmine, 1 hectare) ; des semences sélectionnées seront livrées à l'automne 1926, et une installation de triage a été organisée à cet effet. La Société Civile a adhéré au Syndicat des producteurs de Semences sélectionnées.

Culture du blé.

A) *Fumure pour les blés succédant à la luzerne.* — Deux années d'essais :

En 1924, l'application de fumier sur les terres, après les façons de défrichement de la luzerne, a produit d'heureux effets ; la formule d'engrais complets : superphosphate, sylvinite et nitrate de soude, a été supérieure aux engrais incomplets, le nitrate étant mis de très bonne heure au printemps ;

- En 1925, la différence due au fumier a été moins sensible. Dans les parcelles à engrais minéraux, la formule superphosphate (650 kilogrammes) et chlorure de potassium (180 kilogrammes) a fourni de meilleurs produits que les engrais séparés ; l'association scories et chlorure a été moins satisfaisante que l'association superphosphate et chlorure.

B) *Variétés après luzerne.* — La comparaison faite en 1924 et en 1925 portant sur les deux variétés : Hâtif Inversable (hâtive) et Paix (demi-tardive), s'est terminée dans les deux cas à l'avantage de la variété hâtive, en moyenne 3.876 kilogrammes de grains à l'hectare contre 3.442 kilogrammes.

C) *Mode d'ensemencement et époque du semis.* — Les essais ont porté sur Wilhelmine. En 1921, sur terrain simplement hersé et roulé au printemps, le semis ordinaire en lignes distantes de 15 centimètres a donné des résultats supérieurs de 28 % à la moyenne des semis en lignes très écartées (32 centimètres) ou groupées par deux (10-35 centimètres) ou par trois (9, 9, 28 centimètres) ; la supériorité a été encore de 19 % lorsque ces divers semis à grands écartements ont reçu deux binages supplémentaires.

En 1922, le semis à 22 centimètres biné s'est placé en tête,

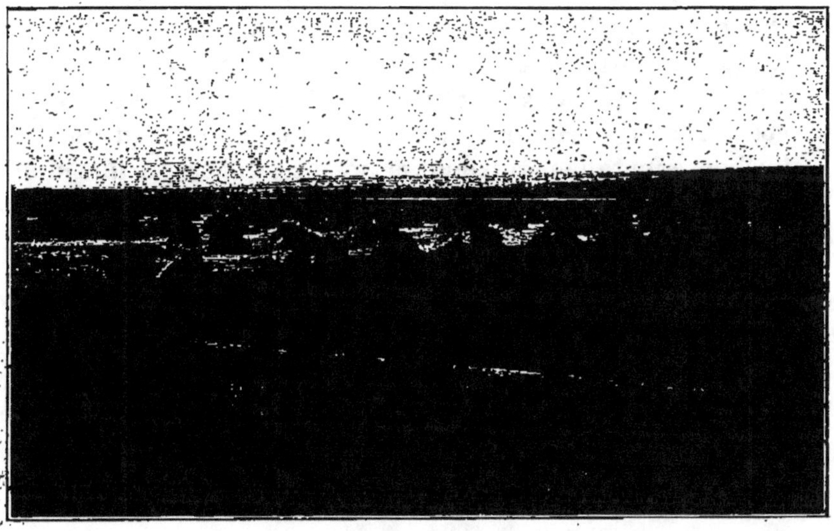

Vue sur le plateau, les Cent Arpents.

les semis en lignes jumelées (groupées par deux à 10-35 centimètres) n'ont pas été meilleurs que le semis ordinaire en lignes distantes de 16 centimètres.

Les indications tirées de ces essais pour la ferme extérieure sont les suivantes : maintien du semis à 15-16 centimètres dans les terres en état moyen de culture et quand les possibilités de binage sont douteuses ; ensemencement à 22 centimètres dans les terres en parfait état, et sur une étendue en rapport avec les possibilités réelles de binage (matériel, main-d'œuvre, conditions climatiques moyennes) ; études à poursuivre sur les semis en lignes jumelées.

D) *Ecimage.* — Un essai a été effectué au printemps 1921 sur un blé de jachère, particulièrement inquiétant par son exubérance précoce. L'écimage relativement hâtif (23 avril) a donné un bon résultat, ne diminuant pas la quantité récoltée ; un écimage pratiqué seulement neuf jours plus tard — temps très sec — a provoqué une diminution de rendement de 19 %.

Développement de l'avoine.

Le développement de l'avoine est suivi depuis 1922 sur les variétés Grise de Houdan et Jaune de Von Lochow, ensemencées en grande culture, d'après la méthode mise en pratique pour le blé. Le nombre des talles et des panicules au mètre carré fait ressortir très nettement les aptitudes différentes des deux variétés, considérées au seul point de vue du tallage. Houdan continue à taller jusqu'en juin. Von Lochow a un tallage restreint et précoce, qui assure une montée très régulière de panicules bien constituées, chargées de grains. Des chutes de rendement sont à redouter si Von Lochow est semé trop clair, Houdan se défend mieux et garnit le terrain.

Ces considérations permettent d'expliquer les variations dans la production de la matière sèche : deux fois sur quatre, fléchissement avec Von Lochow pour un semis clair ; pour Houdan, une exagération du nombre des panicules paraît préjudiciable au développement de la plante.

Variétés d'avoine.

Les essais poursuivis depuis la création du Centre ont permis de dégager la valeur de la variété Von Lochow : rendements élevés (35 q. 40 de 1922 à 1925), écorce mince, régularité du développement, bonne résistance à la verse ; utilisée en grande culture dans les pièces devant recevoir un ensemencement de luzerne. Cette variété se montre supérieure à la Grise de Houdan qui, dans le milieu considéré, ne paraît pas susceptible d'atteindre des rendements aussi élevés sans danger de verse (32 q. 53 de 1922 à 1925). Ligowo-Brie (36 q. 43), solide, productive, a contre elle l'épaisseur des écales (32 % contre 26 % pour Lochow et 25 % pour Houdan).

A côté, on a enregistré de bons résultats avec Victoire et Mansholt ; les essais sont poursuivis sur un certain nombre de variétés allemandes, anglaises, danoises et suédoises.

Culture de l'avoine.

A) *Préparation des terres.* — En 1921, des essais sur labours ont montré l'avantage des façons exécutées en novembre par rapport à celles de janvier, excédent de 4 quintaux de grains ; des labours à 25 centimètres par rapport à ceux de 15-20 centimètres, excédent de 4 q. 3. Les terres à avoine sont labourées d'octobre au début de décembre et à une profondeur de 25 centimètres.

B) *Engrais potassiques.* — La sylvinite employée à raison de 250 kilogrammes par hectare a procuré un excédent de 2 q. 4 par hectare. Cet engrais paraît plus efficace sur l'avoine que sur le blé, et le poids du grain à l'hectolitre est amélioré.

Variétés de betteraves.

A partir de 1921 des essais ont été disposés, portant sur la comparaison d'un certain nombre de variétés de betteraves à sucre ; les graines ont été prélevées sur des lots commerciaux et ensemencées sur deux à quatre parcelles suivant les années.

Des constatations moyennes, au point de vue de la production du sucre par hectare, résulte le bon classement des variétés Desprez, Legland, Mennesson A, Sébline, parmi les graines françaises, Schreiber, Rabbethge, parmi les graines allemandes.

En groupant les résultats obtenus de 1922 à 1925, on obtient les moyennes suivantes :

	Poids brut à l'hectare.	Sucre %	Sucre à l'hectare.
Variétés françaises....	34.033 kg.	17,66	6.010 kg.
— étrangères....	32.273 kg.	17,89	5.774 kg.

Ces renseignements viennent à l'appui des observations faites par d'autres expérimentateurs en ce qui concerne la valeur des graines obtenues en France.

La pomme de terre (1).

En raison de l'accroissement d'intensité des maladies de dégénérescence, la Commission d'Organisation a décidé,

______

(1) Note de M. Ducomet, professeur à Grignon.

dès 1921, de mettre dans son programme l'étude expérimentale de la pomme de terre. Il nous est apparu immédiatement que tout en réservant la plus large place à des essais concernant les méthodes pratiques de lutte contre la dégénérescence, des essais parallèles concernant les autres maladies importantes méritaient d'être entrepris. D'autre part, le développement menaçant de la *galle verruqueuse* dans plusieurs des pays qui nous entourent, ou dans lesquels nous allons chercher des semences, devait être pris en sérieuse considération. Comme le seul procédé de lutte actuellement connu se résume dans la substitution de variétés résistantes aux variétés susceptibles, il nous a paru opportun de chercher à rassembler le plus grand nombre possible de variétés étrangères authentiques, dont la résistance a été éprouvée dans les milieux où sévit cette dangereuse maladie. Ces variétés devaient être mises en comparaison avec les variétés communément cultivées en France, de façon à permettre à l'agriculteur de se faire une opinion motivée sur leur valeur. Pendant que ces essais comparatifs devaient être entrepris au Centre, il était logique de chercher à connaître le degré de sensibilité ou de résistance des variétés françaises. Il devenait dès lors indispensable de cultiver au Centre d'Expérimentation le plus grand nombre possible de ces variétés, pour envoyer des échantillons dans les stations d'épreuve des pays à galle qui voudraient bien nous prêter leur concours. La question de la synonymie se posait par ce fait même, il y avait là une complication qui ne devait pas nous arrêter si nous voulions arriver à des données d'une précision indiscutable.

Il était à prévoir qu'il se pouvait en France ce qui s'était passé ailleurs, à savoir que bon nombre de variétés de résistance éprouvée ne donneraient pas satisfaction aux exigences de la culture et du commerce, que la création de variétés nouvelles deviendrait une nécessité pratique. Cette création ne pouvait pas entrer dans le programme du Centre d'Expérimentation, mais le Centre était tout désigné pour soumettre à l'épreuve culturale les créations de la *Station de Phytopathologie et Phytogénétique*, annexée au Service de Botanique de l'École.

Le même travail d'hybridation était dans notre programme de recherches, dans le but d'obtenir des variétés de haute résistance au *Phytophtora*. Ici encore, il importait de rassembler les variétés de différents pays, connues pour leur faible sensibilité à la maladie. Les hybrides créés à l'École, grâce à l'intervention desdites variétés, toujours grossières, devaient ensuite être soumises à l'expérimentation culturale.

Il devait être procédé de même, au point de vue dégénérescence, pour les formes nouvelles obtenues, soit par semis simple ou répété, soit par croisement.

Pour des raisons multiples donc, et plus spécialement pour raison de galle verruqueuse et de *Phytophtora*, une collection de variétés étrangères s'imposait. Une collection de variétés françaises s'imposait de même pour raison de synonymie et de comparaison générale et particulière. Cette collection, facile à établir de prime abord, était en fait très pénible si l'on ne voulait pas perdre de vue le but final d'ordre économique autant que scientifique. Il fallait de toute nécessité faire porter la comparaison sur des formes en bon état sanitaire. L'étude des variétés devenait inséparable de l'expérimentation concernant la dégénérescence.

Dégénérescence et sélection. — La preuve ayant été faite que la dégénérescence est déterminée par un ensemble de maladies contagieuses incurables, héréditaires, à aggravation progressive, que la sélection paraît être le seul procédé de lutte, nous nous sommes efforcés d'appliquer à la grande culture les données résultant d'essais faits en petit dans le Jardin d'Expériences du Laboratoire.

Plusieurs années de suite, vérification a été donnée de ce fait expérimental que le choix des tubercules après récolte, au moment de la germination, était inopérant vis-à-vis de ces maladies. Le triage d'après l'état des germes permet l'élimination des plantes faibles ou atteintes de filosité, mais la filosité est foncièrement indépendante de la dégénérescence ; les tubercules à germes normaux peuvent engendrer des plantes gravement atteintes d'enroulement ou de frisolée. Seule, la multiplication isolée des plantes saines est efficace.

Dès le début des expériences, les deux modes de sélection désormais classiques : *sélection individuelle* et *sélection massale*, ont été essayés comparativement. La sélection en masse elle-même a été employée avec ou sans suppression préalable des touffes malades. L'épuration sanitaire répétée de la culture d'origine s'est montrée efficace, à la condition d'être faite tôt et dans une culture peu atteinte. L'expérience a prouvé que dans le cas d'une culture atteinte à un degré élevé, la sélection pouvait être intéressante pour retarder le déclin, mais qu'elle était inopérante pour le maintien en bon état sanitaire. Quant à la sélection individuelle, elle s'est également révélée très pénible dans le cas d'un fort pourcentage de plantes dégénérées ; dans de telles conditions, le choix des élites est toujours hasardeux, en raison des facilités de contamination. Un tel choix demande à être fait dans des parcelles peu atteintes.

Pour réduire au minimum les possibilités de contamination de la descendance, nous nous sommes arrêtés au système d'élevage des lignées dans une culture de betteraves, lesdites lignées étant séparées par la largeur d'un train de semoir. En raison du nombre des variétés, et par conséquent du nombre des lignées à constituer au début, nous ne pouvions pas songer à un écart plus grand. Malgré son peu d'amplitude, nous avons pu nous assurer de la possibilité de maintien en bon état, grâce à l'épuration sanitaire répétée chaque année. Il est indispensable, après avoir choisi les meilleures lignées issues des élites, d'éliminer chaque année les touffes devenues malades sous l'effet de contamination nouvelle. *La sélection en masse doit se poursuivre indéfiniment dans les familles issues de plantes saines.*

Aujourd'hui, le travail de sélection est complété par la récolte hâtive, avant maturité. Qu'il s'agisse du choix des élites, de l'élevage des familles issues des élites supérieures ou même de la sélection massale ordinaire, les expériences poursuivies depuis trois ans nous autorisent à recommander la récolte du plant un mois au moins avant l'époque normale de maturité.

Nous considérons désormais comme prouvée la possibilité pratique de maintien en état de productivité grâce à la sélection. Le changement des semences peut être évité grâce à la continuelle sélection des plantes mères. Des expériences de dépaysement répétées ont montré à maintes reprises la supériorité des plants issus de sélection sur place sur les plants d'importation originaires de milieux réputés pour la qualité de leurs semences.

Filosité. — L'ampleur donnée à nos essais de sélection individuelle nous a révélé dès 1922 que la filosité, comme la dégénérescence classique, avait son siège dans la touffe mère.

C'est l'état de la touffe qui décide de l'état des germes sur l'*ensemble* des tubercules. L'élevage des lignées nous a de même montré cette année que la cause de l'anomalie paraît remonter à la touffe grand'mère. Des expériences ultérieures nous révéleront peut-être des données utiles au point de vue des méthodes à mettre en œuvre pour lutter contre ladite anomalie.

Phytophtora. — Depuis le début de nos essais, nous avons eu deux années sans *Phytophtora* (1921 et 1923) et trois années à *Phytophtora* (1922, 1924 et 1925). Les fortes invasions de ces trois dernières années nous ont permis de vérifier une fois de plus l'efficacité des traitements cupriques. La bouillie bourguignonne à 1,5 et même 1 % est parfaitement efficace, à la condition d'être employée en *temps opportun*. La recherche expérimentale de ce moment opportun a fait l'objet de nos préoccupations. La question présente d'autant plus d'intérêt que les traitements sont coûteux et que l'époque des invasions peut varier beaucoup d'une année à l'autre (3-5 septembre en 1922, 16 juillet en 1924-1925). Nous avons donc repris nos observations et expériences anciennes touchant la marche des invasions de l'Ouest à l'Est. Il nous apparaît de plus en plus certain que, grâce à une liaison avec de bons observatoires de l'Ouest, la période dangereuse peut être prévue assez à temps pour permettre de traiter à un moment convenable. Quant à la durée d'efficacité du traitement, l'expérience acquise au cours des deux dernières années nous permet d'affirmer qu'elle peut durer quarante jours, même en période pluvieuse. Lors de la répétition des traitements dont le moment doit être déterminé par le temps et la rapidité de pousse, il est inutile de se préoccuper des feuilles primitivement traitées ; seuls, les nouveaux organes doivent être protégés.

Le premier traitement est le plus difficile à effectuer, surtout s'il doit être effectué tôt, parce que, tout au moins chez certaines variétés, telles que Saucisse, Industrie, Triumph, etc., la plante jeune est attaquée dans les sommets des tiges et les pétioles plutôt que dans les folioles ; une pulvérisation abondante s'impose pour bien mouiller les axes.

Autres maladies cryptogamiques. — Les deux maladies les plus importantes sont la *verticilliose* et la *rhyzoctoniose*. Les expériences du Centre ont nettement montré la réalité de la transmission par le plant. Dans le cas de *verticilliose*, le choix des plantes et la récolte anticipée constituent une méthode de lutte efficace. Mais cette efficacité est fonction de la sensibilité de la variété. Dans nos essais, Eigenheimer et Splendo parmi les Hollandaises, Juli et Fruhe rosen parmi les Allemandes, Express et Nithsdale parmi les Anglaises, Early Oheo parmi les Américaines, Jaune Ronde et Institut de Beauvais parmi les Françaises, se sont révélées particulièrement sensibles.

En ce qui concerne la *rhyzoctoniose*, la sélection au champ ne peut donner que des résultats partiels, parce que les symptômes ne sont pas toujours visibles en cours de végétation. Nos expériences de désinfection de la semence à l'aide d'un produit capable de remplacer le bichlorure de mercure doivent être continuées.

LES VARIÉTÉS.

A) *Variétés commerciales.* — Nous n'avons pas pu rassembler tout ce que nous aurions désiré pour établir la synonymie, parfois fort embrouillée, des variétés communément cultivées en France. Nous avons tout de même pu établir l'identité d'une série de variétés telles que les suivantes : Reine des Celtes et Saucisse, Reine Blanche et Institut de Beauvais, Dorothée et Rosa, Imperator et Czarine, Petite Rouge et Merveille d'Amérique, Abondance de Montvillers, Ohm Paul, Populaire et Eigenheimer, Mondiale, Andrea et Industrie, Grosse du Gâtinais et Ursus, Nationale et King Edouard, Triomphe du Nord et Roode Star, etc.

D'accord avec M. Foëx, directeur de la Station centrale de Phytopathologie, un certain nombre de variétés françaises les plus connues ont été envoyées à l'épreuve de la galle verruqueuse, en Angleterre et aux États-Unis. Grâce à l'amabilité des directeurs des Stations d'Ormskirk et de Freeland (Pensylvanie), nous avons pu recueillir des documents précieux, quoique non décisifs encore pour un certain nombre d'entre elles, telles que Czarine, Merveille d'Amérique, Hollande, Blanchard, etc. Des variétés d'une très grande importance pratique se sont révélées sensibles à un très haut degré parfois. Tel a été le cas pour Saucisse, Violette d'Auvergne, Institut de Beauvais ; elles ont le même défaut que plusieurs variétés étrangères très répandues, telles Wohltmann, Early Rose, Industrie.

La galle verruqueuse est malheureusement arrivée sur un point de notre territoire (vallée de la Bruche, dans le Bas-Rhin). Nos prévisions se sont réalisées. Les introductions de variétés résistantes que nous avons faites à partir de 1921 nous ont heureusement permis d'apprécier la valeur d'un certain nombre que nous nous sommes efforcés d'essayer dans le Sud-Ouest et de faire essayer dans d'autres parties de la France. Nous signalerons notamment Triumph parmi les Hollandaises, Hindenburg parmi les Allemandes, Arran Comrade, Bloomfield, Kerr's Pink, Bishop parmi les Anglaises.

Au point de vue spécial de la résistance au *Phytophtora*, nous devons signaler Irish Chieftain et Shamrock parmi les Anglaises, Favouriet et Roode Industrie parmi les Hollandaises.

в) *Variétés nouvelles*. — Les multiples semis effectués dans notre Jardin d'Expériences nous ont donné des formes dont les meilleures ont été soumises à l'expérimentation culturale du Centre. Les résultats obtenus sont tels que nous ne voyons pas la possibilité de régénération par la méthode du semis simple ou répété. Vis-à-vis de la dégénérescence, la sensibilité est plutôt accrue que diminuée. Sauf de très rares exceptions, il nous a été impossible d'obtenir des formes nouvelles identiques à la variété mère. Aucune forme supérieure n'a été obtenue.

Par contre, les essais, en partant de l'hybridation, commencés avec la collaboration de M. Crépin, aujourd'hui directeur du Centre de Recherches agronomiques de Clermont-Ferrand, ont été continués avec le concours de M. Schad, chef de travaux de botanique ; nous avons obtenu une série de formes dont quelques-unes sont pleines de promesses au point de vue productivité, qualité, résistance au *Phytophtora*. Elles sont actuellement soumises à l'épreuve de la résistance à la galle verruqueuse. L'expérience culturale continue ; il serait imprudent de se prononcer actuellement sur leur valeur économique, comparée à celle des variétés similaires.

PROGRAMME DES COURS
CONFÉRENCES
ET APPLICATIONS

A. *Chaires Magistrales :*
Agriculture.
Botanique.
Chimie agricole.
Économie rurale.
Génie rural.
Technologie agricole.
Zootechnie.

B. *Maîtrises de Conférences :*
Apiculture.
Économie forestière.
Entomologie et zoologie agricole.
Géologie et minéralogie.
Horticulture.
Hygiène sociale.
Mathématiques appliquées.
Physique et chimie générale.
Viticulture et œnologie.

CHAIRES MAGISTRALES

AGRICULTURE

Professeur : M. L. Brétignière.
(120 leçons).

Le cours d'agriculture a pour objet la *production des plantes de grande culture* (plantes alimentaires, plantes industrielles, plantes fourragères) : *agriculture spéciale.* Cet enseignement est particulièrement développé en deuxième année ; il s'appuie sur des notions générales acquises pendant la première année d'études : *agriculture générale*, et qui sont relatives à la plante, au climat, au sol, aux moyens d'améliorer les sols, aux procédés culturaux. Dans une troisième partie, sont examinées les conditions de la production agricole dans les diverses régions de la France, dans l'Afrique du Nord et dans quelques pays étrangers : *agriculture comparée* et *géographie agricole.*

Le cours d'agriculture ne constitue ainsi qu'une partie de l'enseignement se rapportant à la production végétale : l'horticulture, la viticulture, la sylviculture le complètent à cet égard. D'autre part, l'enseignement général sur la plante, sur le climat, sur le sol, sur les engrais et les amendements, est donné en botanique, en météorologie, en chimie agricole ; de même, l'agriculture laisse à la pathologie végétale et à la zoologie agricole le soin de traiter en détail les maladies et les ennemis des plantes.

Ainsi dégagé, le cours d'agriculture a comme caractéristique principale la réalisation de la production, et s'il ne lui appartient pas d'étudier les conditions économiques générales qui président à cette production, il utilise les notions acquises pour traiter l'agriculture comparée.

L'enseignement est donné à l'amphithéâtre, au laboratoire, à l'extérieur. Des notes polycopiées, des tableaux, de véritables résumés de certaines parties du cours, complètent la documentation ou allègent l'enseignement théorique, de manière à mettre en relief les choses essentielles. Au laboratoire, sont particulièrement étudiées les plantes, les diverses variétés, les semences. A l'extérieur, les collections, les champs, les travaux, les récoltes.

Parallèlement à cet enseignement théorique et pratique, se déroule l'enseignement de la pratique manuelle, par lequel on se propose d'initier les élèves à l'exécution des principaux travaux agricoles.

Enfin, des visites d'exploitations variées, des excursions de plusieurs jours permettent d'étudier les diverses productions agricoles dans des milieux différents.

Un stage obligatoire de vacances, d'une durée minimum d'un mois, entre la première et la seconde années, facilite la mise au point de l'enseignement général de première année, et assure une bonne préparation à l'enseignement spécial de seconde année ; ce stage de vacances donne lieu à la rédaction d'un rapport et d'un journal.

PROGRAMME DES LEÇONS

Introduction. Caractères de l'agriculture. Définition. — Importance des plantes de grande culture. — Connaissances exigées, théoriques et pratiques. Rapports avec les autres enseignements. — Divisions du cours. Méthodes et moyens de travail.

AGRICULTURE GÉNÉRALE
(60 LEÇONS).

1° *Étude générale des plantes de grande culture :* Groupes, produits obtenus, quantité et qualité. — Amélioration, procédés généraux. — Conditions de développement des plantes. — Les semences : qualités, examen, préparation. — Le système radiculaire, le système aérien. — Exigences générales des plantes.

2° *L'atmosphère et le climat :* Les principaux facteurs du climat. — Influence des circonstances climatériques sur la production et sur les travaux. — Divisions climatériques : France, Afrique du Nord.

3° *Les sols* (agrologie) : Définition. Formation des sols :

a) Le sol au point de vue physique : constitution, éléments, propriétés ;

b) Le sol au point de vue chimique : éléments principaux, solution des sols, pouvoir absorbant, réaction ;

c) Le sol au point de vue biologique : phénomènes principaux.

Le sous-sol : nature, influence sur le sol. — Fertilité et stérilité des terres.

Classification : types divers, bases adoptées. — Étude sommaire des principaux groupes de sols : siliceux, argileux, calcaires, humifères (caractères, propriétés, amélioration générale, utilisation).

4° *Amélioration des sols par les amendements et par les engrais :*

a) Amendements. Définition, groupes. — Amendements siliceux, argileux : caractère accidentel. — Amendements calcaires : rôle général, conditions d'emploi. Chaux, marne, craie, calcaire moulu, produits marins, résidus industriels. — Amendements divers : plâtre, sulfate de fer, cendres ;

b) Engrais. Définition. Groupes.

Fumier ; excréments des animaux, litières, pertes à l'étable, fabrication, soins à donner, quantités de fumier produites, emploi. — Engrais liquides : urines, purin. — Parcage. — Excréments des animaux de basse-cour. — Composts, vases, etc. — Engrais verts. Résidus des récoltes. Goémons. Eaux résiduaires. — Produits de vidange. Gadoues ou boues de ville. Eaux d'égout. — Engrais organiques commerciaux : d'origine végétale, tourteaux, résidus divers ; d'origine animale, chair, sang, débris divers, laines, poissons. — Engrais minéraux azotés : nitrates de soude, de chaux, d'ammoniaque ; sulfate d'ammoniaque, chlorure d'ammonium ; urée ; crud ammoniac. — Engrais minéraux phosphatés : os, phosphates, superphosphates, scories de déphosphoration. — Engrais minéraux potassiques : résidus divers, sels de potasse d'Alsace, sylvinite, chlorure de potassium, sulfate de potasse, nitrate de potasse. — Engrais commerciaux composés : types, discussion de leur emploi, mélanges à la ferme. — Produits divers.

Considérations générales sur les engrais ; rôle des divers engrais ; quantités à employer. Les engrais et les autres facteurs de l'amélioration des rendements.

5° *Procédés culturaux :*

a) Mise en culture des terres et améliorations foncières : défrichement. dérochement, épierrement, assainissement, irrigation ; terrains tourbeux, terrains salés.

b) Travaux de préparation des terres. Labour, objet, moyens employés. Labours moyens, labours profonds et fouillages, labours légers. Largeur des bandes, inclinaison. Labour en billons, en planches, à plat; Direction des raies. État du sol. Époque et nombre des labours. Surfaces labourées. Prix du labour. — Quasi-labours (scarifiages, extirpages, pulvérisages). — Hersages. Roulages. — Combinaison des divers travaux — exemples. — Méthodes spéciales de préparation des terres. Système Jean, système Bouhier ; de Glanz ; fraisage. — Culture mécanique : conditions de l'emploi, méthodes employées.

c) Travaux d'ensemencement et de plantation. — Conditions générales des semailles : époque des semailles, quantité de semence, profondeur d'enfouissement. — Modes de répartition des semences. — Exécution des travaux : à la volée, en rayons, en poquets ; semis en pépinière et repiquage. — Plantation des tubercules. Plantation des porte-graines.

d) Travaux d'entretien. Objet, but. — Travaux divers, sarclage, échardonnage, hersage, binage. — Destruction des mauvaises herbes par les procédés chimiques. — Buttage.

e) Travaux de récolte et conservation des produits :

1° Fourrages. Époque de la coupe, coupe, fanage, rentrée des fourrages. — Conservation des fourrages à l'état sec : meules, hangars, fenils; compression. — Conservation des fourrages à l'état vert. Ensilage, fourrages à ensiler, transformations, silos horizontaux, silos verticaux, résultats obtenus.

2° Céréales. Coupe, javelage, liage, tas de gerbes, rentrée, conservation (meules, hangars, granges). — Égrenage à la main, dépiquage, battage mécanique. — Nettoyage et préparation des grains.

3° Tubercules. Arrachage, conservation.

4° Racines. Arrachage, conservation.

6° *Notions sur les assolements et les successions de culture.*

AGRICULTURE SPÉCIALE

(48 LEÇONS).

A) *Plantes alimentaires :*

1° Céréales. Importance. — Froment ou blé. Généralités, importance, caractères, végétation, causes de diminution des rendements (accidents, maladies, animaux nuisibles). — Variétés : classification, caractères, choix, mélanges de blés. Amélioration. — Place dans les assolements et dans la succession des cultures. Préparation des terres. Exigences et engrais. —

Semences, choix, préparation. Semailles. — Soins d'entretien. Récolte, rendements.

(Le même programme est suivi pour l'étude des autres céréales : seigle, orge, avoine, maïs, millet, sorgho, riz, sarrasin.)

2º Légumineuses alimentaires : haricot, fève, lentille, pois, soja.

3º Pomme de terre : importance, répartition, caractère de la plante, développement. — Maladies, situation actuelle de la culture, améliorations. Ennemis divers. — Variétés : caractères, rôle. Place dans les assolements. Préparation des terres. Exigences et engrais. — Mode de multiplication, choix des tubercules, plantation. — Soins d'entretien. Récolte. Rendement. — Topinambour (étudié ici par analogie de culture.)

B) *Plantes industrielles :* Situation générale, importance, groupes :

1º Betterave industrielle. Évolution de la culture, répartition ; caractères de la plante, développement. — Variétés, choix. Amélioration de la plante et production des semences. — Sols. Place dans les assolements et dans les rotations. Exigences et engrais. Préparation des terres. Ensemencement. — Soins d'entretien. Récolte. Rendements ;

2º Chicorée à café, tabac, houblon ;

3º Plantes oléagineuses : colza, navette, œillette ;

4º Plantes textiles : lin, chanvre, coton ;

5º Plantes diverses : cardère.

c) *Plantes fourragères :* Importance, rôle, groupes :

1º Plantes sarclées fourragères. Betterave, carotte, panais, navet, rutabaga, chou, citrouille ;

2º Fourrages annuels. Rôle général. — Trèfle incarnat, vesces, pois, féveroles, maïs. — Renseignements généraux sur les autres plantes utilisées ; mélanges fourragers ;

3º Prairies artificielles. Luzerne, sainfoin, lotier corniculé, ajonc, graminées et plantes diverses. — Trèfle des près, trèfle hybride, trèfle blanc, minette, anthyllide ;

4º Prairies temporaires. Rôle, caractères, mélanges ;

5º Prairies naturelles. Définition, importance, groupes. — Flore des prairies naturelles. Caractères généraux des plantes, légumineuses, graminées, plantes diverses :

a) Prairies de fauche, situations occupées, répartition, création des prairies, entretien, exploitation, rendements ;

b) Herbages, importance, groupes herbagers, création, exploitation, entretien ;

c) Pâturages et pacages, entretien, exploitation ;

6° Feuillards et ramilles. Essences employées, essences dangereuses, Utilisation.

AGRICULTURE COMPARÉE ET GÉOGRAPHIE AGRICOLE
(12 LEÇONS.)

Étude complémentaire des assolements et des rotations. Établissement d'un programme d'exploitation.

Étude des principales régions agricoles de la France : caractères, sols et climat, facteurs économiques, principales productions, orientation actuelle, améliorations, exploitations-types. — Vexin, Artois, Flandre, Thiérache, Soissonnais, Brie, Beauce. — Champagne, Lorraine, Alsace, Jura, Bourgogne. — Nivernais, Sologne, Berry, Touraine. — Limousin, Auvergne, Causses, Cévennes. — Dauphiné, Alpes, Provence, Bas-Languedoc, Roussillon. — Pyrénées, Béarn et Pays Basque, Landes, Armagnac, Vallée de la Garonne. — Quercy, Périgord, Charentes, Poitou. — Bretagne, Maine et Anjou, Normandie. — Étude des principales régions de l'Afrique du Nord : Tunisie, Algérie, Maroc. — Étude des productions de quelques pays étrangers.

ENSEIGNEMENT PRATIQUE

a) APPLICATIONS AU LABORATOIRE.

Examen général des plantes de grande culture : céréales, plantes à tubercules, plantes industrielles, racines fourragères, fourrages divers. Caractères généraux, parties utiles, indications sommaires sur la culture. — Semences : pureté, faculté germinative, essais. — Examen des principaux types de sols. — Engrais et amendements. — Semences de plantes adventices. — Étude des principales variétés de céréales, pommes de terre et plantes-racines. — Sélection des céréales, de la pomme de terre, des betteraves industrielles. — Étude détaillée des fourrages, plantes et semences.

b) APPLICATIONS A L'EXTÉRIEUR.

Visite des terres du domaine de l'École et de la Ferme extérieure de Grignon. — Examen des principales cultures à diverses époques de l'année, travaux en cours, succession des opérations. — Examen des plantes de la collection. — Visites aux champs d'expériences et de sélection. — Étude des plantes adventices aux diverses phases de leur développement.

c) Travaux pratiques.

Description des harnais, modes d'attache. Harnachement du cheval. Description des différentes parties des voitures. Attelage des chevaux. Conduite. — Harnachement du bœuf. Conduite. — Description et réglage des charrues à la ferme, sur le terrain. Labours à l'araire, à la charrue à avant-train, au brabant double. — Scarifiages, hersages, roulages. — Semailles à la volée, au semoir en lignes. — Chargement et épandage du fumier. Épandage des engrais. — Sarclages, binages, démariage des betteraves, buttage. — Plantation des pommes de terre à la main et à la charrue. — Faux, battage, montage, emploi, fauchage des prairies naturelles, des prairies artificielles. Procédés divers. — Fauchage et fanage mécanique. Bottelage du foin. — Récolte des céréales, coupe, liage, moyettes et tas de gerbes. — Égrenage des céréales, nettoyage et préparation des grains. — Récolte des pommes de terre et des betteraves.

Ce programme réparti sur les deux années d'études est sanctionné par un examen général spécial à la fin de chaque semestre.

d) Visites et excursions.

Visite de fermes dans les environs de Grignon. — Visite de fermes dans la région de Paris. — Participation à la grande excursion annuelle. — Visite de la Foire des Semences de Paris. — Visite de l'établissement d'un marchand-grainier.

BOTANIQUE

Professeur : M. Ducomet.
(120 leçons.)

L'enseignement de la Botanique comprend la Botanique générale (Morphologie, Physiologie, Biologie), la Génétique et la Pathologie.

Il est donné sous forme de leçons théoriques et d'applications au laboratoire et sur le terrain.

A. — ENSEIGNEMENT THÉORIQUE

Il est donné en 120 leçons dont 80 en première année (Botanique générale) et 40 en deuxième année (Génétique et Pathologie.

I. — MORPHOLOGIE

1° Organisation générale de la plante. La cellule et les tissus.

2° Les parties fondamentales du corps des plantes vasculaires. Les appareils.

3° Les Phanérogames :

A) Morphologie générale.

a) Étude de l'appareil végétatif. — L'axe jeune et l'axe âgé. — La feuille. — Les bourgeons. — La ramification de la tige et de la racine. — Relations entre les trois membres : feuille, tige et racine. — Principales variations de racine, tige, feuille et bourgeon. — Durée des membres. Leur séparation.

b) Les inflorescences ;

c) La fleur et le bourgeon floral.

B) Reproduction.

Appareils sexuels. Pollinisation. Fécondation. — Développement de la graine et du fruit. — Dissémination des semences et germination.

C) Morphologie comparée.

Étude des principaux groupes. — Caractères généraux. Plantes utiles et plantes nuisibles :

a) Monocotylédones. — Liliacées, Palmiers, Graminées, etc. ;

b) Dicotylédones. — Dialypétales : Légumineuses, Rosacées, Crucifères, Renonculacées, etc. — Gamopétales : Labiées, Solanées, Composées, etc. — Apétales : Polygonées, Chénopodées, Cupulifères, etc. ;

c) Gymnospermes. — Conifères.

4° Les Cryptogames :

a) Cryptogames vasculaires. Organisation générale des Filicinées, Equisétinées et Muscinées :

b) Thallophytes. — Algues. Organisation générale, mode de vie, algues utiles. — Bactéries. Organisation générale, mo de de vie, reproduction, classification. — Champignons. Organisation générale. Principaux groupes. Champignons comestibles, champignons vénéneux. — Lichens.

II. — PHYSIOLOGIE

a) La plante au triple point de vue mécanique, physique et chimique. Principes généraux des constructions végétales. Gaz, liquides et solides. Mécanisme des échanges. La composition chimique et l'aliment ;

b) L'alimentation carbonée ;

c) Fixation de l'azote de l'air ;

d) L'alimentation liquide. Absorption racinaire et absorption extra-racinaire ;

e) Circulation de l'aliment terrestre et mouvement général de l'eau. Transpiration, sudation, circulation de la sève brute ;

f) Assimilation. Circulation de la sève élaborée. Réserves nutritives ;

g) Respiration ;

h) Désassimilation ;

i) Chaleur végétale.

III. — BIOLOGIE

1º Étude générale de l'évolution de la plante :

a) Germination. Développement de la plantule en plante adulte. Durée des plantes ;

b) Les phases du développement des plantes annuelles ;

c) Développement des plantes pluriannuelles. — Le rythme végétatif et les phases du cycle évolutif. — Emmagasinement des réserves, repos, réveil, feuillaison, fructification, maturation, arrêt de végétation.

2º Étude générale des rapports des plantes avec les facteurs du milieu :

a) Influence de la chaleur, de la lumière, de l'électricité, de l'eau, de l'aliment ;

b) Étude générale de la répartition des espèces :

1º Le sol et la distribution des plantes ;

2º Le climat et la distribution des plantes ;

3º Aire géographique des espèces. Naturalisation. Spontanéité et acclimatation. Origine des plantes cultivées.

IV. — GÉNÉTIQUE

1º Généralités. Espèces et hybrides. Petites espèces, variétés, sortes, lignées. — Hérédité, adaptation, atavisme, dégénérescence ;

2º Variation du type pur :

a) Fluctuation et variations héréditaires. Variation progressive et saltation. Variation sexuée et variation gemmaire ;

b) Sélection conservatrice. Conditions favorables et conditions défavorables au maintien des formes. Sélection massale et sélection individuelle ;

c) Sélection améliorante. Triage de formes ou amélioration vraie. Comment provoquer des variations ?

3º Croisement :

a) Définitions. Possibilités. Effets. Caractères et classification des hybrides ;

b) Étude de la descendance. Mendélisme et néo-mendélisme. Naudinisme. — Segrégation par semis et disjonction végétative ;

c) Buts du croisement. Utilisation des hybrides ou de leur postérité. Pratique du croisement. La sélection des produits de croisement ;

d) Les croisements naturels ;

e) De l'hybridation végétative ;

4º Histoire génétique sommaire des principales plantes cultivées.

V. — PATHOLOGIE

1º Introduction. Les limites de la pathologie. Classification des maladies.

2º Maladies cryptogamiques :

a) Considérations générales sur le mode d'action des parasites. La propagation des maladies, la prédisposition, les modes de préservation, les méthodes de lutte directe ou indirecte. Le problème de la résistance. — Rôle des causes actuelles dans la dispersion des maladies. Maladies nouvelles. Extension des maladies anciennes. Le problème de l'aggravation ;

b) Étude des principales maladies fongiques et de leur traitement (cette étude est faite en passant successivement en revue les principaux types dans chacun des grands groupes : Myxomycètes, Chytridiacées, Péronosporées, Ustilaginées, Urédinées, Basidiomycètes, Ascomycètes, Sphaéropsidées, Mélanconiées, Hyphomycètes, Champignons stériles) ;

c) Les principales maladies bactériennes.

3º Quelques maladies de nature problématique. Maladies à virus. Maladies de dégénérescence.

4º Parasites phanérogames. Cuscutes, Orobanches, Gui.

5º Accidents ou maladies non parasitaires. — Les blessures

et leur traitement. Grêle et foudre. Gel et dégel. Insolations.
Variations brusques de température. Empoisonnement et
asphyxie.

Répartition des leçons.

| 1re Année. | | 2e Année. | |

1re Année.

Par semaine : 2 leçons de 1 h. 1/2 jusqu'au 1er Mars.
1 leçon de 1 heure, et 1 leçon de 1 h. 1/2 après le 1er Mars.

2e Année.

Par semaine : 2 leçons de 1 heure jusqu'au 1er Mars.
1 leçon de 1 h. 1/2 après le 1er Mars.

1re Année		2e Année	
Organisation générale de la plante.	3 heures	Génétique.......	20 heures
Parties fondamentales du corps...	3 —	Pathologie	20 —
Morphologie générale des Phanérogames	12 —		
Reproduction des Phanérogames ..	9 —		
Morphologie comparée des Phanérogames	14 —		
Cryptogames	9 —		
Physiologie........	18 —		
Biologie	12 —		
	80 heures		**40 heures**

Total général : 120 heures.

B. — ENSEIGNEMENT PRATIQUE

a) Les applications de 1re année comportent 50 séances de laboratoires d'une durée de 2 h. 1/4 et 10 herborisations de 3 h. 1/2.

Les applications de laboratoire sont consacrées à l'anatomie
et à la morphologie florale des types les plus importants.

Les herborisations ont lieu à partir d'avril. Elles ont pour
but de familiariser les élèves avec la connaissance des plantes
dans leurs stations naturelles. Cette étude leur est facilitée par
l'existence d'un Jardin botanique où ils peuvent contrôler leurs
déterminations et faire toutes comparaisons utiles aux divers
stades de développement. Un herbier est exigé en fin d'année.

b) Les applications de 2e année comportent 30 séances de
2 h. 1/4. Elles sont consacrées à la Pathologie et la Génétique.

Les maladies des plantes cultivées sont étudiées au double
point de vue des caractères extérieurs et des causes déterminantes :

Examen de collections et d'échantillons frais, étude mycroscopique des champignons parasites.

Au point de vue génétique, les élèves sont initiés à la pratique de la Sélection et du croisement.

CHIMIE AGRICOLE

Professeur : M. J. Dumont.

(50 leçons.)

Le cours de chimie agricole comporte une cinquantaine de leçons et conférences, qui sont faites aux élèves de deuxième année. Il a pour principal objet l'étude chimique de la terre arable (agrochimie) et des êtres vivants (biochimie), celle des matières fertilisantes et des moyens de fertilisation du sol (agrotechnie), dont l'application rationnelle implique la connaissance des besoins impérieux des plantes cultivées (biotechnie). L'enseignement est à la fois théorique et pratique.

Le professeur développe surtout la chimie agrologique et la chimie végétale et animale, réservant pour les conférences spéciales certaines questions de chimie analytique, qui n'ont pu trouver place dans le cadre du cours.

ENSEIGNEMENT THÉORIQUE

INTRODUCTION

Définition et objet de la chimie agricole. — La science agronomique ; son histoire. Exposé critique des doctrines anciennes et modernes. — Les milieux naturels : l'atmosphère et le sol ; leur action respective sur le développement des plantes. — Les facteurs du rendement. — La végétation et les climats. — Données écologiques.

AGROCHIMIE

La terre arable : définitions et généralités. Structure, organisation et fonctionnement.

I. — LA STRUCTURE DU SOL.

Aspect du sol en place.

Agrégats terreux : Constitution des « agrégats terreux »,

matériaux de remplissage (sables), matériaux d'agglutination (colloïdes) et de floculation ;

Enduits de revêtement : Constitution physique et chimique. — Analyse et synthèse des enduits et des agrégats terreux ; leur rôle respectif dans l'organisation générale des sols cultivés. — Anastomose des enduits : points de conjugaison ;

Espaces lacunaires : Figuration, détermination, répartition et distribution des « espaces lacunaires » ; espaces inter et intra-grumeleux, situation et mesure ;

Formation des terres arables ;

Matériaux constitutifs : Débris rocheux et débris terreux ; séparation, origine et rôle. — Sables, sablons et limons.

1° *Origine des matériaux :*

a) Désagrégation des roches. — Travail mécanique et physique de pulvérisation : pulvérisation sèche et pulvérisation humide. Travail de décomposition chimique. Kaolinisation. — Travail de dégradation biologique ;

b) Phénomènes sédimentaires. Sols authigènes et sols allothigènes ; données caractéristiques ;

2° *Séparation des matériaux :*

Analyse physique : Dosage des sables, du calcaire, de l'argile (colloïdes) et de l'humus. — Méthodes de sédimentation et de centrifugation ;

Analyse minéralogique des sables (qualitative et quantitative) : Séparation des principales espèces minérales par sédimentation et par centrifugation au sein de liquides appropriés ;

Analyse chimique : Éléments métalloïdiques et métalliques. Analyse intégrale et analyse officielle. Dosage des éléments assimilables et disponibles. — Interprétation des résultats analytiques. *Classification et nomenclature agrologiques.*

II. — LES COMPOSANTS DU SOL.

Distinction entre les composants originels et les composants dérivés :

A) *Minéraux originels :* Éléments siliceux (sable quartzeux et silice amorphe). Éléments silicatés (sableux, sablonneux et limoneux). Origine, constitution, propriétés et caractères généraux ;

B) *Minéraux dérivés :* Le calcaire ; son origine chimique et biologique ; ses caractères physiques, chimiques, minéralogiques ; ses propriétés et son rôle agrologique. Vitesse spécifique d'attaque ;

c) *Matières humiques* : Débris végétaux, humus originel et dérivé. Humification : érémacausis et putréfaction. Nature, constitution et propriétés de l'humus. La matière noire : humates et humophosphates ; composition et synthèse ;

D) *Matières colloïdales* : Des colloïdes en général ; origine, caractères et propriétés : colloïdes d'hydrolysation, d'épigénisation et de précipitation. — Hydrogels et complexes colloïdaux du sol. — Composition et rôle des colloïdes naturels. — Rôle général des composants du sol.

III. — LES FONCTIONS DU SOL.

Fonctions propres et fonctions de relation. Aperçu historique :

A) *Fonctions physiques* : données générales :

1º Du sol considéré en lui-même (propriétés intrinsèques). Texture, densité, adhérence et cohésion particulaire. État meuble et état motteux. Caractéristiques générales ;

2º Du sol dans ses rapports avec les milieux et les agents extérieurs (propriétés extrinsèques). — *Données agrophysiques* : porosité et capacité fluidique (imbibition ou hydro-absorption et hygroscopicité). — Circulation fluidique : mouvement de l'air et de l'eau (perméabilité). Réserves aqueuses du sol et du sous-sol (formation, situation, importance). Causes et agents susceptibles de modifier la texture ou les caractères physiques. — *Données agrothermiques* : échauffement et température du sol, dessiccation et retrait. — Mouvement du calorique. — Météorologie du sol ;

B) *Fonctions chimiques* : données générales :

1º Actions dissolvantes et hydrolysantes. Eaux de drainage, de déplacement et d'épuisement ;

2º Actions décomposantes et mobilisantes. — Action de l'acide carbonique, des sels dissous, etc. sur les minéraux, originels et dérivés. Décomposition chimique des limons et des colloïdes minéraux. Transformation sur les composants issus des roches remaniées sédimentaires. — Mécanisme et agents de mobilisation. Mobilisation de la potasse ;

3º Actions absorbantes et rétrogradantes. — Preuves de l'absorption ; rôle des éléments colloïdaux. Absorption directe et absorption indirecte ; rôle prépondérant du calcaire et des humates calciques. Caractères distinctifs des propriétés absorbantes : « absorption » et « adsorption ». Marche générale de l'absorption ; ses conséquences au point de vue pratique. — Théorie de l'absorption ;

4° Actions précipitantes et épigénisantes. Réactions normales et anormales. — Origine de la matière noire et des enduits de revêtement des particules sableuses. Conséquence de l'activité biochimique : les gaz et les eaux du sol ;

c) *Fonctions biologiques :*

1° La microflore et la microfaune. — Bactéries et protozoaires ; numération, développement et influences antagoniques. — Causes de destruction et d'exaltation. — Facteurs limitatifs. Désinfectants et stérilisants ;

2° Les ferments du sol : ferments humificateurs, ferments nitrogénateurs, ferments nitrificateurs et dénitrificateurs. — Étude spéciale de l'humification et de la minéralisation de l'humus : ammonisation, nitrosation et nitratation. — Conditions favorables et défavorables à l'activité biologique de la terre arable. — Nitrogénation et sidération au point de vue pratique ; enrichissement des sols en azote.

BIOCHIMIE

Aperçu général sur la biologie : morphologie, physiologie, chimisme biologique. — Données biochimiques : matières organiques et organisées. — Principes immédiats : hydrates de carbone, graisses, substances protéiques, etc. — Travail cellulaire : assimilation et désassimilation. Évolution de la matière organisée. Phénomènes diastasiques. — Rôle agricole de la plante : « appareil de synthèse ». Phytochimie ou chimisme végétal. — Rôle de l'animal : « appareil de transformation ». Zoochimie ou chimisme animal. — Données biotechniques. — La chimie en génétique ; les biodéterminants ;

A) LE CHIMISME VÉGÉTAL (PHYTOCHIMIE).

I. — Constitution de la matière végétale :

1° Composition élémentaire : les éléments plastiques et les éléments catalytiques ;

2° Composition organique : nature, séparation et caractères généraux des principes immédiats figurés ou dissous ; protoplasma, leucites et suc cellulaire. — Composés binaires, ternaires et quaternaires : essences, hydrates de carbone, acides et corps gras, matières protéiques et chromogènes ;

3° Composition minérale : état et répartition des substances inorganiques contenues dans les végétaux. Données analytiques et numériques. Tableaux divers.

II. — *Formation de la matière végétale.*

a) Fonctions de nutrition : matériaux mis en œuvre. Aliments naturels et artificiels ; leur détermination. Rôle de l'air, de l'eau, du sol et des engrais dans la vie des plantes. Influence des agents physiques : chaleur, lumière, radiation, etc. — Assimilation du carbone, de l'hydrogène, de l'oxygène, de l'azote (libre ou combiné) et des matières minérales. Mécanisme de l'absorption radiculaire. Isomorphisme physiologique. — Conditions naturelles de nutrition ; capacité digestive et assimilatrice des racines. Coefficient d'utilisation des végétaux cultivés ; leur importance pratique. Besoins de la végétation et rationnement intégral ;

b) Fonctions de synthèse : les agents naturels de la phytosynthèse ; rôle essentiel de la chlorophylle et rôle probable des diastases. Analogies chimiques :

1°. Méthodes synthétiques de progression. Synthèse des hydrates de carbone (glucides) : hexoses, sucres condensés, amidon, cellulose, pentosanes et hexosanes. Synthèse des matières grasses (lipides), des glucosides et corps analogues. Synthèse des substances azotées (protides et dérivés) ;

2° Méthodes synthétiques de transformation. Produits d'oxydation et d'hydratation (acides, aldéhydes, alcools mixtes, etc.). Variations et mutations possibles des groupements fonctionnels, constance relative des radicaux carbonés ;

3° Méthodes synthétiques de régression. Dédoublements moléculaires et désassimilation. Régression partielle et régression intégrale. Formation générale des acides et des alcalis végétaux, etc.

Phénomènes de migration. Circulation et localisation des matériaux élaborés. — Coefficient d'élaboration et vitesse de migration.

III. — *Évolution de la matière végétale.*

A) *Données générales.* Courbes de croissance, courbes de nutrition. — Facteurs de croissance ; leur rôle et leur subordination. — Étude du développement des plantes au point de vue chimique : germination, croissance, fécondation et maturation ;

B) *Données pratiques.* Développement de quelques végétaux de grande culture exploités pour leurs feuilles (fourrages), pour leurs graines (céréales) ou pour leurs racines (betteraves). Plantes arbustives. — Variations observées dans la production de la matière végétale ; causes déterminantes et limitatives.

Interprétation scientifique des résultats : humidité, sécheresse, rationnement. Nécessité de connaître les courbes des intensités nutritives et les exigences alimentaires des cultures. Besoins de la végétation aux différents âges. Répartition des principes élaborés et des aliments consommés. Conséquences pratiques et données numériques.

B) LE CHIMISME ANIMAL (ZOOCHIMIE).

1º *Constitution des tissus animaux:* Sang, muscles, os, cartilages, nerfs, etc. Répartition des organes et des tissus chez les animaux domestiques ;

2º *Zoochimisme digestif:* Métabolisme des *glucides*, des *lipides* et des *protides*. — Transformation des aliments, démolition et reconstitution des protéides. — Utilisation des hydrates de carbone, des graisses, etc. Biodéterminants et insuffisances fonctionnelles. Équations matérielles et énergétiques ;

3º *Chimie bromatologique:* Les aliments au point de vue biochimique ; qualités physiologiques et vitaminiques. — Valeur nutritive des principes immédiats, chimiquement et physiquement isomères ; influence de la structure, de la morphologie (amidon) et de la gangue (membrane cellulosopectique). — Vitesses d'hydrolysation et vitesses de combustion. — Composition chimique des aliments. — Données calorifiques).

Rationnement normal ; ses conditions et ses modalités. — Régime et thérapeutique alimentaires.

AGROTECHNIE

I. — LES DONNÉES GÉNÉRALES.

Définition de l'agrotechnie. — Procédés anciens et modernes d'amélioration des sols ; désinfection des terres fatiguées, lasses ou intoxiquées. — Exemples à citer. — Causes d'infécondité. — Conditions d'hygiène, de fertilité et de richesse.

Les qualités du sol: Qualités intrinsèques et extrinsèques. Sols productifs et sols fertiles. — Bonnes conditions de productivité ; moyens d'appréciation ; richesse globale, richesse disponible, richesse utilisable. — Déterminations analytiques : niveau cultural. — Situation, répartition et évolution des richesses actives et passives.

Les matières fertilisantes: Utilité des amendements et des engrais. — Sources d'approvisionnement : 1º amendements calciques, argileux et sableux ; 2º engrais simples, minéraux et organiques, à base d'azote, d'acide phosphorique, de potasse et de chaux.

Classification générale et nomenclature. — *Engrais humiques :* fumier de ferme de matières fertilisantes à base de tourbe, engrais terreux (compost, gadoues) et divers. — *Engrais combinés phospho-organiques ;* caractéristiques et préparation. — *Engrais basiques* (chaux, magnésie) et phospho-basiques. — *Engrais chimiques* et synthétiques, azotés, sulfatés, phosphatés, etc. — *Engrais biologiques.* — Produits. stimulants et radio-actifs.

II. — LES PROCÉDÉS D'AMÉLIORATION.

Aspects du problème : améliorations physiologiques, biologiques, physiques et chimiques :

A) *Améliorations physiologiques :* Aération, assainissement et humectation du sol.. — Utilité des travaux d'ameublissement. Effets physiques et biologiques des façons ameublissantes : exaltation de l'activité chimique ; accroissement de la perméabilité et des réserves alimentaires utilisables ; emmagasinement de l'eau et meilleure circulation des gaz ; épuration et nettoyage du sol. — Labours profonds, labours superficiels, quasi-labours et binages. — Travaux de pulvérisation et de tassement : hersages et roulages. — Importance des façons culturales et des façons d'entretien comme amendements physiologiques. Données numériques. Conséquences pratiques à déduire. — Améliorations foncières. — Assainissement et drainage. Irrigations. ⟩ Effets physiques, physiologiques, chimiques et biochimiques ;

B) *Améliorations biologiques :* Inoculation et ensemencement du sol. Activité biochimique et fertilité. Sol actif et sol inactif ; causes déterminantes : réaction et fatigue du milieu, anéantissement ou paralysie des colonies microbiennes utiles. Désinfection possible de la terre et destruction des protozoaires : ingrédients efficaces. — Désintoxication du sol par la jachère travaillée et l'apport de composés antagoniques ou antidotes ; rotation culturale. — Réensemencement ou inoculation par des apports de terreau, d'engrais fermentés ou de cultures microbiennes appropriées. — Données expérimentales ;

C) *Améliorations physiques :* Faciliter et rendre possible la floculation des agglutinants et la formation des agrégats terreux. Cas des sols simples : sableux, sablonneux, limoneux, et des sols composés. Rôle amendant des engrais calciques et des engrais salins. Données expérimentales. Chaulage des terres fortes ;

D) *Améliorations chimiques :* Assurer un bon rationnement et contribuer à la production et à l'enrichissement de la matière noire. Cas particuliers à examiner pour l'application des fumures de fond (normales) et des fumures complémentaires :

1º Fertilisation d'un sol riche en un élément donné : *a)* terrains riches en azote ou en humus passif ; *b)* terrains riches en potasse passive ; *c)* terrains riches en acide phosphorique ; *d)* terrains riches en chaux ou en calcaire ;

2º Fertilisation d'un sol pauvre en un élément donné ;

3º Fertilisation d'un sol pauvre en plusieurs éléments. Données agrogéologiques (tableaux d'analyses).

Marche systématique pour la mise en valeur des terres arables en vue d'une exploitation rationnelle et rémunératrice : Sols simples : tourbeux et humifères, sableux et sablonneux, limoneux et argileux, calcaires et crayeux. — Sols composés de natures diverses. — Conclusions générales.

III. — LA PRATIQUE DES FUMURES.

De la coexistence des principes fertilisants : leur antipathie, leur répartition. Causes d'efficacité des matières employées à la fertilisation des terres arables. — *Fumures humiques, fumures basiques, fumures chimiques :*

1º *Le sol et les engrais.* Action réciproque du sol et des engrais potassiques et phosphatés. De la rétrogradation. Rôle des substances humiques. Transformation des engrais azotés. Rétrogradation possible des sels ammoniacaux. Capacité nitrifiante des engrais organiques végétaux et animaux ;

2º *La pluie et les engrais.* Dissolution et diffusion des sels solubles incorporés à la terre. Élimination nécessaire du chlore ou des chlorures ; efficacité restreinte du chlorure de potassium dans les milieux secs. Ions résiduels et réaction des sols. Conséquences ;

3º *La plante et les engrais.* Nécessité de la restitution : restitution intégrale partielle. Exigences globales et exigences effectives ; loi du minimum. Inégale puissance d'assimilation des plantes cultivées. Fumures de fond et fumures adjuvantes. Localisation des engrais. Modes d'épandage ;

4º *Les assolements et les engrais.* Théorie et technique des assolements ; types en usage. Répartition ou partage des fumures ; cultures continues et alternantes ; cultures améliorantes, étouffantes et épuisantes. Culture extensive et culture intensive. Choix des fumures suivant le système d'exploitation et les types d'assolements adoptés. Assolement libre avec cultures arrosées.

ENSEIGNEMENT PRATIQUE

Il est donné au laboratoire de la Station agronomique, où les étudiants effectuent des analyses de terres, d'engrais et de produits végétaux, après des conférences préparatoires. Des visites au champ des expériences et un service hebdomadaire permettent l'initiation aux divers travaux ou recherches d'expérimentation pratique.

ÉCONOMIE RURALE
Professeur : M. D. ZOLLA.
(100 LEÇONS.)

NOTIONS GÉNÉRALES D'ÉCONOMIE POLITIQUE

Définition de l'économie rurale, ses rapports avec l'économie politique. Définition de cette science, son objet, son caractère et son utilité. De la méthode en économie politique. Division de cette première partie du cours.

PRODUCTION DES RICHESSES

La production et les facteurs de la production ; son caractère et son but. — De la propriété et du droit de propriété. Des formes primitives de la propriété foncière. — Le travail. Liberté et division du travail. — Le capital. Son caractère, son origine, son rôle. — Les machines dans l'industrie. Leur rôle en agriculture. — De l'association et des modes de production dans les sociétés modernes.

CIRCULATION DES RICHESSES

L'échange. — Théorie générale de la valeur. — La monnaie. — Les prix. Monométallisme et bimétallisme. — La dépréciation des métaux précieux et les crises commerciales. — Le commerce extérieur de la France. — Théorie des débouchés. Le système protecteur. Histoire du régime commercial en France depuis 1789.

RÉPARTITION DES RICHESSES

La théorie de la rente foncière. L'intérêt des capitaux et les variations du taux de l'intérêt. Le salaire et les théories relatives au salaire. — La population et la loi de Malthus. — Étude statistique de la population en France et à l'Étranger.

CONSOMMATION DES RICHESSES

Le luxe. — L'impôt. — Le budget. — Étude statistique et économique de notre système financier.

ÉCONOMIE RURALE

SON CARACTÈRE, SON HISTOIRE. DIVISION DU COURS

PRODUCTION DES RICHESSES AGRICOLES

Les facteurs de la production agricole. La terre. Division de la propriété. Morcellement. Le bien de famille. Lois sociales.— Les remaniements collectifs en France et à l'Étranger. Statistique de la division de la propriété. La division de la culture. — Les améliorations foncières. Estimation des domaines agricoles. — Le taux des placements fonciers dans ses rapports avec la richesse de la culture. — Le capital en agriculture. Son utilité, son rôle. — Du capital foncier et du capital d'exploitation. Les éléments du capital d'exploitation. Théories relatives au capital d'exploitation. Les systèmes de culture. De la transformation des systèmes de culture suivant les conditions économiques et culturales. — De la constitution de l'entreprise agricole.

Monographie détaillée de quelques entreprises agricoles soumises à des systèmes de culture différents :

L'organisation et l'administration des entreprises agricoles. — Des modes divers d'exploitation du sol. — Le faire valoir direct, le métayage, le fermage. — La culture par régisseur et maître valet. — Le travail agricole. — Les machines. Les périodes d'activité culturale. — Le bétail et ses fonctions économiques. — La coopération agricole. Les syndicats et leur rôle. — Les assurances mutuelles contre les risques agricoles. — Étude statistique et comparée de la production agricole et d'origine végétale et animale en France et à l'Étranger.

CIRCULATION DES RICHESSES AGRICOLES

L'échange. La division du travail agricole et la spécialisation des cultures. — Du commerce international des produits agricoles. — Le régime douanier en France. — Son histoire au point de vue des produits du sol.

LE CRÉDIT

Le crédit réel et le crédit personnel. — Du crédit foncier et du crédit appelé crédit agricole. — Les associations de crédit mutuel en France et à l'Étranger.

RÉPARTITION DES RICHESSES AGRICOLES

Répartition du produit brut des cultures entre les facteurs de la production. — Des variations de la valeur locative et vénale du sol en France depuis un siècle. — Les crises agricoles. Les profits en agriculture. — Les salaires et leurs variations.

CONSOMMATION DES RICHESSES AGRICOLES.

Du développement de la consommation des denrées agricoles. Influence des débouchés sur la production. L'agriculture et l'impôt. Distinction entre les impôts qui grèvent la propriété rurale de ceux qui atteignent le cultivateur non-propriétaire. De l'impôt foncier et de son incidence. — Comparaison avec l'Étranger.

DE LA COMPTABILITÉ AGRICOLE

Son utilité. Des prix de revient en agriculture. — Des méthodes de comptabilité.

LA COLONISATION AGRICOLE

Description et historique sommaires de notre empire colonial. — Le régime des terres. — Les cultures, l'élevage. Organisation et administration des domaines ruraux. Les capitaux engagés et les profits.

L'ENSEIGNEMENT AGRICOLE EN FRANCE ET A L'ÉTRANGER

L'organisation des services agricoles et l'enseignement.

LÉGISLATION RURALE

DROIT CIVIL

Commentaire du deuxième livre du code civil. Théorie générale des contrats. La vente, le louage. Les privilèges et les hypothèques. — Droit administratif. De la juridiction administrative. — Des conseils généraux et d'arrondissement, des conseils municipaux. Des attributions des maires et des préfets. Du régime des eaux. De la petite et de la grande voirie. — De l'expropriation. Des alignements. — Les lois diverses intéressant l'agriculture.

DROIT COMMERCIAL

Des commerçants et des actes de commerce. De la juridiction commerciale. — Des lettres de change, des billets à ordre et des chèques.

APPLICATIONS

Appréciation et estimation des propriétés rurales et de leurs éléments constituants. Expertise. — Étude de monographies. Rapports de prime d'honneur. — Visite de propriété. — Appréciation de la valeur des terres d'après la fécondité apparente, la nature géologique, la situation, le système de culture, le cadastre, les baux. — Estimation des bâtiments, projets d'amélioration, évaluation des dépenses qu'elles entraîneraient. — Estimation du matériel, du bétail, etc. — Division du travail : chantiers, salaire au temps, à la tâche. Contrôle des travaux, feuille de semaine. — Améliorations foncières. Comment user du crédit agricole à long terme, du crédit foncier. — Appréciation des dommages causés aux bâtiments et animaux par les sinistres ou du fait de l'homme.

Comptabilité agricole : Comptabilité espèces (livre de caisse). Comptabilité matières. Inventaire. Compte moral, taux de profit.

Comptabilité en partie double : Objet, notions générales. Comment passer les écritures au journal. Comment les reporter au grand livre. Inventaire. Comptes à ouvrir :

a) Relatifs aux valeurs intérieures ;

b) Relatifs aux valeurs extérieures ;

c) Facilitant l'établissement du compte de profits et pertes.

Le prix du fumier dans la comptabilité agricole. — Du danger d'adopter un prix exagéré. — Moyens proposés pour en fixer le prix. — De l'appréciation des résultats et des réserves nécessaires à faire quant aux résultats obtenus dans les comptes spéciaux de culture.

ÉCONOMIE COMMERCIALE

Le commerce des produits agricoles, marchandises qui en font l'objet. Géographie économique. — Rapports des producteurs et des consommateurs, recherche de la clientèle. Débouchés. — Office du commerce extérieur. Office colonial. — Marchés de production et de consommation : foires, mercuriales, côtes. — Bourses de marchandises. Termes de bourses. — Halles de Paris. Marché de la Villette. — Achat des marchandises ; contrats, réception, paiement. Les représentants locaux, utilité de traiter avec eux pour les machines en vue de réparations. — Précautions à prendre contre les fraudes. Prise d'échantillons. Station d'essai de semences de recherche de fraudes. — Étude spéciale des conditions de vente et des règlements en vue de la répression des fraudes dans le commerce des engrais chimiques. — Étude spéciale des conditions de vente et des règlements en vue de la répression des fraudes pour le commerce des autres marchandises. — Du paiement ; facture ; monnaie ; billets ; mandats. — Des chèques ; comptes courants postaux, avantages. — Billets à ordre, avalisation. Lettres de changes, de crédit ; protêt. — Règlements internationaux ; change. — Bilan de la Banque de France ; taux d'escompte. — Transports de produits agricoles. Lettres de voiture ; récépissé ; grande vitesse, petite vitesse tarifs spéciaux. Colis postaux ; colis agricoles. — Groupage. Wagons appartenant à des particuliers ou à une collectivité. Wagons frigorifiques, isothermiques. Trains de primeurs, de fleurs. — Conditionnement et emballage des marchandises. Manutention. — Avaries et manquants. Assurances. — Transports par eau. Connaissement. Traite documentaire. Marchandises fb, fob, cif, caf. — Marchandises qui ne peuvent voyager qu'accompagnées d'un titre de mouvement : Passavant. Congé. Acquit. Octroi. Douane.

LÉGISLATION

Rédaction et modèle d'un contrat de fermage, clauses à introduire pour :

a) Permettre d'obtenir une indemnité à la sortie pour améliorations foncières ;

b) Régler les rapports entre fermier entrant et fermier sortant.

De la fixation du prix du fermage en nature, historique. Modalités. Légalité. — Contrat de métayage. — Contrat de travail : *a)* Individuel ; *b)* Collectif.

Procès-verbal de bornage, servitude, etc., étude sur les lieux du bornage, des servitudes. — Contrats de vente de marchandises. Vente de récoltes sur pied : fruits, etc. — Organisation de la vente directe aux consommateurs par dépôts, colis, etc. — Contrats d'assurances : Polices. Avenants. Risques. Sociétés à primes fixes. Mutuelles. — Règlement des dommages et paiement d'indemnités. — Propriété. Titres de propriété. Actes de vente. Enregistrement ; transcription ; hypothèques. — Actes constitutifs de sociétés. Estimation des apports industriels. Actions, obligations, bons, parts. — Statuts et règlements de syndicats agricoles. — But et organisation d'un syndicat d'élevage, de contrôles laitiers. Statuts. — Syndicats d'outillage ; fonctionnement, modèles de règlements pour l'emploi d'instruments. — Statuts d'une coopérative d'utilisation des fruits et légumes, soit pour les conserves, les confitures ou la distillation. — Coopératives pour l'exploitation des forêts, le débardage des bois. — Statuts d'une coopérative de laiterie, beurrerie, fromagerie. — Les caisses de crédit mutuel agricole fonctionnement et statuts : *a)* De la caisse locale ; *b)* De la caisse régionale.

Associations syndicales. — Visite de sociétés et étude documentaire sur place. — Statuts de sociétés d'assurances mutuelles : bétail, incendie, grêle, accidents du travail. — Impôts. Étude de l'impôt foncier ; plan cadastral ; matrice cadastrale ; état de section. — Examen de ces documents à la mairie. — Établissement de l'impôt. Facultés de paiement. Perception. Virements en banque Chèques-Contributions. — Réclamations : demande en décharge ou réduction, ou recours ; demande en remise ou modération. Modèle. — Défaut de paiement : 1º Poursuites administratives : *a)* Sommation sans frais ; *b)* Avec frais. 2º Poursuites judiciaires : *a)* Commandement ; *b)* Saisie et vente des meubles ; *c)* Saisie immobilière.

———

GÉNIE RURAL

Professeur : M. COUPAN.

(120 LEÇONS.)

I. — RAPPEL DES NOTIONS GÉNÉRALES DE MÉCANIQUE

Caractère expérimental de la mécanique. La méthode en expérimentation : observation, simplification, approximation. Procédés de mesure. Raisonnement : déduction et induction.

Le mouvement : ses caractéristiques. *Vitesse. Accélérations.* Les *forces,* causes des accélérations.

Le travail mécanique. La *masse,* capacité d'absorption du travail. Énergie cinétique.

La puissance. Travail résultant d'une perte de vitesse. Percursions et vibrations.

Action et réaction. Impulsion.

Quantité de mouvement.

Les forces considérées indépendamment du mouvement. Équilibre, déformations correspondant à l'équilibre et à toutes les actions réciproques des corps. — Les couples ; étude expérimentale. — La répartition des forces ; pression.

Les forces considérées en correspondance avec le mouvement : Accélération centripète et force centrifuge. — Moment d'inertie. Volants. — Étude expérimentale du choc : choc élastique, choc mou, choc réel. — Particularités des mouvements oscillatoires. Résonnance.

Résistances passives : Frottements, leur rôle. Frottement de glissement. Frottement de roulement. Raideur des transmissions. Résistance des milieux. Rendement d'une machine.

Mesure des forces : Dynamomètres. Principaux types utilisables dans l'étude des machines agricoles.

II. — MACHINES MOTRICES

MOTEURS ANIMÉS : Caractéristiques générales et conditions optima d'utilisation. — Hommes. Animaux, cheval, mulet, âne, bœuf, chien. — Harnais de portage et de traction.

Manèges : Manèges circulaires, à terre, en l'air. Manèges à plan incliné.

MOTEURS INANIMÉS : Définition. Moteurs dits thermiques. Coefficient économique ou rendement thermique ; moyens de l'accroître. Limites.

Principe général d'un moteur thermique : Cylindre et piston.

Bielle et manivelle. Distribution : admission et échappement.

MOTEURS À VAPEUR : Propriétés essentielles de la vapeur d'eau. Force élastique. Évaporation de l'eau : primage; enveloppe de vapeur, surchauffe, multiple expansion.

Étude succincte des générateurs : Appareils de chauffage. Chaudières, principales parties. — Générateurs horizontaux. Types pour l'agriculture et pour les industries agricoles. Foyer extérieur. Foyer intérieur, tubes de fumée. Chaudières en T à foyer rond, à foyer carré, à flammes directes et à retour de flammes. — Générateurs verticaux : avantages et inconvénients. — Notions sur les générateurs multitubulaires et sur les générateurs à vaporisation instantanée. — Accessoires réglementaires des chaudières. Accessoires facultatifs. Alimentation des chaudières. Pompe d'alimentation. Petit cheval. Injecteurs. Épuration des eaux.

Étude du moteur à vapeur proprement dit : Cylindre, lumières, glace, purgeurs. Piston, tige, corps, segments, glissières. — Tiroir ; coquille, barre, calage de l'excentrique; recouvrements, avances linéaire et angulaire. — Obtention de la détente, avance à l'admission, principe de la détente variable. — Changement de marche. Plateau. Principe des coulisses. Notions sur les tiroirs cylindriques, sur la distribution Corliss, sur la distribution par soupapes. — Principaux types de moteurs à vapeur : fixes, demi-fixes, locomobiles. Moteurs horizontaux et verticaux. Moteurs à plusieurs cylindres. Double expansion Woolf, compound. Disposition en tandem et de jumelle. — Régulation des moteurs à vapeur. — Notions sur les moteurs rotatifs, turbines à action, turbines à réaction.

MOTEURS À COMBUSTION INTERNE : Généralités. — Préparation du mélange tonnant.

Combustibles gazeux : Gaz de ville, gaz pauvre, combustibles. Étude succincte des gazogènes. Gazogènes soufflés. Gazogènes à aspiration directe du moteur. Appareils fixes et transportables. Emploi du charbon de bois. Conduite des gazogènes.

Combustibles liquides : Essences, benzol, alcool. — Carburateurs, giclage, automaticité des carburateurs.

Constitution du moteur : Cylindre, piston, bielle, coussinets, vilebrequin, tourillons et manetons. Dispositions des manetons dans les moteurs à deux et à quatre cylindres. Équilibrage.

Distribution : Arbre à cames, sa commande. Clapets, sièges. Réglage et rodage des clapets. Poussoirs, culbuteurs.

Allumage : Principe de la magnéto. Différents types. Réglage et entretien. Bougies, réglage et entretien.

Modification de la distribution théorique à quatre temps : But des retards et avances dans la distribution. Rôle de l'avance à l'allumage.

Refroidissement : Radiateurs, thermosiphon et circulation forcée. Influence du tartre, détartrage d'un moteur. Solutions incongelables.

Graissage des moteurs : Choix des lubrifiants. Barbotage. Circulation forcée.

Régulation des moteurs : Tout ou rien. Réglages qualitatif et quantitatif.

Moteurs dits à deux temps : Avantages et inconvénients.

Adaptation des moteurs à essence au fonctionnement au gaz pauvre, au pétrole lampant, aux combustibles lourds.

Moteurs spéciaux pour le gaz pauvre.

Moteurs spéciaux pour les combustibles lourds : Moteurs à haute compression, types Diesel et dérivés. — Moteurs à moyenne compression. Avantages des moteurs à deux temps dans ces deux cas.

Évaluation de la puissance d'un moteur : Couple. Expression du travail et de la puissance. Couple équilibreur ; méthode de Prony. Freins divers. Principe du frein Froude et des dynamos-freins. — Puissance indiquée. Pression moyenne, indicateurs. Formules empiriques ; leur emploi. Formule des mines.

MOTEURS HYDRAULIQUES : Puissance d'une chute. Roues et turbines hydrauliques. Aménagement.

MOTEURS A VENT : Moulins à ailes. Moteurs à turbine. Roue, gouvernail. Différents procédés de régulation du mouvement, Transmissions. Pylones. Règles d'installation. Puissance d'un moteur à vent. Moteurs à vent divers.

III. — MACHINES AGRICOLES

Généralités. Rôle économique et social des machines dans l'exploitation agricole.

A) Machines pour la préparation des terres.

MACHINES DE LABOUR : *Labours à bras :* bèche, houe. — *Labours attelés :* charrue.

Etude détaillée des charrues : Pièces travaillantes : coutre, soc, versoir, rasette. — *Pièces de soutien :* âge, étançons, sep, talon. — *Pièces de direction :* mancherons, régulateurs.

Organes de stabilité : Supports divers. Support des brabants. Avant-trains.

Charrue pour labours en billons, en planches. Charrues pour labours à plat : Types divers, étude détaillée des charrues-bascules et des brabants doubles.

Charrues multiples pour labours en planches et pour labours à plat : Charrues pour culture mécanique.

Charrues pour labours profonds : Défonceuses diverses.

Sous-soleuses et fouilleuses.

Charrues pour cultures arbustives : Vigneronnes.

Buttoirs. Charrues diverses : rigoleuses, fossoyeuses, déboiseuses, etc.

MACHINES POUR LE PERFECTIONNEMENT DES LABOURS : *Scarificateurs et cultivateurs ; Extirpateurs.* Pièces, bâtis, réglage. — *Herses.* Dents, bâtis, fixation. — Herses traînantes, rigides, à compartiments, souples. — Herses roulantes, norvégiennes, émotteuses. Principe des herses rotatives.

COMPRESSION DES LABOURS : Rouleaux plombeurs. Rouleaux brise-mottes. Rouleaux divers : ondulés, squelettes, land pressers, etc.

NIVELAGE DU SOL : Niveleuses. Pelles à cheval.

B) Epandage des engrais.

ENGRAIS DE FERME : Chargeurs et épandeurs de fumier. Enfouisseurs. — Épandeurs de purin. Réservoirs, organes de remplissage et d'épandage.

ENGRAIS COMPLÉMENTAIRES : Modes d'écoulement des engrais, Coffre, roues, attelage, agitateurs. Types généraux d'organes distributeurs. Entretien des épandeurs d'engrais.

C) Epandage des semences.

SEMOIRS : Principe et fonctionnement des principaux types d'appareils distributeurs. Palettes, palerons, brosses. Cuillères et alvéoles à vitesse ou à capacité variables. Distribution forcée. — Comparaison des systèmes. Choix.

Dispositions des semoirs d'après le travail à exécuter : Semoirs à la volée. Particularités, systèmes spéciaux. — Semoirs en lignes. Organes spéciaux, leviers, pieds, tube de descente, avant-train, direction, surveillance du travail. — Lignes continues et discontinues. Poquets. — Semis en bandes. — Accessoires : rouleaux à betteraves, griffes d'enterrage, disques simples et doubles. — Dispositions pour semis rapides : semoirs sous raie, semoirs sur charrue multiple ou cultivateurs, semoirs à maïs.

17

Plantoirs de tubercules : Organes de distribution. Organes d'enterrage.

D) Machines pour l'entretien des cultures.

HOUES A CHEVAL : Pièces travaillantes. Houes *à un rang* à expansion.

Houes à plusieurs rangs : Bâtis, direction, déplacement des pièces. Corrélation avec le semoir.

MACHINES POUR LA LUTTE CONTRE LES PARASITES : *Poudreuses.* Organes de distribution. Types divers de poudreuses.

Pulvérisateurs : Réservoirs, jets. Types divers de pulvérisateurs. Machines pour l'épandage des solutions acides.

Machines diverses : Chaudières. Appareils pour le traitement des arbres. Canons et fusées paragrêles.

E) Machines de récolte.

RÉCOLTE DES FOURAGES : *Faux et faucille.* Machine à rebattre les faux.

Faucheuses mécaniques : Étude détaillée des organes de coupe, de leur réglage et de leur entretien. Bâti et transmission. Attelage. Graissage et entretien.

Faneuses à mouvement alternatif et à mouvement circulaire continu. Principe des vire-andains.

Râteaux : Fauchets. — Râteaux à cheval. Dents, bâtis, mécanismes de décharge. — Râteaux-faneurs. Emploi du fanage en roules.

Ramasseurs de fourrages : Ramasseurs et sweepers. — Chariots à meuler. Stackers. Chargeurs de fourrages.

Machines pour l'engrangement des fourrages : Élingues, harpons et grappins, monorails et wagonnets automatiques.

RÉCOLTE DES CÉRÉALES : *Appareils à moissonner* adaptables aux faucheuses. *Moissonneuses :* particularités des organes de coupe et de transmission. Doigts releveurs.

Moissonneuses-javeleuses : Tablier et râteaux. — Mécanisme de la tête de râteaux ; cames, aiguillages. Contrôleurs. — Transmissions dans les moissonneuses-javeleuses. Attelage. Levier de pointage. Mise en position de transport. — Faucheuses-moissonneuses combinées.

MOSSONNEUSES-LIEUSES : Roues. Réglage de la coupe. Rabatteurs.

Transport et élévation de la récolte : Toiles, rouleaux. Élévateurs. Rouleaux supplémentaires. Lieuses « ouvertes ».

Table de liage : Égalisateurs de tête et de pied. Reteneurs d'épis.

Compression de la céréale : Couloir de compression, verrou, tasseurs. Pédale d'embrayage.

Liage de la gerbe : La ficelle. Boîte. Guides et reteneur de ficelle. L'aiguille. La pince à ficelle. Le couteau.

Nouage de la ficelle : Le noueur et ses accessoires. Ses diverses dispositions. Son fonctionnement (en se bornant au noueur Appleby) .Les éjecteurs. — Réglage de la hauteur de liage. Schéma de la transmission.

Pièces accessoires : Porte-bottes. Porte-gerbes. — Procédés d'attelage. Support de timon. Réglage divers, mise en transport.

Machines spéciales : Headers. Headers-lieurs. Machines pour la récolte du maïs, du riz. Principe de l'arrachage du lin.

Arracheurs de tubercules : Charrues-arracheurs. Arracheur buttoirs. Machines avec pièces travaillantes animées de mouvements particuliers : émietteurs de bande. — Arracheurs à fourches rotatives. Dispositifs cinématiques diminuant la brutalité de l'action, des fourches : manches-guides, systèmes à engrenages.

Arracheurs de racines : Fourches, socs, plaques. Bâti ; sa stabilisation en travail. Avant-train, coupe-feuilles. Décolletage des racines. Coupe-collets. Décolleteuses mécaniques. Arracheurs-décolleteurs. Difficultés à surmonter dans ce travail. Machines mixtes, à traction animale et à moteur.

F) Machines pour la préparation des récoltes.

Travail des grains : Égrenage, dépiquage, battage au fléau.

Batteuses : Batteurs et contre-batteurs. Types divers.

Batteuses simples : A bras, à manège, locobatteuses, motobatteurs. Tire-paille. Secoueurs.

Batteuses nettoyantes : La hotte, l'auget, le tarare. Reprise des hôtons. Classification des batteuses.

Complément de nettoyage : Élévateurs et projecteurs. Second tarare. Organes spéciaux. Ébarbeurs. Cribleurs.

Travail des pailles : Grille, élévateurs de paille, broyeurs. — Liage et bottelage de la paille. — Alimentation mécanique des batteuses. Rôle social et économique des engreneurs.

Battage des graines fourragères : Ébourrage et ébossage. Batteuses à petites graines.

Égrenage du maïs : Égrenoirs à bras. Machines à grand débit. Batteuses à maïs. Batteuses-effeuilleuses.

Nettoyage et classification des grains: *Épierreurs.*

Tarares : Tarares soufflants. Ventilateurs, grilles. Réglage des tarares. Ensacheurs.

Cribleurs : Cribleurs plans, cribleurs cylindriques, cribleurs-calibreurs, plans et cylindriques. Réglages. Application aux tubercules.

Trieurs : Principe du triage par frottement, par gravité par alvéoles. Trieur alvéolaire. Principe.

Notions sur les sélectionneurs, sur les procédés d'enlèvement des semences de plantes parasites.

Fragmentation des grains : Concasseurs à contre-plaques, à cylindres, à plateaux, moulins agricoles.

Travail des fourrages.

Bottelage et compression : Botteleuses mécaniques. Considérations générales sur la compression des fourrages. Presses à bras, intermittentes. Presses continues, à moteur. Principe des différents organes. Transmissions. Systèmes à retour rapide. — Presses dites à paille-longue. Accouplement de la batteuse et de la presse.

Division des fourrages : Coupe-litières. Hache-fourrages. Principe : bouche, couteaux, réglage des lames. Cylindres entraîneurs. — Réglage de la longueur de coupe. — Machines à moteur. Alimentation automatique. — Hache-maïs. Machines à ensiler. — Broyeurs d'ajoncs et de sarments.

Travail des tubercules et des racines.

Lavage : Laveurs. Nettoyeurs à sec.

Division : Tranches. Cossettes et languettes. Lames de coupe-racines. Systèmes à plateau, à cylindre, à cône. Pulpeurs. Broyeurs de tubercules crus.

Cuisson : Cuiseurs à eau. Cuiseurs à vapeur, à chaudière attenante et à chaudière séparée. Broyage des tubercules cuits.

Travaux divers : Broyage des aliments durs. Brise-tourteaux. Mélangeurs divers.

G) Culture mécanique.

But de la culture mécanique.

Les câbles : Constitution. Condition d'emploi. Entretien et réparation.

Dispositifs à câble permettant l'emploi de moteurs animés : Treuils à manège, à simple effet, à retour à vide ; à double effet. Types de chantiers.

Culture par moteurs à vapeur : Historique rapide. —

Routières-treuils, système Fowler. Système Roundabout. Installation de chantiers. — Autres systèmes à vapeur : tracteurs directs, routières avec outils commandés.

Culture par électro-moteurs : Historique rapide. Tentatives de Chrétien et Félix, de Prat, de Zimmermann, etc. Emploi des hautes tensions. Systèmes à deux treuils, système Roundabout. Conditions économiques de la culture par l'électricité. Utilisation des heures creuses. Travaux de nuit. Installation des chantiers. Déplacement du matériel.

Dispositifs divers : Emploi des moteurs à vent, des transmissions télédynamiques.

APPAREILS POURVUS D'UN MOTEUR A COMBUSTION INTERNE.

Choix du type de moteurs (nombre de cylindres et régime, combustible).

Transmission. Comparaison des systèmes. Changements de vitesse, marche arrière. Chaînes et cardans, comparaison. Différentiel : but, avantages et inconvénients.

Etude des organes propulseurs : Les roues. Roues directrices, chevilles ouvrières et fusées pivotantes. Principe de Jeantaud. Carrossage des roues, son utilité. Boudins et coutres des roues. Direction à une et à deux roues, direction par l'avant, direction par l'arrière.

Roues motrices : Diamètre, largeur de jante. Organes supplémentaires d'adhérence. Comparaison des systèmes. Roues polygonales. Bandes de roulement. Systèmes spéciaux. Palettes à saillie variable, palettes restant parallèles. Roues squelettes. Cingoli. Chenilles facultatives. — Répartition du poids entre les essieux.

Systèmes où la totalité du poids est employée à l'adhérence : Chenilles normales. Constitution. Patins ou tuiles, articulations, barbotins et guides, galets d'appui. Chenilles continues et discontinues. Tracks rigides. Tracks articulés. Liaison du bâti et des chenilles. Direction des tracteurs à chenilles.

Appareils à quatre roues motrices et directrices : Conditions normales de fonctionnement. Nombre de différentiels. Types à un seul différentiel. Rayon de virage. Schéma des transmissions et du couplage des directions.

La réaction motrice dans les appareils de culture mécanique : Son influence. Le cabrage. Systèmes à deux roues motrices. Utilisation du cabrage pour produire, soit le déterrage, soit au contraire le talonnement.

Charrues automobiles : Avantages et inconvénients. Roues de grand diamètre à jante étroite ; effet des palettes.

Treuils et toueurs : Principe des treuils automobiles légers.

Les bêches d'encrage. Treuils lourds. Tracteurs-treuils et tracteurs-troueurs. Conditions d'emploi. Avenir des systèmes à câble. Ancrages. Installations de chantiers. Treuils auxiliaires.

Machines à outils rotatifs commandés : Origine. Historique rapide. Principaux systèmes.

Etude économique spéciale des tracteurs. Organisation des chantiers, fourrières, interplanches. Calcul du chemin perdu en virages et parcours à vide sur les fourrières. Détermination de la largeur optima des planches. Influence économique de la longueur des rayages. Conclusions.

IV. — HYDRAULIQUE

Hydrostatique : Pression en un point. Surface de niveau. Pression sur une paroi plane. Centre de pression. Application aux vannes ; vannes automatiques.

Hydrodynamique : Mouvement permanent. Formule de Bernoulli. Définition de la charge et de la perte de charge. Écoulement de l'eau par les orifices en mince paroi. Déversoirs. Écoulement par les ajutages. Principales formules. — Écoulement par les tuyaux cylindriques et par les canaux ouverts. — Formules. Tables.

AMÉNAGEMENT DES EAUX : Alimentation en eau. Citernes. Puits. Forage des puits. Puits tubés. Puits instantanés. Notions sur les puits artésiens. — Captation des sources et des nappes souterraines. Galeries de captation. Captation des eaux divagantes : fontanili.

ÉLÉVATION DU NIVEAU DES EAUX :

A) *Par des constructions :* Dérivations. Barrages. Types pour petites retenues. Dispositifs de sécurité. Barrages temporaires.

Établissement de réservoirs : Très petits réservoirs, pêcheries. Réservoirs courants. Construction de la digue. Accessoires. Appareils de prise.

B) *Par des machines :* Machines élévatoires, pour petites différences d'altitude, discontinues. Pour différences d'altitude moyennes. Chapelet incliné. Chapelets verticaux. Roues à pots et norias. Pompe à corde et dérivés.

Pompes proprement dites : Parties. Différents types de pompes. Pompes à courant continu. Pompes pour puits profonds. Transmission hydraulique.

Machines à mouvement rotatif. Pompes à un axe. Pompes à deux axes. Pompes centrifuges.

Bélier hydraulique : Principe et conditions d'installation. Notions sur les machines diverses pouvant être utilisées dans l'aménagement agricole des eaux. Notions sur l'installation des conduites et des canalisations diverses.

UTILISATION DES EAUX AMENÉES : Notions rapides sur l'établissement des canaux d'irrigation. Distribution de l'eau. Partiteurs. Modules.

IRRIGATION : Divers systèmes d'irrigation : par aspersion, par infiltration, par submersion, par déversement. Principe d'une bonne irrigation. Aménagement du sol. Ados. Disposition des rigoles dans les différents types d'irrigation. Colature des eaux. Établissement d'un projet d'irrigation. — Colmatages et limonages.

ÉLIMINATION DES EAUX NUISIBLES : Assainissement d'une région. Différents procédés d'élimination de l'eau. Desséchements. Polders. Moeres, etc.

DRAINAGE : Drainage par fossés. Inconvénients. Drainage par tuyaux. Principe du procédé. Règles pratiques. Drains. Maîtres-drains. Collecteurs. Ouvrages accessoires. Étude d'un projet de drainage. Exécution.

Drainage sans tuyaux : Charrues-taupes. Utilité des engins de culture mécanique. Disposition des chantiers.

Travaux spéciaux : Irrigations et drainages combinés. Dessalements.

V. — CONSTRUCTIONS RURALES

Le projet de construction. Son importance. Manière d'étudier un projet. Avant-métré, devis estimatif.

PROCÉDÉS GÉNÉRAUX DE CONSTRUCTION :

Piquetage. Terrasse : Fouilles. Profondeur. Consolidation.

Maçonnerie : Matériaux. Origines et qualités. Fondations. Méthodes d'exécution. Fondations en mauvais terrains. Principaux procédés de consolidation des fondations. — Règles d'établissement des maçonnerie. Murs et cloisons. Murs de clôture. Murs de soutènements. — Maçonneries monolithes. Pisé. Bétons. Notions sur le béton armé.

Charpente et menuiserie : Règles concernant les ouvrages en bois. Assemblage. Exécution des planchers. Poteaux en bois. Pans de bois. Charpentes des combles. Principaux types de fermes en charpente. Parquets. Portes et fenêtres.

Couverture : Matériaux de couverture. Emploi.

Travaux divers : Plomberie, serrurerie, peinture, vitrerie. — Travaux d'achèvement. — Entretien des bâtiments.

AMÉNAGEMENT DES BATIMENTS : Considérations générales

concernant le choix de l'emplacement des bâtiments et des services d'une exploitation. — Hygiène de la ferme. Alimentation en eau. Enlèvement des matières usées. Éviers, cabinets d'aisances. Fumières. Citernes à purin.

Logement des hommes : Logement en commun. Dortoirs et réfectoires. Logements séparés. Habitations ouvrières.

Logement des animaux : Écuries, bouveries, vacheries, bergeries, porcheries. Types divers suivant le genre d'exploitation.

Bâtiments spécialisés : Lazarets. Cuisines. Silos. Ateliers de préparation des aliments.

Logement des animaux de basse-cour : Poulaillers. Clapiers. Chenils.

Logement des récoltes : Hangars. Granges. Greniers. Notions sur les celliers. Magasins à engrais. Bâtiments spécialisés divers.

ENSEIGNEMENT PRATIQUE

Les leçons de génie rural sont suivies d'un même nombre d'applications, qui ont pour objet :

1º L'examen, le montage, le réglage, la manœuvre, dans les champs et dans la galerie des machines, des instruments et des machines décrits dans le cours ; l'entretien de ces machines.

2º L'emploi des instruments de précision ; exemples d'essais dynamométriques, de jaugeages d'eau courante ;

3º L'étude de projets d'aménagements des eaux et de constructions rurales.

TECHNOLOGIE AGRICOLE

Professeur : M. L. AMMANN.

(100 LEÇONS.)

Le cours de technologie agricole comprend l'étude de toutes les industries qui emploient comme matières premières des produits agricoles. Le plus souvent, en effet, ces produits agricoles ne sont pas directement utilisables et ils doivent subir une transformation qui permette à l'homme de les employer pour sa propre alimentation ou pour ses besoins industriels ; cette transformation donnera toujours quelques résidus qui pourront être employés pour la nourriture des animaux ou pour la fumure des champs, et le cours de technologie renseignera l'agriculteur sur les ressources qu'il pourra trouver de ce côté.

Mais toutes les industries étudiées ici ne sont pas des industries de transformation ; il y en a, et des plus importantes, qui sont des industries de conservation et qui permettront au producteur de tirer de ses récoltes essentiellement périssables, le meilleur profit possible.

Certaines des industries ainsi considérées pourront être installées dans la ferme même; d'autres, au contraire, en seront complètement séparées.

On doit encore faire figurer, parmi les industries dont la connaissance est indispensable, toutes les industries qui sont relatives à la fabrication des engrais : il faut que le futur agriculteur sache d'où provient telle ou telle matière fertilisante, qu'il soit fixé sur sa composition exacte.

Au cours de technologie agricole proprement dit se trouve enfin rattaché l'enseignement de la microbiologie, et les deux matières sont juxtaposées avec tant de logique que l'enseignement de la seconde doit servir d'introduction à l'enseignement de la première, tant les actions microbiennes interviennent, de manière importante et fréquente, dans les transformations industrielles.

Quel ordre faut-il choisir pour étudier les différentes industries qui figurent dans le cours ?

On conçoit tout naturellement de grouper les études faites d'après la nature des matières premières traitées : matières amylacées, matières sucrées, ou d'après la nature du principal phénomène mis en œuvre : industrie de fermentation, de distillation, et c'est bien, en effet, cette méthode qui est suivie le plus possible. Mais il est une autre préoccupation qui doit guider le choix : c'est celle de montrer aux élèves, une fois l'étude faite à l'amphithéâtre, l'industrie en question en plein fonctionnement, au moyen d'une visite faite à l'usine ; et comme beaucoup de ces industries sont des industries saisonnières, il faudra, avant tout, faire coïncider l'époque de l'enseignement avec celle de l'activité industrielle.

Pour compléter enfin et bien faire comprendre les leçons, les élèves passeront par le laboratoire, où, par les applications et manipulations, ils verront se reproduire les phénomènes dont ils auront suivi l'application et étudieront les matières premières dont ils auront suivi la mise en œuvre.

MICROBIOLOGIE GÉNÉRALE ET APPLIQUÉE
(12 LEÇONS).

Définition. Rôle. Classification. Structure des microbes. — Fonctions des bactéries : reproduction, respiration, nutrition. — Produit de la vie cellulaire : diastase, produits toxiques. — Action des différents agents sur les bactéries : agents physiques (température), agents chimiques (antiseptiques). — Bactéries saprophytes et bactéries pathogènes : infection, immunité. — Méthodes de culture des microbes : matériel, milieux de culture. — Ensemencement des cultures, développement ; examen des microbes (coloration). — Étude des principales fermentations : lactique, butyrique etc. — La fermentation alcoolique. — La fermentation acétique et la fabrication du vinaigre. — L'épuration des eaux résiduaires : épandage, lits microbiens, boues activées. — Rouissage (méthodes naturelles, industrielles, sans microbes).

TECHNOLOGIE AGRICOLE

I. — MATIÈRES AMYLACÉES (3 LEÇONS).

Les matières amylacées, amidon et fécule. Usages.

Féculerie : La pomme de terre de féculerie : Composition, estimation de la richesse en fécule. — Lavage, rapage des pommes de terre. Extraction et récolte de la fécule brute. Purification et dessiccation de la fécule. — Rendement de la pomme de terre en fécule. — La drèche : composition, emplois. —

Amidonnerie : de blé, de maïs, de riz.

II. — SUCRERIE (8 LEÇONS).

Historique de la fabrication du sucre de betteraves, statistiques. — Étude de la betterave à sucre. — Réception de la betterave à l'usine, dosage du sucre. — Transport des betteraves, lavage :

1º Extraction du sucre par diffusion, lois de la dialyse. Coupe-racines, batterie de diffusion. Pulpe ;

2º Purification du jus de diffusion : chaulage et double carbonatation. Fabrication de la chaux et de l'acide carbonique. Chaulage des jus. Carbonatation simple et continue. Filtration des jus (filtre-presse et filtres mécaniques). Sulfitation des jus ;

3º Évaporation des jus. Lois d'ébullition de l'eau et des solutions sucrées. Coefficient de transmission de la chaleur. Appareil à évaporer dans le vide et par effets multiples. Réchauffages. Appareils de Kestner, de Prache et Bouillon ;

4º Purification des sirops ;

5º Cuisson des sirops. Masse cuite ;

6º Refroidissement de la masse cuite (malaxeurs) ;

7º Récolte des cristaux de sucre (turbine) ;

8º Travail des sirops d'égout ;

9º Les produits obtenues (sucre blanc et mélasse, emplois). Sucrerie de cannes et raffinerie.

III. — INDUSTRIES DE DISTILLERIE (10 leçons).

Les différentes industries productives d'alcool. Matières premières. Statistiques. Usage de l'alcool. — Alcoométrie :

1º *Alcool de betteraves* : Extraction du jus sucré (macération). La pulpe. — Les moûts de betteraves, leur fermentation par coupage des cuves, par fermentation continue, par levures pures. — Distillation simple et méthodique. Les colonnes à distiller. Flegmes à haut degré. Alcool absolu. — Rendement. — Utilisation des vinasses ;

2º *Alcool de topinambours* ;

3º *Alcool de mélasses* : Utilisation des vinasses, salins ;

4º *Alcool provenant des matières amylacées* : La saccharification de l'amidon. Fabrication des malts d'orge. — Traitements des pommes de terre, des grains. — Procédé « Amylo » ;

5º *Rectification des flegmes* : Rectification discontinue et continue. — Distillation-Rectification ;

6º *Fabrication de l'alcool de pommes* ;

7º *Fabrication des différentes eaux-de-vie*.

IV. — FABRICATION DES BOISSONS FERMENTÉES
(5 leçons).

Cidrerie : Étude de la pomme à cidre. — Préparation des moûts par broyage et pressurage ; par diffusion. — La fermentation en cidrerie. — Traitement des cidres, maladies.

Brasserie : Étude des matières premières : eau, orge, houblon, grains divers, sucres. — Préparation des moûts (décoction, infusion). — Filtration, cuisson, houblonnage, refroidissement. — Fermentation haute et basse. — Clarification des bières.

V. — LAITERIE (20 leçons).

A) *Le lait en nature* (7 leçons) : Composition du lait. Ses différents constituants. — Examen physique du lait. Analyse chimique. — Consommation du lait en nature. — Conservation du lait par la chaleur (pasteurisation et stérilisation), par le froid, par les antiseptiques. — Lait condensé et desséché. — Altérations et fraudes du lait.

B) *Ecrémage du lait. Fabrication du beurre* (8 leçons) : Écrémage spontané et centrifuge. Étude des écrémeuses. — Maturation de la crème. — Barattage. Délaitage. Malaxage. — Rendement. — Conservation du beurre. — Succédanés du beurre (margarine). — Utilisation du lait écrémé (caséine).

c) *Industrie fromagère* (5 leçons) : Caillage du lait. Fabrication de la présure. — Égouttage et salage du caillé. Maturation. Ferments spontanés et ferments de culture. — Fromages mous non fermentés. — Fromages à pâte molle et fermentée (brie, camenbert). — Fromages sans moisissures (livarot, pont-l'évêque). — Fromages à moisissures internes (roquefort). — Fromages à pâte ferme (cantal, port-salut, gruyère). — Utilisation du petit-lait.

VI. — MEUNERIE ET BOULANGERIE
(8 leçons).

Le nettoyage du blé à sec et au moyen de l'eau. — Constitution du grain de blé. Valeur alimentaire de ses différentes parties (enveloppe, germe, amande). — Broyage du grain au moyen des cylindres. — Les bluteries, les sasseurs, les convertisseurs. — Mélangeuses à farines et collecteurs de poussières. — Diagramme de mouture. — Broyage du grain par les meules de pierre. — Étude de la farine. Sa qualité boulangère. — Étude de la fabrication du pain : pétrissage, fermentation, cuisson. — Pétrissage à bras et pétrissage mécanique. — Les fours de boulangerie.

VII. — FABRICATION
DES CONSERVES ALIMENTAIRES (7 leçons).

Nécessité des procédés de conservation des matières alimentaires. — Conservation par le froid. Machines et chambres frigorifiques. — Conservation de la viande, du poisson, des légumes, des fruits. — Conservation par la chaleur. Chauffage au bain-marie et à l'autoclave. Conserves de légumes.

VIII. — HUILERIE (2 leçons).

Matières premières indigènes et coloniales. — Fabrication de l'huile d'olive, des huiles de graines. — Les tourteaux oléagineux.

IX. — FABRICATION DES ENGRAIS (5 leçons).

Utilisation de la dépouille des animaux (peau, sang, viande, os). — Engrais azotés minéraux. Nitrate de soude. Engrais ammoniacaux. Produits ammoniacaux de synthèse. Nitrate de potasse. Crud ammoniac. Cyanamide de calcium. Nitrate de chaux. — Engrais phosphatés. Phosphates naturels. Scories de déphosphoration. Fabrication des superphosphates. — Engrais potassiques.

VISITES D'USINES

Sucrerie de Chavenay. — Féculerie d'Épône. — Distillerie agricole de Trappes. — Dépôt central de la Société Laitière Maggi. — Margarinerie Pellerin. — Moulin et boulangerie de l'Assistance publique. — Brasserie Karcher.

APPLICATIONS

Examen des principaux microbes étudiés : ferment lactique et butyrique ; levures ; ferments du vinaigre ; fleurs du vin ; bactéries du foin ; moisissures, etc. — Étude du lait : densité, crémomètre ; recherche des diastases ; action de la présure. — Détermination de la matière grasse par les procédés Gerber et Hoyberg. Dosage de l'acidité. — Montage et démontage des différents modèles d'écrémeuses. — Écrémage centrifuge. — Fabrication du beurre. — Recherche de la pureté du beurre. Dosage des acides volatils. Réactions caractéristiques des principales huiles. — Étude de la betterave à sucre ; tare, prise de la densité ; usage des saccharomètres. — Dosage du sucre dans la betterave et dans le jus de betterave. — Détermination du coefficient de pureté. — Étude et usage individuel du saccharimètre. — Fonctionnement du filtre-presse et de la turbine. — Dosage de l'alcool. Distillation simple et méthodique. Étude de la saccharification par le malt d'orge. — Étude de la pomme à cidre. Dosage des sucres dans le jus de pommes.— Étude des différents amidons. — Façon de mesurer les diamètres des objets microscopiques. — Examen des farines.

Dosage de l'acidité, du gluten. Recherche des débris. Comparaison des farines entre elles. — Pratique des conserves alimentaires. Usage des appareils à bain-marie et de l'autoclave ; de l'évaporateur.

ZOOTECHNIE

Professeur : M. P. DECHAMBRE.
(120 LEÇONS.)

Le programme de la chaire de zootechnie comprend les matières suivantes :

Anatomie et physiologie comparées des animaux domestiques ;

Extérieur, âge et signalements ;

Hygiène et alimentation du bétail ;

Zootechnie générale et zootechnie spéciale, y compris celle des animaux de basse-cour.

Ces matières sont réparties sur 120 leçons théoriques, dont 60 en première année et 60 en deuxième année.

Le programme de la première année comprend :

Anatomie et physiologie comparées ; Extérieur, âge et signalements ; Hygiène et alimentation.

En deuxième année sont étudiées :

La zootechnie générale et la zootechnie spéciale, y compris celle des animaux de basse-cour.

Les exercices pratiques sont annexés aux leçons suivant un programme déterminé, qui permet la succession régulière de ces exercices au cours des deux années scolaires.

I

PROGRAMME DES LEÇONS

INTRODUCTION (2 LEÇONS).

Définition de la zootechnie. Historique. Rapports de la zootechnie avec l'agriculture et l'économie rurale. — Exposé sommaire du programme du cours. — L'animal domestique et la domestication. Époque et conditions de la domestication des diverses espèces. — Les animaux domestiques et leur place dans la classification zoologique : Mammifères : jumntése, porcins, ruminants, rongeurs, carnivores. — Oiseaux : palmipèdes, gallinacés et colombins.

ANATOMIE ET PHYSIOLOGIE COMPARÉES DES ANIMAUX DOMESTIQUES
EXTÉRIEUR, AGE, SIGNALEMENTS
(2 LEÇONS).

Éléments d'anatomie générale : La cellule. Les tissus. Tissus épithéliaux et glandes. Tissus de substance conjonctive. Tissu cartilagineux. Tissu osseux. Formation et accroissement des os.

APPAREIL ET FONCTION DE LA LOCOMOTION
(10 LEÇONS).

Le squelette dans la série des animaux domestiques. — Les articulations. Caractères généraux. Synoviales. Articulations des membres. — Les tares. Caractères généraux. Tumeurs molles et tumeurs dures. Les tares des membres chez les animaux et plus spécialement chez les équidés moteurs. — Les muscles. La contraction musculaire. La fatigue et l'entraînement chez les moteurs animés. — Les attitudes et les mouvements du cheval. Station libre et station forcée. Camper. Rassembler. Placer. Décubitus. — Les aplombs normaux ; leurs défectuosités et les inconvénients de celles-ci. — Les allures. Leurs défectuosités. Les boiteries. Examen d'un cheval boiteux.

AGE DES ANIMAUX DOMESTIQUES (5 LEÇONS).

Les dents en général. Anatomie et développement des dents. Évolution dentaire. — Connaissance de l'âge du cheval, de l'âne, du mulet, des bovins, des ovins, du porc, du chien.

APPAREIL ET FONCTION DE LA RESPIRATION
(2 LEÇONS).

Anatomie des organes de la respiration chez les animaux. Physiologie de la respiration. Vices redhibitoires siégeant sur l'appareil respiratoire (cornage, emphysème pulmonaire).

APPAREIL ET FONCTION DE LA CIRCULATION
(1 LEÇON).

Le cœur, les artères, les veines. Mouvements et bruits du cœur. Pulsations chez les animaux domestiques. Veines des mamelles chez les femelles domestiques.

APPAREIL DE LA DÉPURATION URINAIRE
(1 LEÇON).

Reins, uretères, vessie, urètre. Mécanisme de la sécrétion urinaire. Composition de l'urine chez les animaux. — Les glandes à sécrétion interne.

APPAREIL DE L'INNERVATION (1 LEÇON).

Anatomie sommaire et physiologie du système nerveux. Actes volontaires et actes réflexes. Le dressage.

LA PEAU ET LES APPENDICES TÉGUMENTAIRES
LES ROBES (7 LEÇONS).

Structure et fonctions de la peau. Hygiène de la peau. Pansage. Tondage. Applications d'eau. — Appendices tégumentaires. Les poils. Les tissus cornés. Cornes des ruminants. Châtaignes des équidés. — Le sabot du cheval. Les onglons des bovins. — Ferrure des équidés. Ferrure du bœuf. — Entretien et hygiène du pied. — Les robes chez les animaux domestiques. — Robes du cheval et leurs particularités. Robes du bœuf, du mouton, du porc, du chien. — Signalement du cheval. Signalement des bêtes bovines. Exemples. Importance pratique de l'identification des animaux.

APPAREIL DE LA REPRODUCTION (4 LEÇONS).

Organes génitaux du mâle et de la femelle. — Fécondation. Développement du fœtus. Enveloppes fœtales. La gestation chez les femelles domestiques. Anomalies. Monstruosités. — Accroissement des jeunes. Lois de la croissance.

APPAREIL DIGESTIF, DIGESTION,
NUTRITION ET ALIMENTATION DES ANIMAUX
(17 LEÇONS).

Appareil digestif des équidés, des ruminants, du porc, des carnassiers. — *La digestion :* phénomènes mécaniques. La rumination. Phénomènes chimiques. Étude de la *composition des aliments.* — Digestion gastrique. Digestion gastrique des solipèdes, des ruminants. — Digestion intestinale. — *La nutrition* en général et ses applications à l'alimentation des animaux.

L'ALIMENTATION

Les qualités de l'aliment : Digestibilité, valeur nutritive et énergétique des aliments. — *Les qualités de la ration :* entretien et production, rapports nutritifs. Le volume de la ration.

Exemples. — *Les méthodes de rationnement*. Exemples. — *Les substitutions alimentaires :* technique et exemples. — *Étude spéciale des aliments :* foins, fourrages divers, pailles, grains et graines, fruits, racines et tubercules. Résidus industriels. Aliments d'origine animale. Préparations alimentaires. — *Les eaux de boisson :* Qualité des eaux potables. Assainissement des eaux de boisson. La technique de l'abreuvement. Boissons alimentaires et boissons médicamenteuses.

ZOOTECHNIE GÉNÉRALE

LA PRODUCTION DU LAIT (5 LEÇONS).

Importance économique. Anatomie et physiologie de la mamelle. Composition du lait. Causes des variations dans la composition du lait. Les conditions générales de la production laitière. Action des milieux. Hygiène des étables. Hygiène de l'individu. Rôle de l'alimentation. La gymnastique fonctionnelle. La traite. — Signes extérieurs décelant l'aptitude laitière chez les femelles domestiques. La vache laitière et beurrière.

LA PRODUCTION DE LA VIANDE (4 LEÇONS).

Importance économique. L'engraissement. Formation de la graisse et ses conséquences. Conditions générales de l'engraissement. Régime des animaux à l'engrais. Le forçage. La précocité. Rôle des milieux. L'étable d'engraissement. La neutralisation sexuelle. — Bases de l'appréciation d'un animal de boucherie. Détermination du rendement et de la valeur marchande. — Barymétrie. Détermination du poids vif et du poids net d'un animal.

LA GÉNÉTIQUE ANIMALE (15 LEÇONS).

L'individu et les caractères individuels. — *La variation :* Modes et manifestations de la variation chez les animaux domestiques. — *Le couple* et les caractères sexuels. La neutralisation sexuelle et ses conséquences morphologiques et physiologiques. Divers modes opératoires de la castration chez les mâles et les femelles. — *L'hérédité :* La transmissibilité des caractères. Les modes de la transmission. Hérédité normale et hérédité pathologique. Les lois de Mendel et leurs applications à l'élevage. Interprétation des phénomènes héréditaires. — *La race :* Causes de formation des races. Désignations. Extension des races et causes qui l'influencent. — *Les méthodes de reproduction :* Consanguinité. Sélection. Livres généalogiques. Croisement.

Métissage. Hybridation. — Le choix des reproducteurs. — *Ethnologie animale :* Caractères généraux des races animales. Classification des races. Historique. Classifications actuelles. Méthode à suivre pour la description des races.

ZOOTECHNIE SPÉCIALE

Étude détaillée des espèces domestiques comprenant la description des races, l'étude de la reproduction, de l'élevage, des procédés d'exploitation et d'amélioration.

ESPÈCE BOVINE (12 leçons).

Description des races. Vues générales sur la production du bétail. — Production des jeunes. Choix des reproducteurs. La gestation. L'avortement. La parturition. Parturitions difficiles. — Élevage. Allaitement naturel et allaitement artificiel. Succédanés du lait. Sevrage. — Production de la viande. Engraissement. Qualités et catégories des viandes. Le veau de boucherie. — Production du lait. Hygiène et alimentation de la vache laitière. — La traite. Traite manuelle. Traite mécanique. — Conditions économiques régissant la production du lait. — Production du travail : choix et rendement du bœuf de travail.

ESPÈCE CHEVALINE (8 leçons).

Description des races. — Situation économique de l'élevage du cheval. — La production des jeunes. Choix des reproducteurs. Élevage des poulains. Alimentation du cheval. Encouragements à la production chevaline. Administration des Haras. Régime légal des étalons en France. Remontes militaires. — Appréciation et exploitation des équidés moteurs d'après leurs principaux services. — La viande de cheval.

ESPÈCE ASINE. INDUSTRIE MULASSIÈRE (1 leçon).

ESPÈCE OVINE (6 leçons).

Description des races. Procédés d'élevage et d'exploitation. Choix des reproducteurs. Laine. Lait. Viande. — Conditions économiques régissant la production ovine.

ESPÈCE CAPRINE (1 leçon).

ESPÈCE PORCINE (3 leçons).

Description des races porcines. Production des jeunes. Élevage. Engraissement. Appréciation et rendement. —

Conditions économiques régissant la production de la viande de porc.

LE CHIEN (1 leçon).

Description de quelques races canines. Chiens de berger. Élevage et alimentation du chien.

ANIMAUX DE BASSE-COUR. AVICULTURE (7 leçons).

Étude des races chez les gallinacés. Races de pintades, dindons, oies, canards. — Reproduction. Ponte. Incubation naturelle. Incubation artificielle. Élevage naturel et artificiel. Alimentation. Rationnement. Production de la chair. Production des œufs. Plumes. — Construction et organisation des poulaillers et parquets. — Conditions économiques régissant la production avicole. — Les lapins. Races. Élevage. Alimentation. Hygiène. Aménagement des clapiers.

MALADIES COMMUNES ET MALADIES CONTAGIEUSES ACCIDENTS (6 leçons).

Boiteries, plaies. Coliques. Indigestions. Météorisation. — Avortement infectieux. Vaginité infectieuse des bêtes bovines. Non-délivrance. Fièvre vitulaire. Infections d'origine ombilicale. Quelques maladies infectieuses et parasitaires des agneaux et des moutons. Quelques maladies fréquentes chez les porcelets et les porcs adultes : Rouget, Peste porcine. — Pneumonie contagieuse. — Fièvre aphteuse. Tuberculose. — Premiers soins à donner aux malades.

II

PROGRAMME DES EXERCICES PRATIQUES ET APPLICATIONS

Les démonstrations et travaux pratiques sont menés parallèlement aux leçons théoriques. Les exercices ont lieu au laboratoire, à la vacherie, à la bouverie, à la bergerie, à la porcherie, à l'écurie ou à la basse-cour de l'École. Ils sont complétés par des visites au marché et aux abattoirs de la Villette, dans des écuries de la région parisienne, des visites de fermes et d'établissements d'élevage, des excursions et conférences à l'Exposition d'Aviculture, aux Concours généraux des reproducteurs, au Concours central hippique, à l'exposition canine, sans omettre une excursion agricole et zootechnique de plusieurs jours dans des régions appropriées.

PREMIÈRE ANNÉE

Ostéologie. Articulations, principaux muscles, tares du système locomoteur. — Connaissance de l'âge des animaux domestiques. — Extérieur des animaux : régions corporelles, membres, aplombs et tares. Robes et signalements. — Tourteaux et produits alimentaires d'origine industrielle.

DEUXIÈME ANNÉE

Appréciation des animaux des diverses espèces, suivant leur race et leurs aptitudes :

Bovins : Appréciation générale. État de santé. — Vache laitière, vache beurrière, bœuf de boucherie, bœuf de travail, veaux, taureaux.

Ovins : Moutons à viande, brebis laitière, bêtes à laine. Appréciation des toisons. Bélier.

Porcs : Les reproducteurs. L'animal à viande.

Basse-cour et clapier : Races. Rationnement. Incubation.

Equidés : Révision du signalement (déjà vu en première année). — Appréciation du cheval dans ses principaux services. — Examen du cheval en vente.

Compléments : Commentaires des recherches en cours au laboratoire. — Indications générales sur la façon de conduire une expérience zootechnique.

MAITRISES DE CONFÉRENCES

APICULTURE

Maître de conférences : M. Th. MAMELLE.

(5 APPLICATIONS.)

I. — BIOLOGIE APICOLE : L'ABEILLE ET LA RUCHE

Les individus de la ruche : Les ouvrières, la reine, les mâles. Caractères morphologiques et anatomiques. Physiologie. Reproduction et évolution des individus de la ruche. La cire et les rayons ; la propolis. Alimentation des abeilles : le pollen, le miel, l'eau.

La ruche ou colonie : Disposition, capacité, surface des rayons, etc. La population, ethnologie des abeilles. Évolution de la ruche aux divers époques de l'année. Multiplication de la ruche : essaimage.

II. — EXPLOITATION DES ABEILLES

Les facteurs de la production. La localité : définition. La flore mellifère. Influence de la flore mellifère locale sur la production. Pays à miel et pays d'élevage.

Méthode et sélection : La valeur professionnelle de l'apiculteur. Fixisme et mobilisme. Les races d'abeilles. Sélection des abeilles.

Les ruches et le matériel : Conditions d'une ruche. Ruches à rayons fixes et ruches à cadres mobiles. Matériel annexe. Le maniement des abeilles. La constitution du rucher (emplacement, installation, peuplement). La conduite du rucher et le calendrier apicole (opérations de printemps et d'été). L'hivernage. Le laboratoire.

Production des abeilles ou élevage : Production et vente d'essaims et de ruches peuplées. L'élevage des mères.

Production du miel : Miels de plaine, de bois, de montagne ; miels aromatiques, miels à pain d'épice, etc. Les miellées, l'apiculture pastorale. Miels extraits : récolte, extraction et épuration ; granulation et épuration du miel. Miels en rayons.

Production de la cire.

Produits dérivés : L'hydromel ; vinaigre et alcool de miel.

III.

Maladies parasites et ennemis des abeilles. — *Législation apicole.* — *Chimie et fraudes du miel et de la cire.* — *Les assurances apicoles.* — *Le commerce* (miel, cire, abeille). — *Géographie apicole.*

ÉCONOMIE FORESTIÈRE

Chargé de conférences : M. DELACOURCELLE

(34 CONFÉRENCES.)

Branches de l'économie forestière, définitions Sylviculture. Éléments de la production forestière........................... Classification des sols forestiers........... Couverture vivante et couverture morte...., Formation et rôle de l'humus forestier...... Climats forestierss, influences réciproques de la forêt et du climat..............	3 Conférences.
Étude de l'arbre, accroissements en diamètre, en hauteur, en volume, taux d'accroissements................................	2 Conférences.
Essences forestières, reproduction par semence ou par rejets.............................	1 Conférence.
Monographie des principales essences indigènes ou acclimatées.....................	5 Conférences.
Étude des peuplements forestiers, différentes formes, régimes et modes de traitement....	2 Conférences.
Régime de la Futaie : Futaie régulière et Futaie jardinée...........................	2 Conférences.

Régime du Taillis : Taillis simple, taillis composé, taillis fureté.....................	3 Conférences.
Restauration des Peuplements. Création de peuplements.........................	
Exécution des Plantations et semis..........	5 Conférences.
Pépinières................................	
Aménagement des forêts Procès-verbal d'aménagement, reconnaissance des peuplements, parcellaire, choix du régime, et du mode de traitement, plan d'exploitation, calcul de la possibilité....................	2 Conférences.
Dendrométrie. Cœfficient de forme des tiges.	
Cubage des arbres et des peuplements, abattus ou sur pied.............................	
Cubages commerciaux des bois d'œuvre et des bois de feu............................	3 Conférences.
Usage des dendromètres....................	
Technologie. Principaux emplois des bois indigènes...............................	
Vices et altérations des bois sur pied........	
Exploitation et vidange des coupes..........	5 Conférences.
Altérations des bois en œuvre, procédés de conservation	
Débits et emplois des bois, écorces et résines.	
Législation forestière. Impôts, dispositions législatives pour prévenir ou combattre les incendies, interdiction de défrichements, subventions pour reboisement, gérance et garderie par l'État......................	
Estimation des dommages causés par incendie ou expropriation. Valeur actuelle et valeur d'avenir d'un arbre ou d'un peuplement...	1 Conférence.
TOTAL.........	34 Conférences.

EXERCICES PRATIQUES

Martelage et estimation en matière et en argent d'une coupe de taillis sous futaie dans le domaine de l'École et dans une forêt domaniale voisine.......................	2 Séances.
Cubage de bois d'œuvre, grumes abattues ou sur pied................................	1 Séance.
Reconnaissance des bois Indigènes...........	1 Séance.
TOTAL.........	4 Séances.

ENTOMOLOGIE & ZOOLOGIE AGRICOLE

Maître de conférences : M. HENNEGUY.

(30 LEÇONS.)

INTRODUCTION

Importance des préjudices causés à l'agriculture par un grand nombre d'animaux, principalement par les insectes. Exemples de ravages célèbres. Conditions favorisant la multiplication des animaux nuisibles aux plantes cultivées.

Importance de la connaissance des mœurs et des modes de reproduction des animaux pour entreprendre contre eux une lutte rationnelle. Moyens de défense et de protection des animaux. Notions sur le mimétisme et le parasitisme.

Animaux utiles, soit par les produits qu'ils fournissent, soit par les services qu'ils rendent en s'attaquant aux animaux nuisibles, ou en favorisant la fécondation chez les végétaux.

Généralités sur les moyens de combattre les animaux nuisibles. Moyens préventifs. Moyens dérivatifs. Moyens destructeurs.

ÉTUDE DES ANIMAUX UTILES ET NUISIBLES

MAMMIFÈRES.

Chéiroptères : chauve-souris. Insectivores : hérisson, musaraigne, taupe. Carnivores : blaireau, putois, fouine, marthe, belette, loutre, renard, loup. Rongeurs : loir, campagnols, rats, lapins, lièvres. Ruminants : cervidés. Notions sur les autres mammifères.

OISEAUX.

Généralités sur le rôle des oiseaux carnassiers et granivores. Protection des oiseaux utiles. Rapaces : chouette, hibou, faucon, épervier, buse, aigle, vautour. Grimpeurs : pic, coucou. Passereaux : syndactyles, tenuirostres, conirostres, dentirostres, fissirostres. Colombins : pigeon, tourterelle. Gallinacés : perdrix, caille. Échassiers : pluvier, vanneau, bécasse, cigogne, héron. Palmipèdes : canard, cygne, oie.

REPTILES.

Tortue, lézard, orvet, couleuvre, vipère, serpents venimeux exotiques.

AMPHIBIES.

Grenouille, crapaud, salamandre.

POISSONS.

Généralités sur les poissons comestibles. Pisciculture.

INSECTES.

Notions générales sur l'anatomie, la physiologie, la reproduction et la métamorphose : bases de la classification. Étude des divers ordres.

Coléoptères : cicindèles, carabiques utiles, zabre, staphylins, nécrophores, silphes, dermestes, pectinicornes, lamellicornes, hannetons, cétoines buprestes, élatérides, malacodermes utiles, anobies ; ténébrionides, vésicants ; scolytes, charançons, longicornes, chrysomélides, coccinelles.

Orthoptères : forficules, blattes, mantes, grillons, courtillères ; locustides, acridides.

Névroptères : termites, libellules, éphémères, panorpe, fourmillon, hémérobes.

Hyménoptères : apides sociaux, abeilles, apiculture, bourdons, apides solitaires, guêpes sociales, guêpes fouisseuses, fourmis ; hyménoptères phytophages : tenthrédinides, siricides ; hyménoptères entomophages : ichneumonides, braconides, chalcidides, cynipides.

Lépidoptères : vanesses, piérides, sphinx, sésies, cossus, bombycides séricigènes et nuisibles, noctuelles, géomètres, tordeuses, pyrales, teignes, hyponomeutes.

Hémiptères : punaises, tigre, cigale, aphrophores, psylles, aphides, phylloxéra, kermès, cochenilles.

Diptères : culicides, tipules, cécidomyes, asilides, tabanides, volucelles, syrphes, muscides, œstres, tachines, mouches, anthomyes, épizoïques, hippobosques, mélophages.

Puces, poux, thrips, lépismes.

MYRIAPODES.

Iules, scolopendres, géophiles.

ARACHNIDES.

Araignées, scorpions, acariens, sarcoptes, linguatules.

CRUSTACÉS.

Généralités sur les crustacés comestibles, écrevisses, astaciculture, cloportes, daphnies servant à l'alimentation des jeunes alevins.

VERS.

Généralités sur les vers. Vers de terre : leur rôle dans la formation de l'humus. Sangsues. Vers parasites de l'homme et des animaux domestiques : ascarides, oxyures, strongles, sclérostomes, ankylostomes, trichines, trichocéphales, filaires. Nématodes nuisibles aux plantes cultivées. Douves. Ténias, bothriocéphales.

MOLLUSQUES.

Généralités. Hélix, limaces. Moules, huîtres, myticulture et ostréiculture.

ÉCHINODERMES, CŒLENTÉRÈS ET SPONGIAIRES.

Notions sommaires.

PROTOZOAIRES.

Infusoires parasites. Trypanosomes. Sporozoaires. Affections produites chez les animaux par les protozoaires.

RÉSUMÉ DES ESPÈCES UTILES ET NUISIBLES

1º Aux céréales ; 2º aux fourrages ; 3º aux plantes potagères; 4º aux plantes industrielles ; 5º à la vigne ; 6º aux arbres fruitiers ; 7º aux arbres forestiers ; 8º aux cultures coloniales.

APPLICATIONS

Étude des animaux et insectes du laboratoire, visite de la collection d'entomologie appliquée du Muséum d'Histoire naturelle, excursions entomologiques.

GÉOLOGIE ET MINÉRALOGIE
Chargé de conférences : M. COUVREUR.
(40 LEÇONS.)

Objet, méthodes et subdivisions de la géologie. Ses applications à l'agriculture.

Notions de paléontologie. Principaux fossiles caractéristiques des terrains.

Notions de minéralogie et de pétrographie. Les principaux minéraux constituant les roches. Les silicates essentiels et

accessoires des roches cristallines. Silicates de métamorphisme.
Altération des silicates. Silice et calcédoine. Calcite aragonite.
Gypse. Phosphates. Principaux gisements de phosphates de
chaux. — Principaux types de roches cristallines. Leur altération
en surface. Roches sédimentaires. Calcaires. Roches siliceuses.
Argiles. Marnes. Schistes. Dolomies.

Principes généraux de la stratigraphie· Classification des
terrains. Étude des ères primaire, secondaire, tertiaire et qua-
ternaire. Types des principaux étages en France. — L'homme
fossile : les principales races. L'outillage préhistorique.

Rapports de la science des sols avec la géologie. Origine des
sols. Altération superficielle des roches. Sols formés sur place et
sols de transport. Classification géologique des sols. Étude phy-
sico-chimique des sols en rapport avec la géologie.

Principes de l'hydrologie. Circulation souterraine de l'eau.
Perméabilité des roches. Nappes phréatiques et eaux profondes.
Recherche des eaux sur les plateaux, sur les versants, dans les
vallées. Alimentation des puits. Pureté des eaux. Qualités
chimiques. Stérilisation et mesures de protection. Sources.

Description régionale de la France : caractères géographiques,
géologiques et hydrologiques des principales régions naturelles.
Bassin de Paris. — Auréoles secondaires et territoires ter-
tiaires. Ile-de-France et régions voisines : Brie, Beauce, Sologne,
Gâtinais, Champagne, etc.

APPLICATIONS (40 leçons).

Étude pratique des fossiles, des minéraux et des roches.
Géologie des environs de Grignon. Régime des eaux souterraines
et superficielles.

HORTICULTURE

Chargé de conférences : M. GOUMY.

(30 leçons.)

GÉNÉRALITÉS

Définition. Importance de la production horticole française
envisagée dans son ensemble. Différents types de jardins de
production. Répartition des cultures suivant les régions.

I. — MULTIPLICATION DES VÉGÉTAUX

Différents modes de multiplication employés en horticulture, avantages et inconvénients présentés par chacun d'eux.

Semis : Productions des graines. Porte-graines, cultures, sélections, récolte, durée germinative, conditions nécessaires à la germination. Pratique des semis. Élevage des plants, pépinière.

Drageonnage et division de souches : Saison favorable à ces opérations. Exécution.

Marcottage : Définition, marcottes et marcottages. Différentes marcottes. Époque favorable.

Bouturage : Définitions, choix des organes destinés au bouturage. Périodes d'exécution. Différentes boutures, manière d'opérer. Bouturage à froid et à chaud.

Greffage : Rôle de la greffe. Reprise. Influence réciproque du sujet et du greffon. Choix et conservation des greffons, préparation des sujets. Exécution des différentes greffes, surgreffage. Soins à donner aux sujets après le greffage.

Production et éducation première des arbres. La pépinière : But, avantage, emplacement. Préparation du sol. Organisation. Carré de multiplications. Porte-greffes des différentes espèces fruitières, modes de multiplication adoptés pour chacun d'eux. Production et mise en pépinière du plant. Élevage, greffage, etc.

II. — ARBORICULTURE FRUITIÈRE

Conditions générales : Différents types de cultures fruitières. La culture fruitière en France. Régions de production. Répartition des cultures.

Création des plantations fruitières : Choix de l'emplacement, clôtures, murs, abris, défoncement, amendement, engrais. Création des vergers. Création et organisation des vergers et du potager-fruitier.

La plantation : Époque de la plantation, choix des arbres, déplantation, réception, conservation des arbres arrachés, répartition des essences, pratique de la plantation, soins à donner aux arbres nouvellement plantés.

De la taille en général : Définition, effet, but, principes sur lesquels repose la taille des arbres fruitiers. Outils employés. Différentes opérations de taille. Distinction entre la taille de formation et la taille fruitière.

Formation des arbres fruitiers : Principes généraux de la formation des arbres fruitiers. Taille de formation. Obtention des formes libres, des formes palissées.

III. — CULTURES SPÉCIALES

Espèces fruitières cultivées en France, exigences culturales, modes de multiplications. Porte-greffes leur convenant, étude des organes végétatifs et reproducteurs propres à chaque espèce et taille à leur appliquer. Variétés, récolte, insectes et maladies. — Poirier, pommier, prunier, cerisier, pêcher, abricotier, groseillier, framboisier, vigne.

Récolte et conservation des fruits : Cueillette, aménagement du fruitier, soins à donner aux fruits pendant leur durée de conservation. Conservation par le froid. — Vente et emballage des fruits.

IV. — PRODUCTION DES FRUITS A CIDRE

Importance de la production cidrière. Culture du pommier et du poirier à cidre. Élevage, plantation, culture, protection. Remarque sur le choix des variétés. La floraison et la production du pommier et du poirier à cidre. Récolte, conservation des fruits.

V. — CULTURE POTAGÈRE ET LÉGUMIÈRE

Définition, grande et petite culture potagère. Importance et répartition de la culture potagère en France.

Création du jardin potager : Emplacement, situation, exposition, sol, étendue, préparation et fertilisation du terrain, eaux et arrosages, distribution, côtières et ados, matériel de culture, emploi de la chaleur artificielle, abris divers, multiplication des plantes potagères, assolements.

Cultures spéciales : Étude des légumes usuels dont la plupart, de culture simple, peuvent être cultivés sur des surfaces importantes et sont ainsi susceptibles de trouver place dans l'assolement d'une exploitation agricole. — Asperge, artichaut, carotte, céleris, chicorées diverses, choux divers, épinard, fraisier, haricot, laitue, mâche, navet, poireau, pois, tomate, etc. — Origine, exigences culturales, variétés, modes de culture auxquels la plante peut se prêter, rendement, récolte, conservation, insectes et maladies.

VI. — HORTICULTURE D'ORNEMENT

Définition, but, ornementation du jardin, les fleurs à la ferme.

Les fleurs de plein air : Plantes annuelles, bisannuelles, vivaces, plantes bulbeuses et rhizomateuses, plantes de serre pour la pleine terre en été. Obtention, culture et utilisation.

Parterres et corbeilles : Composition, plantation, soins d'entretien, gazons.

Arbres et arbustes d'ornement : Arbres à feuilles caduques, arbres à feuilles persistantes, arbustes à feuilles caduques et persistantes, arbustes sarmenteux. Les rosiers, utilisation et plantation des arbres et arbustes. Taille des arbustes.

VII. — APPLICATIONS

De nombreuses applications faites dans les jardins complètent l'enseignement théorique.

HYGIÈNE SOCIALE

Maître de conférences : M. TAPHANEL.
(15 LEÇONS.)

L'hygiène. Ses divisions (hygiène générale, individuelle et sociale).

A) L'hygiène générale.

Le sol et les maladies transmissibles par l'intermédiaire du sol, en particulier, étude du tétanos.

L'atmosphère : Sa composition normale et accidentelle, danger de l'air vicié. Effets physiologiques et pathologiques de variations de pression et de température atmosphériques Humidité atmosphérique. Électricité atmosphérique. Poussières et microbes de l'air.

Les climats : Leur classification. Maladies propres à certains climats, paludisme en particulier. Acclimatement.

L'eau souterraine et de ruissellement. Eau de mer. — L'eau potable. Microbes et parasites aquatiques. Maladies transmises par l'eau. — Épuration spontanée et artificielle de l'eau. — Hydrothérapie, crénothérapie.

L'habitation : Construction, aération, chauffage et éclairage considérés du point de vue hygiénique. — Évacuation et destruction des nuisances.

B) Hygiène individuelle.

La peau, anatomie et physiologie. — Vêtements, chaussures, soins généraux et spéciaux. — Le squelette, scoliose, rachitisme, etc. — Le muscle, travail, entraînement, surmenage. —

Le poumon, échanges respiratoires, spirométrie. — Le cœur et les vaisseaux, artério-scléroses, varices, etc. — L'estomac et l'intestin. Ration alimentaire. — L'alcoolisme aigu et chronique. — Les parasites de l'homme, dermatozoaires et parasites internes. — Les maladies qu'ils provoquent. Prophylaxie. — Les maladies contagieuses. Fièvres éruptives, diphtérie, cérébro-spinale, typhoïde, tuberculose. — Immunité et anaphylaxie, isolement, désinfection. — Les maladies vénériennes, blennorrhagie et syphilis.

C) Hygiène sociale.

Soins d'urgence en attendant le médecin. — Ce qu'est le pansement. Plaies, brûlures, hémorragies, fractures, électrocutés, asphyxiés, noyés. — Composition d'une pharmacie de campagne pour les urgences.

———

MATHÉMATIQUES APPLIQUÉES

Chargé de conférences : M. VINCENS.

(20 LEÇONS ET APPLICATIONS.)

A) Installation mécaniq ue d'un atelier. — Arbres de transmission. Manchon d'accouplement. — Embrayage. Supports d'arbres. Paliers. Semelles. Chaises. — Crapaudines.

Transmission par poulie et courroie. Positions relatives des arbres et des poulies. Calculs de la transmission. Rapport des vitesses angulaires. Transmission par câble. — Roues de frictions et engrenages. Calcul des engrenages. Leur tracé géométrique. — Machines simples. Équations d'équilibre.

B) Dessin géométrique. Notions générales sur les projections. — Plan, élévation, profil. — Croquis coté, à main levée, de quelques organes de machines agricoles.

C) Topographie. a) Planimétrie. Différentes échelles. Arpentage. Jalons, chaîne, ruban, équerre. Tracé des parallèles et des perpendiculaires. Quelques problèmes simples. Évaluation des surfaces. Partage des terrains. Goniomètres Vernier. Graphomètre. Pantomètre. Boussole. Planchette. Levé des plans. Polygone topographique. Différentes méthodes de llevé. Cheminement. — Rayonnement. Intersections. Coordonnées rectangulaires.

D) Altimétrie. Notions générales. Niveau d'eau. Niveau à collimateur. Mire à voyant. Mire parlante. Nivellement simple. Nivellement composé. Carnet de nivellement. Opérations sur le terrain. — Détermination des courbes de niveau : 1° par filage ; 2° par quadrillage et interpolation. — Niveau d'Égault. Description. Réglage. Utilisation sur le terrain. — Principe du théodolite et du tachéomètre. — Tracé et construction d'un chemin d'exploitation.

PHYSIQUE ET CHIMIE GÉNÉRALE

Maître de conférences : M. H. MAMELLE.

(120 LEÇONS.)

I. — NÉCESSITÉ ET BUT DE CET ENSEIGNEMENT

La réunion, en une seule chaire, de la physique et de la chimie générale, présente, dans un groupement homogène, ce qu'on est convenu d'appeler : les sciences physiques. Le développement et l'importance pratique de la physico-chimie moderne est également une raison pour ne pas séparer l'enseignement des deux sciences : physique et chimie.

A Grignon, cet enseignement a un triple but:

D'abord, il complète et unifie les connaissances générales des élèves ; ceci en vue de faciliter et d'élargir l'instruction technique, qui leur sera donné, pour ainsi dire, en application de l'enseignement général.

Ensuite, il développe en eux l'esprit d'ordre et de rigueur scientifique. Il forme leur jugement et leurs qualités d'observation. Il les prépare, ainsi, à pénétrer plus intimement les grandes lois naturelles, avec lesquelles l'agriculteur a à compter tous les jours et dont nul enseignement pratique, même très prolongé, ne saurait prévoir tous les effets. Comme tout autre artisan qui veut le progrès dans son œuvre, l'agriculteur doit, en effet, la dominer au lieu d'être dominée par elle.

Il ne servirait à rien de faire des manœuvres plus ou moins habiles, mais inconscients : le but est de préparer des hommes capables d'un raisonnement scientifique précis et souple, susceptible de les guider vers les solutions heureuses, qui font le progrès.

Enfin, en développant leurs facultés manuelles, l'enseignement des sciences physiques permet chez nos jeunes élèves la révélation des aptitudes professionnelles.

II. — NATURE DE L'ENSEIGNEMENT

Ces buts, si enviables, peuvent être atteints sans développements scientifiques étendus, sans détails exagérément nombreux, sans descriptions opératoires, sans monographies fastidieuses, qui constitueraient un enseignement fondamental, destiné à des débutants dans l'art chimique ou physique.

Pour notre école de préparation supérieure à l'agriculture, l'enseignement général doit être beaucoup plus une synthétisation et une mise au point de faits, pour la plupart déjà connus des élèves, qu'un enseignement didactique.

Aussi, le professeur a-t-il le devoir, et doit-il avoir le droit, de déterminer dans le cadre du programme général, et d'accord avec l'Administration, le plan d'enseignement qui, chaque année, lui paraîtra le plus convenable.

D'ailleurs, le temps apporte tous les jours ses perfectionnements, et le bon professeur doit suivre l'évolution de la matière de son enseignement et doit améliorer sans arrêt son cours au point de vue scientifique, tout comme au point de vue pédagogique. Les écoles sont un laboratoire, en état permanent de travail, d'adaptation et de création. Rien d'immuable n'y doit figurer que le désintéressement des maîtres et la conscience des élèves.

Cette demi-liberté est aussi très utile au professeur, qui peut ainsi user d'une présentation variée pour stimuler l'ardeur des élèves, provoquer leur émulation et développer leur initiative.

Entre l'amphithéâtre et le laboratoire, le professeur établit un cycle continu, mais aussi varié que possible. La partie théorique et la partie expérimentale s'y pénètrent intimement. Aussi, et pour éviter la difficulté d'études par trop abstraites, les cours théoriques sont allégés par des démonstrations pratiques. De même, suivant les moyens matériels et le temps mis à la disposition du professeur, des fractions importantes de l'enseignement, telles l'analyse chimique, la météorologie, sont traitées, presque en totalité, aux travaux pratiques.

III. — MÉTHODE D'ENSEIGNEMENT

Il n'est pas suffisant de donner aux élèves des connaissances techniques aussi étendues soient-elles, le professeur doit veiller, avant tout, à la formation de leur esprit.

Il s'efforce donc de faire comprendre le véritable caractère de la science. Il essaie d'assouplir les intelligences qui lui sont confiées pendant cent soixante-quinze heures, en insistant, chaque fois qu'il en a l'occasion, sur les ressources des études analytiques bien conduites et de la méthode expérimentale.

Par les leçons, il s'efforce de constituer un véritable enseignement synthétique, permettant aux élèves de constater les résultats auxquels conduit l'application des diverses données des sciences physiques.

Le professeur se garde bien de spécialiser son enseignement, en quelque sorte, à une seule situation, pour importante qu'elle soit. S'il choisit, parmi des centaines d'exemples, ceux qui ont rapport aux choses agricoles, il n'omet pas de signaler, en même temps, l'étendue pratiquement indéfinie des grandes lois naturelles.

En conséquence, l'exposé et la discussion des principes généraux de la science expérimentale sont longuement développés à l'amphithéâtre, et l'on ne s'occupe de la technique des opérations qu'au laboratoire en laissant aux élèves le soin de compléter, à l'occasion, leur documentation dans les ouvrages spéciaux.

Par ailleurs, comme tout autre, l'enseignement des sciences physiques, tout en étant essentiellement éducatifs, reste pratique, c'est-à-dire qu'il est, avant tout, l'amorce des besognes futures. Aussi, est-il donné en complète harmonie avec les différents enseignements techniques qui figurent au programme de notre école. Il réalise leur connection par le haut.

Ainsi, d'une part, le temps et les moyens matériels, d'autre part, la coordination entre toutes les phases de l'enseignement commandent au programme, à l'ordonnance et à la répartition de l'enseignement des sciences physiques.

IV. — PROGRAMME DES LEÇONS

A) Étude générale de l'énergie et de la matière (12 heures).

Classification des sciences. — Esprit scientifique. Observation des phénomènes naturels. — L'expérimentation. L'hypothèse. La loi naturelle. — Étude des changements. Changements isolables, réversibles. — Les formes de l'énergie. Leur mesure. Principe de l'équivalence. — Généralisation de ce principe. — Étude de la matière. Changements d'états physiques. Gaz parfait. — Hypothèse d'Avogadro. Théorie cinétique. Chaleur spécifique. — Applications à l'étude des gaz réels. Osmose gazeuse. — Proportion de chaleur transformée en travail. Principe de Carnot. — Généralisation de Clausins. Entropie. — Extension des principes de la thermo-dynamique aux différentes formes d'énergie, à divers systèmes transformateurs. — Application à la physique moléculaire. — Étude des états liquide et solide, des solutions, des colloïdes. — Idées sur la constitution de la matière. Atomes. Ions. Électrons. — Espèces chimiques. Affinité chimique. Combinaison. Décomposition. — Lois stoechiométriques. Leurs applications à l'analyse et à la synthèse chimiques, à la détermination des nombres propor-tionnels. — Poids moléculaires. Chaleurs atomique et molé-culaire. Isomorphie. Atomicité. — Constitution des corps. Radicaux. Valence. — Langage chimique. Traduction des phénomènes chimiques. — Thermo-chimie. Dissociation. Vitesse de réaction.

B) Chimie descriptive.

1º Revue des fonctions minérales (20 heures) :

Systèmes périodiques. — Étude, par famille, des éléments, des radicaux électro-positifs, électro-négatifs ; des hydracides; hydrures, autres corps halogénés, oxygénés, sulfurés, azotés, etc., des fonctions oxydrilées, sulfhydrilées et de fonctions diverses ;

2º Étude des fonctions organiques (30 heures) :

Généralités. Analyses immédiate et élémentaire. Consti-tution interne. Fonctions. — Idées générales sur la synthèse organique. — Hydrocarbures. Naphtes. Combustibles liquides. Benzine. Essence de térébenthine. Pinènes. Caoutchouc, etc. — Dérivés halogénés, nitrés, sulfonés des hydrocarbures. — Alcools et polyalcools. — Éthers-oxydes. — Aldéhydes et cétones. — Phénols et quinones. Camphres, alizarine, etc. — Acides organiques et polyacides. — Matières grasses (liquides). — Généralités sur les hydrates de carbone. — Pentoses. Hexoses. Heptoses. Polyoses. — Pentosanes. Hexosanes. — Matières azotées. — Amines. — Amides. — Alcools aminés et amides. — Protides et leurs produits de dédoublement. — Glucosides. — Alcaloïdes.

C) Optique (4 heures).

Réfraction. Applications. — Dispersion des radiations. Phosphorescence. — Fénorescence. Colorimétrie. Spectroscopie. Analyse spectrate. — Double réfraction et lumière polarisée. Polarisation chromatique. — Achromatisme. Loupe. Micros-cope. Objectif photographique. Photographie. — Polarisation, rotatoire. Polarimétrie et saccharimétrie.

D) Météorologie et climatologie (16 heures).

1º Météorologie dynamique :

Définition de la météorologie. La météorologie et l'agri-culture. — L'atmosphère. Constitution. Pression barométrique.

— La radiation solaire à hauteur de l'atmosphère. Actinométrie. — Thermométrie atmosphérique. — Circulation générale des eaux. — Vents réguliers. — Circulation générale de l'atmosphère. — Anticyclones. — Cyclones. Variation de la pression barométrique, du vent, des aspects du ciel dans la bourrasque. — Étude des nuages. — Condensations et thermométrie dans la bourrasque. — Relations entre la pression barométrique et la vitesse et la force du vent. — Tendance barométrique. — Cheminements et fréquence des cyclones ;

2° Prévision du temps :

Étude des systèmes pratiques de prévision à courte échéance. — Utilisation, renseignements locaux, des instruments météorologiques et des cartes météorologiques. — Organisations officielles des services de la prévision du temps et de la diffusion des renseignements. — Services des avertissements agricoles. — Prévision à longue échéance. — Cycles climatériques ;

3° Climatologie agricole :

Les facteurs du climat. — Situation géographique. — Situation géologique, biologique. — La température atmosphérique, sa répartition, ses variations. — Moyennes thermométriques et climats. — Les mouvements de l'eau dans l'atmosphère. — Importance de l'hygrométrie atmosphérique sur les climats. — La pluviométrie et les zones climatériques. — Classification des climats. — Climats marins. — Climats continentaux et montagneux. — Climat de transition sous les divers climats : chauds, tempérés et froids. — Changement dans les climats. — Les climats au point de vue agricole. — Les climats de la France. — Les climats du Nord-Africain.

E) Électricité (24 heures).

1° Théorie du potentiel. Champs électro-magnétiques. — Courant électrique. Grandeurs relatives au courant électrique. — Lois du courant électrique. — Unités électro-magnétiques et pratiques. — Courant continu. — Voltages ordinaires et voltages élevés. — Actions thermiques. — Éclairage et chauffage électrique. — Action chimique : électrolyse. Lois et hypothèses. Piles. Accumulateurs. Entretien, inconvénient et palliatifs. — Actions magnétiques : électro-aimant et applications. Instruments de mesure. — Perméabilité et induction magnétique. — Réluctance et hystérésis. — Induction électrique et self-induction. — Appareils de mesure du courant continu ;

2° Courant continu :

Anneau-gramme et induit en tambour. Collecteur. Réaction

d'induit. — Inducteurs. Types de montages. Caractéristiques. Soins. Dérangements et remèdes. — Magnétos d'allumage. — Moteurs à courant continu. Rhéostat. Démarreur. — Moteur série d'hunt et compound. — Applications. — Choix des voltages. Calcul des accumulateurs. — Calcul des lignes en continu ;

3º Courants alternatifs :

Lois des courants alternatifs monophasés et triphasés. — Emploi des courant' alternatifs. — Voltage de l'alternateur. — Voltage de transport et de distribution. — Fréquence. — Dewattage. — Applications (calculs). — Courants alternatifs monophasés. — Puissance transportée. — Avantages et inconvénients. — Moteurs synchrones et collecteurs. — Rendement. — Calculs et applications. — Courants alternatifs triphasés. — Leur transport. Moteurs synchrones. — Moteurs à champ tournant et moteurs asynchrones. — Transformateurs. Applications rurales. — Rendement et recherche de la réduction des dépenses de transformation. — Perte de puissance et de voltage en ligne. — Densité maximum de courant. — Calcul des lignes en alternatif ;

4º Puissance et consommation des appareils agricoles :

Lampes, appareils de chauffage de cuisson. — Instruments d'intérieur de l'exploitation agricole. — Batteuses. — Labourage électrique. — Besoins de l'exploitation en puissance maximum et en kilowatts-heure. — Exemples et applications. — Étude d'un projet d'installation. — Examen des besoins agricoles en électricité d'une région. — Consommation annuelle. — Puissance installée totale. — Puissance instantanée maximum. — Rendements moyens annuels. — Utilisation horaire. — Exemples de réseaux agricoles. — Calcul du prix du kilowatt-heure. — Tarif à deux termes. — Tarification Krylinski. — Index économique. Énergie complexe ;

5º Haute fréquence :

Oscillations hertziennes. — Télégraphie et téléphonie sans fil. — Émission et réception.

PROGRAMME DES APPLICATIONS

A) CHIMIE ANALYTIQUE

(30 APPLICATIONS DE 2 HEURES PAR ÉLÈVE.)

Manipulations :

2 sur le travail du verre ; des fonctions, le pliage des filtres ;
4 sur les caractères analytiques des principales bases ;
6 sur la séparation et l'étude des groupes de bases ;

1 sur la détermination des bases dans un mélange de sels minéraux dissous ;

3 sur les caractères analytiques des principaux acides ;

3 sur la séparation et l'étude des groupes d'acides ;

1 sur la détermination des acides dans un mélange de sels minéraux dissous ;

2 sur les caractères analytiques des acides organiques ;

1 sur les caractères analytiques des engrais organiques ;

1 sur les caractères analytiques des engrais ammoniacaux ;

1 sur les caractères analytiques des engrais nitriques ;

1 sur les caractères analytiques des engrais phosphatés ;

1 sur les caractères analytiques des engrais potassiques ;

1 sur les caractères analytiques des engrais calcaires ;

1 sur la détermination d'un engrais simple ;

1 sur la détermination d'un mélange d'engrais.

B) MÉTÉOROLOGIE

Un service journalier d'observation météo rologique est assuré par les élèves à l'aide de thermomètre maxima, thermomètre minima, thermomètre foudre, thermomètre enregistreur. — Température du sol. — Baromètre Fortin. — Baromètre enregistreur. — Hygromètre enregistreur. — Psychromètre. — Lecture et interprétation des cartes météorologiques.

C) ÉLECTRICITÉ

Démonstrations expérimentales et pratiques du matériel électrique.

VITICULTURE ET ŒNOLOGIE

Maître de conférences : M. BAILLY.

(40 LEÇONS.)

I. — VITICULTURE (25 LEÇONS).

Généralités : Historique. Importance de la culture de la vigne. Caractéristiques économiques de cette culture. La coopération. Les populations viticoles. Le vin et l'hygiène. Facteurs de la qualité et de la production : climat, sol, cépage.

Géographie viticole : Régions viticoles :

Vignobles des bassins de la Seine et du Rhône : étendue, climat, géologie, principaux crus, principaux cépages avec leurs caractères distinctifs. Caractères de la culture, de la vinification et des vins ;

Vignobles du Midi ;

Vignobles des bassins de la Garonne et de la Loire ;

Vignobles du bassin du Rhin ;

Autres vignobles : Algérie, Maroc, Suisse, Italie, Autriche, Russie, Espagne, Pays balkaniques, Cap, Asie, Amérique.

Morphologie, anatomie, physiologie : Tige, racine, raisin, feuille, fleur. Fécondation artificielle. Coulure. — Le fruit, le pépin. — Cycle biologique. — Classification de Pulliat.

Reconstitution : Le phylloxéra : dégâts, taches, dissémination. — Moyen de lutte : extinction. Traitements culturaux : badigeonnage Balbiani, sulfure de carbone, sulfo-carbonate de potasse. — Submersion. Culture dans les sables. — Lésions phylloxériques. — *Emploi des vignes américaines.* Résistance. Adaptation. Chlorose. Affinité. — *Porte-greffes anciens.* Labrusca. Candicans. Lincecumii. Æstivalis. Cordifolia. Monticola. — *Porte-greffes de base.* Berlanderi. Rupestris. Riparia. — Hybridation : but et technique. — Choix des porte-greffes. Caractères généraux. Qualités et défauts :

a) Pour terrains de 50 à 70 % de calcaire : Riparia ×Berlanderi, 157-11, 420A, 420B, 34E ; Rupestris ×Berlanderi, 1.202 ;

b) Pour terrains de 30 à 50 % de calcaire : 1.202, ARG. n° 1, ARG. n° 9, 3.103 ;

c) Pour terrains de 15 à 20 % de calcaire : Jacquez, Solonis, 3.306, 3.309, 101-14. Rupestris du Lot. Taylor-Narbonne, 1616 ;

d) Pour terrains non calcaires : Riparia, 106-8, Vialla.

Producteurs directs : Historique. Rôle. Qualités et défauts. Culture et vinification. Semis de Castel, de Couderc, de Gaillard, d'Oberlin, etc. Leur greffage.

Multiplication de la vigne : Semis. Bouturage. Marcottage. Provignage. — *Greffage.* Culture et récolte des porte-greffes. Choix et récolte des greffons. Greffe en place sur vieilles souches et sur jeunes boutures. — *Greffe à l'atelier :* anglaise, en fente. Ligature. Stratification. Mise en pépinière.

Création du vignoble : Préparation du sol. Plantation. Espacement. — *Taille.* Principes. Instruments. — Taille en gobelet. — Espalier. Cordons. Taille Guyot. — Divers : hautain, taille de Champagne, chaintre, etc. — Tailles en vert.

Fumure : Exigences de la vigne. Terrages. Engrais divers :

doses et mode d'application. — Inconvénients de l'excès de fumure.

Labours d'hiver et d'été : Époque, exécution.

Tuteurage : Échalas, fil de fer, hautains.

Accolage.

Maladies et insectes : Vers. Arachnides. — Insectes : hannetons. Otiorhynchus. Attelabe. Gribouri. Altise. Cochenille. Éphipigère. Cochylis. — Eudemis. Pyrale. — Coulure. Gomme. — Court noué. Folletage. Grêle et gelée.

Mildiou : Réceptivité. Contamination, incubation, apparition. — Moyens de lutte. — *Autres maladies cryptogamiques :* black-rot, anthracnose, oïdium, pourridiés.

Vendanges : Époque. Signes de maturité. Manière de procéder. Frais d'exploitation d'un vignoble.

Culture des raisins de table : Plein-vent et serres. Variétés. Conduite. Soins. Cueillette. Conservation et vente.

II. — ŒNOLOGIE (15 leçons).

But de l'œnologie : Ce qui caractérise l'œnologie comme industrie agricole. Courte période de fabrication du vin. Irrégularité de la composition de la matière première. — Modifications économiques à entrevoir. Rôle de la coopération.

Le raisin : Sa composition. Variation de la composition du raisin. Râfle. Pellicule. Moût. Pépins. Influence du climat, du cépage.

Le moût : Ses composants. Sucre de raisin, acides, sels, détermination de sa composition ; mustimétrie, acidimétrie en œnologie. — *Correction des moûts.* Chaptalisation. Gallisation Acidification et désadification. Tannisages. — Législation actuelle : limites légales de la correction des moûts.

Fermentation des moûts : Les levures : race, éducation des levures. Fermentation-type de la levure alcoolique. Température propice. Influence de l'acide sulfureux en vinification. Préparation industrielle des levures de vins. — *Conservation des moûts :* moûts neutres, moûts stérilisés. Vins sans alcool.

Différents types de vins : Vins rouges, vins blancs, vins de liqueurs, vins mousseux, etc.

Préparation des vins rouges : La cuverie, outillage. Agencement des locaux : cuves, tonneaux. Transport des vendanges, Égrappage. Foulage. — *Fermentation simple en cuve.* Chapeau flottant, chapeau submergé. Surveillance du cuvage, température, aération, réfrigération. Foulage en cuve, remontage des moûts. — *Durée de la cuvaison*. Amélioration : pied de cuve, levures diverses, extraction à chaud de la matière colorante. — Emploi du SO^2. — Décuvage et entonnage.

Vins blancs : Récolte des raisins blancs. Pressurage. Débourbage. Mise en fermentation. Soins. — *Vinifications en blanc spéciales*. Sauternes et vins du Rhin ; influence du *Botrytis cinerea*. Vins de paille. Vins doux (Gaillac). Vins de liqueurs : muscat, banyuls. Vins gris. — Mutage des vins à l'alcool. — Législation des vins blancs.

Collage, filtrage : But. Étude des filtres. Technique.

Pasteurisation des Vins : But. Soins. Appareils.

Congélation et concentration des vins : Défauts naturels et accidentels des vins.

Conservation des vins : Logement. Caves. Celliers. Soins aux futailles. Composition du vin. Vins vieux. Modification des vins pendant leur vieillissement. Aération micro-organique. Soutirages. Outillage.

Mise en bouteilles. Sous-produits : Utilisation des marcs.

Maladies des vins : Fleur. Acescence, tourne, graisse. Définition et caractère de ces maladies. Casse, action du SO^2 sur la casse oxydasique. Casse ferrique.

Champagnisation.

Eaux-de-vie de vin et de marc.

TABLE DES MATIÈRES

L'Enseignement de Grignon en 1926, par J. Guicherd.

L'Exploitation de Grignon, par F. Jouvet.

Le Centre national d'Expérimentation agricole,
par L. Brétignière.

Programme des cours, conférences et applications.

BIBLIOTHÈQUE NATIONALE — IMPRIMÉS.

IMPRIMERIE DE VAUGIRARD

H.-L. MOTTI, DIRECTEUR

152, Rue de Vaugirard, 152 (PARIS-XVᵉ)

IMPRIMERIE DE VAUGIRARD
IMPASSE RONSIN PARIS-XV⁺
1926

www.ingramcontent.com/pod-product-compliance
Lightning Source LLC
LaVergne TN
LVHW021139050726
842519LV00002B/432